한눈에 보는 맥체인 요점정리

김홍양 지음

신교횃불

한눈에 보는 맥체인 요점정리

2025년 11월 25일 초판 1쇄 발행

지 은 이 김홍양
발 행 처 선교횃불
디 자 인 디자인이츠
등 록 일 1999년 9월 21일 제54호
등록주소 서울시 송파구 백제고분로 27길 12(삼전동)
전 화 (02) 2203-2739
팩 스 (02) 6455-2798
이 메 일 ccm2you@gmail.com
홈페이지 www.ccm2u.com

한눈에 보는 맥체인 요점정리

● 김홍양 지음

❖ 맥체인성경 2면4책 통일(연합)주제 및 말씀연결(Word Link) ❖

날짜	통일(연합)주제 / 말씀연결(Word Link)	
7/1	**우선 (于先, 어떤 일에 앞서서 먼저)**	
	수3 / 언약궤를 멘 제사장이 요단강 도하에 우선함	시126-128 / 기쁨으로 단을 거두기 위해 씨뿌림을 우선함
	사63 / 주님이 조건 없이 이스라엘의 구원을 우선함	마11 / 예수 오시기 전에 세례요한 보내심을 우선함
2	**체험 (體驗, 어떤 일을 실제로 보고 듣고 겪음)**	
	수4 / 온 이스라엘이 기적의 요단강도하를 체험	시129-131 / 성도가 주의 의로우심과 사유하심을 체험
	사64 / 이사야가 주의 강림하심과 침묵하심을 체험	마12 / 손 마른 자와 벙어리된 자가 치유함을 체험
3	**천국 (天國, 하나님이 새롭게 세우신 약속의 땅이며 영원한 나라)**	
	수5-6:5 / 하나님이 약속하신 젖과 꿀이 흐르는 땅 천국	시132-134 / 하나님이 임재하여 계신 성전과 성소인 천국
	사65 / 주가 마지막에 주실 새 하늘과 새 땅인 천국	마13 / 예수가 일곱 비유로 소개해 주신 영원한 천국
4	**방식 (方式, 일정한 형식이나 방법)**	
	수6:6-27 / 여리고 성을 돌면서 점령하는 기적의 방식	시135-136 / 출애굽과 기업주심을 찬양하는 고백의 방식
	사66 / 외식을 버리고 참 모습으로 사는 생활의 방식	마14 / 병든 자와 가난한 자를 돕는 은혜의 방식
5	**문제 (問題, 해답을 필요로 하는 물음이나 사건의 원인을 제공한 것)**	
	수7 / 아간의 욕심이 낳은 죄가 문제	시137-138 / 바벨론에 쫓겨간 범죄가 문제
	렘1 / 끓는 가마 재앙의 임함이 문제	마15 / 전통으로 계명을 범함이 문제
6	**지각 (知覺, 사물의 이치나 도리를 다 알고 분별하며 깨달음)**	
	수8 / 아이성 점령의 방법을 아시는 하나님의 지각	시139 / 다윗의 모든 것을 아시는 하나님의 지각
	렘2 / 이스라엘의 모든 죄를 아시는 하나님의 지각	마16 / 바리새인의 교훈을 다 아시는 예수님의 지각
7	**꾀함 (닥친 문제의 해결이나 일의 진행을 위해 생각해 낸 교묘한 방법이나 제안을 옮김)**	
	수9 / 여리고와 아이성의 소문을 들은 기브온의 꾀	시140-141 / 의인과 성도를 함정에 빠뜨리는 악인들의 꾀
	렘3 / 배역한 이스라엘과 반역한 유다의 범죄한 꾀	마17 / 용모가 변한 예수를 본 베드로의 즉흥적인 꾀
8	**대결 (對決, 어떤 상대와 승패나 옳고 그름을 가리기 위해 서로 맞섬)**	
	수10 / 여호수아와 아모리 족속 다섯 왕들과의 대결	시142-143 / 간구하는 다윗과 핍박하는 자들과의 대결
	렘4 / 심판하시는 하나님과 회개치 않는 자의 대결	마18 / 탕감해 준 임금과 은혜를 모르는 종과의 대결
9	**싸움 (말이나 힘으로 이기려고 상대방과 다툼. 진리가 비진리와 다툼)**	
	수11 / 여호수아가 가나안 일곱 족속과 싸움	시144 / 의로운 다윗이 날마다 악한 자들과 싸움
	렘5 / 하나님이 타락하고 배반한 자들과 싸움	마19 / 예수님이 시험하는 바리새인들과 싸움
10	**업적 (業績, 일이나 사업에서 이룬 성과나 위대한 공적)**	
	수12-13 / 정복하게 하시고 분배하신 하나님의 업적	시145 / 지으시고 건지시며 일으키신 하나님의 업적
	렘6 / 탐욕 거짓 가증을 행한 예루살렘의 악한 업적	마20 / 많은 사람의 대속제물이 되신 예수님의 업적
11	**진실 (眞實, 거짓이 없고 참됨)**	
	수14-15 / 갈렙에게 약속을 지키는 여호수아의 진실	시146-147 / 정의로 만물을 통치하시는 하나님의 진실
	렘7 / 진실 없는 민족에게 예언하신 하나님의 진실	마21 / 성전 청결과 두 비유를 전하신 예수님의 진실
12	**차지 (次知, 사물이나 공간, 지위 따위를 자기 몫으로 가짐)**	
	수16-17 / 요셉 자손이 제비를 뽑아 기업을 차지함	시148 / 만물을 창조하신 주가 영광과 찬송을 차지함
	렘8 / 죄로 멸망당한 예루살렘을 이방이 차지함	마22 / 예복을 입은 준비된 자가 천국을 차지함
13	**점령 (占領, 일정한 땅이나 영역을 차지하여 제 것으로 함)**	
	수18-19 / 여호수아는 기업 차지를 위해 점령을 명령함	시149-150 / 이스라엘은 손에 칼을 가지고 뭇 나라를 점령함
	렘9 / 여호와의 벌하심이 악한 이스라엘을 점령함	마23 / 예수의 교훈이 서기관과 바리새인을 점령함
14	**요청 (要請, 필요한 일이 이루어지도록 간절하게 부탁함)**	
	수20-21 / 레위 사람이 성읍들과 목초지들을 요청함	행1 / 백이십 명이 아버지의 약속하신 것을 요청함
	렘10 / 선민의 신앙회복과 이방의 멸망을 요청함	마24 / 세상 끝 환난 때에 깨어있기를 요청함
15	**제단 (祭壇, 제사를 드리는 단)**	
	수22 / 두 지파 반이 이스라엘과 상관있음을 알린 제단	행2 / 오순절에 마가 다락방에 강림한 성령의 제단
	렘11 / 유다가 예루살렘에 쌓은 수치스러운 제단	마25 / 달란트를 받은 자들이 장사하는 생활의 제단

날짜	통일(연합)주제 / 말씀연결(Word Link)	
16	**당부 (當付, 말로 단단히 부탁함)**	
	수23 / 남은 민족들을 멀리하라는 여호수아의 당부	행3 / 예수를 믿고 회개하라는 사도 베드로의 당부
	렘12 / 돌이키셨을 때 잘 배우라는 예레미야의 당부	마26 / 시험에 들지 않게 깨어 있으라는 예수의 당부
17	**결심 (決心, 마음을 굳게 정함)**	
	수24 / 여호수아 가정과 온 이스라엘 자손의 신앙 결심	행4 / 위협 중에도 예수 전하는 베드로와 요한의 결심
	렘13 / 예루살렘의 교만에 대한 하나님의 심판 결심	마27 / 예수에 대한 대제사장들 장로들의 잘못된 결심
18	**한계 (限界, 사물의 정하여 놓은 범위나 경계)**	
	삿1 / 9지파 반이 쫓아내지 못한 정복의 한계	행5 / 아나니아와 삽비라의 신앙양심의 한계
	렘14 / 유다의 애통와 거짓 선지자의 예언의 한계	마28 / 부활에 관한 경비병들의 거짓말의 한계
19	**세대 (世代, 같은 시대에 공통의식을 가지는 비슷한 연령층의 사람들)**	
	삿2 / 선민을 위해 행하신 역사를 모르는 다른 세대	행6 / 표적을 행하는 스데반을 모함하는 악한 세대
	렘15 / 악한 예루살렘은 네 가지 벌로 버림받은 세대	막1 / 예수 그리스도의 복음을 체험하는 회복 세대
20	**영광 (榮光, 빛나는 영예)**	
	삿3 / 여호와의 영광을 가리고 우상숭배한 이스라엘	행7 / 영광의 하나님의 구속사를 설교한 스데반
	렘16 / 영광의 하나님의 율법을 지키지 않은 이스라엘	막2 / 중풍병자를 고치신 예수를 통해 영광 받으신 주
21	**단호 (斷乎, 매우 과단성 있고 엄격함)**	
	삿4 / 민족구원을 위해 단호하게 행동한 드보라와 야엘	행8 / 큰 박해 중에도 단호하게 복음을 전파한 빌립
	렘17 / 유다의 죄와 벌을 단호하게 선포한 예레미야	막3 / 미쳤다고 하는 자들을 단호하게 교훈하신 예수
22	**연합 (聯合, 둘 이상의 사람이나 집단이 합하여 하나의 조직체를 만듦)**	
	삿5 / 이스라엘의 영솔자들과 백성이 함께 연합함	행9 / 주를 만나 사울과 베드로가 사역으로 연합함
	렘18 / 유다와 이스라엘은 심히 가증한 죄와 연합함	막4 / 천국과 기적을 사모하는 자는 예수와 연합함
23	**음성 (音聲, 사람의 발음 기관에서 나오는 의사소통의 구체적인 소리)**	
	삿6 / 기드온이 하나님의 음성을 듣다	행10 / 고넬료와 베드로가 주의 음성을 듣다
	렘19 / 예레미야가 하나님의 음성을 듣다	막5 / 귀신도 죽은 자도 주의 음성을 듣다
24	**확신 (確信, 굳게 믿음)**	
	삿7 / 삼백 명으로 미디안을 물리칠 것을 확신	행11 / 이방인에게도 구원이 이루어짐을 확신
	렘20 / 온 유다와 바스훌이 포로가 될 것을 확신	막6 / 권능을 받아 회개를 외친 제자들의 확신
25	**죽음 (생명의 목숨이 끊어지는 일)**	
	삿8 / 미디안을 멸한 기드온의 죽음	행12 / 사도를 핍박한 헤롯 왕의 죽음
	렘21 / 시드기야 왕과 백성의 죽음	막7 / 장로 전통을 따르는 자의 죽음
26	**욕심 (慾心, 어떠한 것을 정도에 지나치게 탐내거나 누리고자 하는 마음)**	
	삿9 / 아비멜렉의 세속적인 욕심	행13 / 바울의 이방선교의 욕심
	렘22 / 유다 왕의 세속적인 욕심	막8 / 베드로의 인간적인 욕심
27	**세력 (勢力, 여러 요소들이 모여 기세를 뻗치는 힘)**	
	삿10-11:11 / 우상 세력을 섬긴 이스라엘은 심히 곤고해 짐	행14 / 핍박 세력을 이겨낸 사도가 다시 복음을 전함
	렘23 / 거짓 세력인 목자, 선지자, 제사장을 벌하심	막9 / 귀신 세력을 쫓아내는 힘은 믿음과 기도뿐임
28	**충돌 (衝突, 입장이 다른 세력이나 집단이 서로 맞서 싸움)**	
	삿11:12-40 / 입다와 암몬 자손의 왕이 땅의 문제로 충돌	행15 / 바울 바나바와 유대 형제들이 할례문제로 충돌
	렘24 / 좋은 무화과와 나쁜 무화과가 피난문제로 충돌	막10 / 예수님과 바리새인들이 이혼문제로 충돌
29	**무례 (無禮, 지나치게 자기중심적이고 예의가 없음)**	
	삿12 / 에브라임 사람들이 입다에게 무례함으로 패함	행16 / 상관들이 로마사람 바울에게 무례함을 뉘우침
	렘25 / 모든 나라가 여호와께 무례함으로 재앙을 당함	막11 / 성전에서 매매하는 자들의 무례함을 꾸짖으심
30	**기회 (機會, 어떠한 일이나 행동을 하기에 가장 좋은 때나 경우)**	
	삿13 / 마노아 부부에게 찾아온 아들 얻을 기회	행17 / 바울과 실라에게 찾아온 복음 전할 기회
	렘26 / 유다 지도자들에게 찾아온 회개할 기회	막12 / 바리새인과 서기관에게 찾아온 변화의 기회
31	**의도 (意圖, 무엇을 이루려고 꾀하는 것)**	
	삿14 / 블레셋을 물리치려는 삼손의 의도	행18 / 복음전파를 위해 머물려는 바울의 의도
	렘27 / 유다 민족을 살리시려는 하나님의 의도	막13 / 구원을 위해 종말을 예언하신 주의 의도

날짜	통일(연합)주제 / 말씀연결(Word Link)	
8 / 1	**구실 (口實, 핑계로 삼을 조건이나 변명할 거리)**	
	삿15 / 삼손이 아내의 일을 구실로 블레셋을 멸함	행19 / 데메드리오는 복음을 구실로 불법집회를 선동함
	렘28 / 하나냐가 주의 이름을 구실로 거짓 예언을 함	막14 / 대제사장이 신성모독을 구실로 예수를 죽임
2	**수난 (受難, 견디기 힘든 어려운 일을 당함)**	
	삿16 / 힘의 비밀을 말함으로 블레셋에게 수난 당함	행20 / 복음을 전하면서 유대인들에게 수난을 당함
	렘29 / 주의 말씀을 전함으로 스마야에게 수난 당함	막15 / 대제사장과 백성과 빌라도에게 수난을 당함
3	**소견 (所見, 일이나 물건또는 사건을 보고 느끼는 생각이나 의견)**	
	삿17 / 신앙생활에 대한 미가의 그릇된 소견	행21 / 복음 전파에 대한 바울의 사명적 소견
	렘30-31 / 회복에 대한 예레미야의 대언적 소견	막16 / 부활에 대한 제자들의 불신앙적 소견
4	**입장 (立場, 어떤 관점의 바탕을 이루는 기본 테두리의 생각과 태도)**	
	삿18 / 단지파의 제안에 대한 청년 제사장의 입장	행22 / 율법주의자들의 반발에 대한 바울의 입장
	렘32 / 말씀을 믿고 토지를 사는 예레미야의 입장	시1-2 / 여호와의 율법에 대한 복있는 사람의 입장
5	**패역 (悖逆, 사람으로서 마땅히 해야 할 도리에 어긋나고 순리를 거스름)**	
	삿19 / 레위 제사장과 성읍 사람들의 패역함	행23 / 대제사장 아나니아과 유대인의 패역함
	렘33 / 예언을 믿지 않고 싸우는 백성의 패역함	시3-4 / 압살롬과 경건하지 못한 자의 패역함
6	**정의 (正義, 사회나 공동체를 위한 옳고 바른 도리)**	
	삿20 / 기브아 사람을 향한 이스라엘 자손의 정의	행24 / 장로들 앞에서 부활을 전하는 바울의 정의
	렘34 / 왕에게 멸망을 선포하시는 하나님의 정의	시5-6 / 기도로 원수들을 심판한 다윗의 정의
7	**방안 (方案, 어떤 문제를 해결하거나 교훈하기 위한 방법이나 계획)**	
	삿21 / 베냐민 자손에게 아내를 마련해 주는 방안	행25 / 바울이 고소를 피해 가이사에게 서는 방안
	렘35 / 레갑 가문을 통해 유다를 깨우치시려는 방안	시7-8 / 다윗이 억울한 고난으로 부터 피하는 방안
8	**의지 (意志, 이떤 일을 이루려는 강하고 적극적인 마음)**	
	룻1 / 끝까지 나오미를 따르는 며느리 룻의 의지	행26 / 아그립바 왕에게 복음을 전하는 바울의 의지
	렘36-37 / 유다멸망을 기록하고 전하는 예레미야의 의지	시9 / 원수 앞에서 여호와만 신뢰하는 다윗의 의지
9	**건짐 (하나님이 사람을 통해 선택한 백성을 고통과 환난에서 건지심)**	
	룻2 / 보아스가 가난한 모압여자 룻을 절망에서 건짐	행27 / 바울이 유라굴로 광풍에서 죽을 자들을 건짐
	렘38 / 에벳멜렉이 진창구덩이에 빠진 예레미야를 건짐	시10 / 여호와가 가련한 자들을 압박으로부터 건짐
10	**성취 (成就, 목적한 바를 이룸)**	
	룻3-4 / 나오미의 소원이 보아스를 통해 룻에게 성취됨	행28 / 바울의 로마 복음 전파에 대한 소원이 성취됨
	렘39 / 예레미야의 예언이 느부갓네살을 통해 성취됨	시11-12 / 다윗의 기도가 하나님의 주관하심으로 성취됨
11	**갈망 (渴望, 간절하고 애타게 바람)**	
	삼상1 / 한나가 아들 갖기를 갈망함	롬1 / 바울이 복음 전하기를 갈망함
	렘40 / 요하난이 그다랴 살리기를 갈망함	시13-14 / 다윗이 하나님 만나기를 갈망함
12	**멸시 (蔑視, 다른 사람이나 사물을 교만하게 깔보거나 하찮게 여김)**	
	삼상2 / 홉니와 비느하스가 여호와의 제사를 멸시함	롬2 / 유대인이 회개치 않음으로 하나님을 멸시함
	렘41 / 요하난이 이스마엘의 악을 듣고 그를 멸시함	시15-16 / 다윗이 주님과 이웃을 무시하는 자를 멸시함
13	**한의 (一義, 하나님이 각 시대에 세우신 의로운 일꾼과 행하신 사건)**	
	삼상3 / 이상이 흔히 보이지 않던 때의 하나님의 한 義	롬3 / 율법이 지켜지지 않던 때의 하나님의 한 義
	렘42 / 남은 자에게 말씀을 대언하는 하나님의 한 義	시17 / 여호와 앞에서 흠 없이 행하는 다윗의 한 義
14	**멸망 (滅亡, 국가나 민족 등이 망하여 없어짐)**	
	삼상4 / 블레셋과의 전쟁에서 엘리의 집이 멸망함	롬4 / 율법 아래 있는 자가 범법으로 인하여 멸망함
	렘43 / 말씀에 불순종하여 애굽으로 간 자가 멸망함	시18 / 의로운 다윗을 대적한 자와 사울이 멸망함
15	**범죄 (犯罪, 하나님의 뜻과 법을 어기고 저지른 허물과 죄악)**	
	삼상5-6 / 여호와의 궤를 빼앗아 함부로 취급한 범죄	롬5 / 하나님께 불순종한 한 사람 아담의 범죄
	렘44 / 명령을 어기고 애굽으로 간 남은 자의 범죄	시19 / 다윗이 가장 경계하는 영역인 고의적 범죄

날짜	통일(연합)주제 / 말씀연결(Word Link)	
16	**전심 (全心, 마음을 오로지 한 일에만 씀)**	
	삼상7-8 / 전심으로 여호와께 돌아옴	롬6 / 전심으로 주 예수와 연합함
	렘45 / 전심으로 예레미야를 도움	시20-21 / 전심으로 여호와를 의지함
17	**목적 (目的, 일을 이루려고 하는 목표나 나아가는 방향)**	
	삼상9 / 암나귀를 찾게 하신 목적	롬7 / 율법의 궁극적인 목적
	렘46 / 애굽을 멸망시킨 목적	시22 / 하나님이 침묵하신 목적
18	**예고 (豫告, 미리 알림)**	
	삼상10 / 사울이 기업 지도자됨을 예고	롬8 / 예수 사랑이 절대적임을 예고
	렘47 / 블레셋 사람이 유린됨을 예고	시23-24 / 목자 삼는 자가 축복됨을 예고
19	**수치 (羞恥, 창피하고 부끄러움)**	
	삼상11 / 오만했던 암몬사람 나하스가 수치를 당함	롬9 / 율법을 쫓는 이스라엘 사람이 수치를 당함
	렘48 / 그모스를 쫓는 교만한 모압이 수치를 당함	시25 / 여호와께 피하지 않는 자가 수치를 당함
20	**참길 (하나님이 자기 백성에게 가르쳐 주신 구원의 길)**	
	삼상12 / 사무엘이 이스라엘에게 가르쳐 준 참 길	롬10 / 바울이 이스라엘에게 가르쳐 준 참 길
	렘49 / 예레미야가 암몬 에돔 엘람에게 전한 참 길	시26-27 / 다윗이 경험하고 고백한 신앙적인 참 길
21	**주권 (主權, 하나님이 통치하시는 절대적인 권세)**	
	삼상13 / 사무엘에게 주어진 제사 집례의 주권	롬11 / 여호와 하나님께 있는 영혼구원의 주권
	렘50 / 교만한 바벨론을 심판하시는 주권	시28-29 / 의인과 악인을 보시고 다스리시는 주권
22	**합력 (合力, 흩어진 힘을 한 곳으로 모음)**	
	삼상14 / 전쟁에 나갈 때 사울과 무기를 든 자가 합력	롬12 / 한 몸을 이룬 각 지체가 다른 기능으로 합력
	렘51 / 멸망예언에 대해 예레미야와 스라야가 합력	시30 / 어떤 상황 속에서도 여호와가 다윗에게 합력
23	**행함 (行함, 믿음과 말씀과 정의와 진실은 행할 때 온전해 짐)**	
	삼상15 / 사울이 주의 명령을 그릇 행함으로 버림받음	롬13 / 구원의 때에 그리스도인이 단정히 행함
	렘52 / 시드기야가 여호와 보시기에 악을 행함	시31 / 다윗이 어려운 때에도 기도와 찬송을 행함
24	**중심 (中心, 외모와 반대되는 말로 진실한 마음)**	
	삼상16 / 기름부음을 받는 다윗의 중심	롬14 / 성령 안에 있는 믿는 자의 중심
	애1 / 울며 회개하는 예레미야의 중심	시32 / 주께 나아가는 경건한 자의 중심
25	**나라 (국민이 주권을 가지고 거주하는 일정한 영토나 그것들의 총체)**	
	삼상17 / 만군의 여호와가 세우시는 이스라엘 나라	롬15 / 열방을 구원하여 세우시는 하나님의 나라
	애2 / 선택되었으나 하나님의 진노를 받은 나라	시33 / 여호와를 자기 하나님으로 삼는 복있는 나라
26	**합당 (合當, 꼭 알맞아 타당함)**	
	삼상18 / 사울이 다윗을 군대의 장으로 세운 것이 합당	롬16 / 충성한 자들을 문안받도록 추천하는 것이 합당
	애3 / 절망 때 인자하신 주께 소망을 두는 것이 합당	시34 / 여호와를 경외하는 자가 복을 받는 것이 합당
27	**영향 (影響, 어떤 사람이나 사물의 효과나 작용이 다른 것에 미치는 일)**	
	삼상19 / 다윗이 사울과 백성에게 끼친 영향	고전1 / 십자가의 도가 영혼에게 끼친 영향
	애4 / 예루살렘의 죄악이 삶에 끼친 영향	시35 / 기도와 찬송이 다윗에게 끼친 영향
28	**죄인 (罪人, 하나님과 사람 앞에 악을 행하고 죄를 지은 사람)**	
	삼상20 / 무고한 다윗을 죽이려 한 악한 사울 죄인	고전2 / 예수를 십자가에 못 박은 무지한 죄인
	애5 / 하나님의 말씀을 거역한 예루살렘 죄인	시36 / 주를 두려워하지 않고 악을 쫓는 죄인
29	**요새 (要塞, 군사적으로 중요한 곳에 건설한 방어 시설)**	
	삼상21-22 / 아둘람 굴이 도망하는 다윗에게 요새가 됨	고전3 / 교회가 그리스도인들에게 영적인 요새가 됨
	겔1 / 주의 모습과 환상이 에스겔에게 영적 요새가 됨	시37 / 여호와가 환난을 당한 의인에게 요새가 되심
30	**침묵 (沈默, 입을 다물고 조용히 있음)**	
	삼상23 / 사울의 박해로 광야수풀에 숨어 침묵하는 다윗	고전4 / 만물의 찌꺼기같이 돼도 침묵하며 일하는 바울
	겔2 / 패역한 백성에게 침묵을 깨고 말씀을 전하는 종	시38 / 여호와의 노하심 앞에서 침묵하고 기도하는 다윗
31	**재판 (裁判, 옳고 그름을 가리어 판단함)**	
	삼상24 / 하나님께서 다윗과 사울의 시비를 재판하심	고전5 / 하나님이 성도들의 음행과 교만을 재판하심
	겔3 / 파수꾼 에스겔이 선민의 행위를 재판하여 권고함	시39 / 여호와가 다윗과 악인을 재판하여 벌하심

날짜	통일(연합)주제 / 말씀연결(Word Link)	
9 / 1	**총명 (聰明, 매우 영리하고 기억력과 판단력이 좋으며 재주가 있음)**	
	삼상25 / 닥쳐 온 위기를 극복하는 아비가일의 총명함	고전6 / 교회 문제를 판단하여 해결하는 성도의 총명함
	겔4 / 말씀대로 준비하며 순종하는 에스겔의 총명함	시40-41 / 곤고함과 원수를 주께 맡기는 의인의 총명함
2	**도리 (道理, 사람이 마땅히 행하여야 할 바른 길)**	
	삼상26 / 기름부음 받은 자를 해하지 않는 도리	고전7 / 결혼한 부부가 마땅히 해야 할 도리
	겔5 / 제사장 에스겔이 선지자로서 할 도리	시42-43 / 낙심할 상황 속에서도 성도가 할 도리
3	**은혜 (恩惠, 수고한 것이 없어도 사랑으로 베풀어 주는 신세나 혜택)**	
	삼상27 / 아기스가 다윗에게 거할 성읍을 제공한 은혜	고전8 / 오직 한 분이신 참 하나님의 절대적인 은혜
	겔6 / 재앙이 끝난 후에 남은 자에게 베푸시는 은혜	시44 / 이스라엘 민족을 새 땅에 정착케 하신 은혜
4	**신념 (信念, 어떤 사상이나 생각을 굳게 믿고 그것을 실현하려는 의지)**	
	삼상28 / 사울의 우상타파에 대한 일시적인 신념	고전9 / 바울의 복음전파에 대한 헌신적인 신념
	겔7 / 에스겔의 유다 재앙에 대한 종말적 신념	시45-46 / 고라 자손의 하나님의 대한 왕적인 신념
5	**동참 (同參, 어떤 일이나 모임 등에 함께 참여함)**	
	삼상29-30 / 아말렉 추격에 동참하는 다윗과 백성들	고전10 / 주의 식탁에 동참하는 바울과 성도들
	겔8 / 하나님의 환상에 동참하는 선지자 에스겔	시47 / 즐거운 소리와 찬송에 동참하는 만민들
6	**사망 (死亡, 사람의 목숨이 끊어짐)**	
	삼상31 / 사울 왕과 요나단이 예언대로 전장에서 사망	고전11 / 성만찬의 근거가 되는 예수 그리스도의 사망
	겔9 / 이마에 표 있는 자를 제외한 모든 자들의 사망	시48 / 하나님의 성을 찬송치 않는 자의 심판적 사망
7	**위로 (慰勞, 남의 괴로움이나 슬픔을 달래 주려고 따뜻한 말이나 행동 또는 은혜를 베풂)**	
	삼하1 / 다윗이 노래로 사울과 요나단의 죽음을 위로함	고전12 / 성령이 은사를 통해 몸된 모든 지체를 위로함
	겔10 / 천사가 그룹과 바퀴를 통해 에스겔을 위로함	시49 / 하나님이 영접을 통해 유한한 사람을 위로함
8	**유익 (有益, 이롭거나 도움이 됨)**	
	삼하2 / 휴전은 싸우는 모두를 유익하게 하는 것	고전13 / 사랑은 나보다 상대를 유익하게 하는 것
	겔11 / 예언은 사로잡힌 자를 유익하게 하는 것	시50 / 제물은 제사하는 자를 유익하게 하는 것
9	**대의 (大義/大意, 하나님과 사람이 행하거나 지켜야 할 큰 도리와 큰 뜻)**	
	삼하3 / 민족 화합을 이루려는 다윗의 수용적인 대의	고전14 / 교회의 덕을 세우려는 지체의 양보적인 대의
	겔12 / 반역한 족속을 벌하시는 주의 공의적인 대의	시51 / 죄를 용서해 주시는 하나님의 긍휼적인 대의
10	**살림 (復活, 쇠퇴한 것이 다시 성하게 일어나고 죽은 것이 다시 살아남)**	
	삼하4-5 / 흩어진 지파를 다윗을 중심으로 다시 살리심	고전15 / 그리스도가 죽게된 모든 영혼을 다시 살리심
	겔13 / 거짓 예언에 죽은 백성의 영혼을 다시 살리심	시52-54 / 고난과 역경 속에 처한 다윗을 다시 살리심
11	**경건 (敬虔, 공경하는 마음으로 삼가고 조심하며 대상을 받들어 올림)**	
	삼하6 / 정성껏 제사하며 여호와의 궤를 옮기는 경건	고전16 / 예루살렘교회를 위해 은혜롭게 헌금하는 경건
	겔14 / 마음에서 우상과 가증한 것을 제하는 경건	시55 / 사망의 위험에서 하나님께 부르짖는 경건
12	**심정 (心情, 마음에 품은 생각과 감정)**	
	삼하7 / 다윗의 중심을 보시고 감동하신 주님의 심정	고후1 / 성도를 거룩과 진실함으로 대한 바울의 심정
	겔15 / 범법한 예루살렘을 대적하시는 주님의 심정	시56-57 / 쫓길 때 주님을 절실히 의지하는 다윗의 심정
13	**향기 (香氣, 꽃이나 향 따위에서 나는 좋은 냄새)**	
	삼하8-9 / 노략물을 바치고 므비보셋을 품은 다윗의 향기	고후2 / 복음 전파자는 모든 자에게 그리스도의 향기
	겔16 / 심판 후에 구원을 베푸시는 하나님의 향기	시58-59 / 요새와 피난처가 되어 주시는 전능자의 향기
14	**심령 (心靈, 성경에서 말하는 마음과 영혼)**	
	삼하10 / 담대히 싸우는 요압과 아비새의 신앙적 심령	고후3 / 새 언약을 마음판에 새긴 성도의 만족한 심령
	겔17 / 반역한 자들을 심판하시는 하나님의 노한 심령	시60-61 / 회복의 응답을 구하는 다윗의 애절한 심령
15	**의인 (義人, 여호와의 말씀에 합당하여 하나님이 의롭게 여긴 사람)**	
	삼하11 / 편함을 버리고 책임을 다하며 충성하는 의인	고후4 / 자신을 전하지 않고 예수 만 전파하는 의인
	겔18 / 율례와 규례를 지켜 진실하게 행동하는 의인	시62-63 / 고난 중에 주만 구원 소망으로 인정하는 의인

날짜	통일(연합)주제 / 말씀연결(Word Link)	
16	**비유 (譬喩, 어떤 사물이나 현상을 그와 비슷한 다른 것에 빗대어 표현함)**	
	삼하12 / 작은 암양 새끼를 뺏은 부자로 비유된 다윗	고후5 / 새로운 피조물과 주의 사신으로 비유된 바울
	겔19 / 젊은 사자와 포도나무로 비유된 이스라엘 고관	시64-65 / 칼의 혀와 화살의 말을 쓰는 자로 비유된 원수
17	**역할 (役割, 일정한 자격으로 자기가 해야 할 맡은 바 직책이나 임무)**	
	삼하13 / 암논에게 꾀를 알려주는 요나답의 간교한 역할	고후6 / 하나님과 함께 일하는 자 바울의 희생적 역할
	겔20 / 장로에게 주뜻을 전하는 에스겔의 대언적 역할	시66-67 / 온 땅과 민족이 주를 찬양하는 경배자 역할
18	**근심 (해결되지 않은 일 때문에 속을 태우거나 우울해 함)**	
	삼하14 / 다윗과 압살롬이 풀지 못했던 관계 근심	고후7 / 하나님의 뜻대로 하는 근심과 세상 근심
	겔21 / 주의 칼 심판에 대한 에스겔의 탄식과 근심	시68 / 하나님이 해결하신 소외된 자의 삶의 근심
19	**참여 (參與, 어떤 일이나 모임에 참가하여 관계함)**	
	삼하15 / 다윗의 피난과 미래 재건에 참여하는 자들	고후8 / 가난 중에도 선교와 연보에 참여하는 자들
	겔22 / 주가 미워하는 죄에 참여하는 고관과 백성들	시69 / 수렁에서 건짐받아 경배와 복에 참여하는 다윗
20	**그릇 (일을 해 나갈 만한 도량이나 능력, 마음의 크기)**	
	삼하16 / 시므이 저주 앞에서 개의치 않는 큰 마음 그릇	고후9 / 연보를 즐겁게 많이 심는 자의 큰 마음 그릇
	겔23 / 주를 버리고 세상 것을 가득담은 마음 그릇	시70-71 / 하나님을 반석과 요새로 가득채운 마음 그릇
21	**담대 (膽大, 담력이 커서 배짱이 두둑하고 용감함)**	
	삼하17 / 담대하게 다윗왕과 함께하고 피난을 돕는 자들	고후10 / 그리스도의 복음을 담대하게 전하는 사도 바울
	겔24 / 아내를 잃고 담대하게 심판을 예언하는 에스겔	시72 / 여호와의 공의로 담대하게 통치하는 솔로몬
22	**대우 (待遇,사회적 관계에 따라 적절히 예우를 갖춰 남을 대함)**	
	삼하18 / 함께 피난한 백성들이 다윗왕을 중하게 대우	고후11 / 고린도교회가 중매자 바울을 가볍게 대우
	겔25 / 암몬과 모압이 이스라엘과 유다를 멸시로 대우	시73 / 주가 우매무지하고 짐승 같은 아삽을 귀히 대우
23	**기억 (記憶, 지난 일과 내용을 잊지 않고 보전하거나 되살려 생각해 냄)**	
	삼하19 / 다윗과의 관계를 기억하는 므비보셋과 바르실래	고후12 / 고린도의 홀대를 기억하고 두려움을 갖는 바울
	겔26 / 두로의 오만함을 기억하시고 심판하시는 여호와	시74 / 주를 비방하고 능욕하는 것을 기억하시는 여호와
24	**대면 (對面, 얼굴을 마주보고 대함)**	
	삼하20 / 아벨 성읍의 지혜로운 여인이 요압과 대면함	고후13 / 바울이 고린도교회의 죄 지은 자들과 대면함
	겔27 / 에스겔이 범죄로 인해 벌받는 두로와 대면함	시75-76 / 아삽이 경외받으실 재판장 하나님과 대면함
25	**저주 (詛呪, 몹시 악한 자에게 재앙이나 불행한 일이 일어나도록 빌음)**	
	삼하21 / 사울과 그 집 때문에 주가 내리신 일시적 저주	갈1 / 다른 복음을 전하는 자들에게 선포한 저주
	겔28 / 교만한 두로와 시돈에세 내려신 영원한 저주	시77 / 아삽이 침묵하시는 하나님께 느낀 주관적 저주
26	**비밀 (秘密, 그 참된 의미를 숨기고 언어나 상징으로 가르침을 전함)**	
	삼하22 / 하나님의 구원은 원수들에게 감추어진 비밀	갈2 / 믿음으로 의롭다함을 얻는 것은 숨겨졌던 비밀
	겔29 / 애굽이 미약한 나라가 되는 것은 예언된 비밀	시78:1-37 / 율법과 말 비유로 감추어졌던 비밀을 드러냄
27	**지도 (指導, 어떤 목적이나 방향으로 남을 가르쳐 이끎)**	
	삼하23 / 여호와의 영이 말씀으로 다윗을 지도하심	갈3 / 바울이 오직 믿음으로 의롭게 됨을 지도함
	겔30 / 여호와께서 말씀으로 에스겔을 지도하심	시78:38-72 / 하나님께서 양 떼 같은 이스라엘을 지도하심
28	**정욕 (情欲, 마음속에 일어나는 여러 가지 욕구)**	
	삼하24 / 자신의 힘과 권력을 점검하려는 다윗의 정욕	갈4 / 율법으로 돌아가려는 갈라디아교회의 정욕
	겔31 / 크고 아름다운 복때문에 교만해진 애굽의 정욕	시79 / 주의 기업과 성전을 더럽힌 이방나라의 정욕
29	**슬픔 (눈물을 흐리며 느끼는 아픈 마음과 괴롭고 답답한 감정)**	
	왕상1 / 아도니야의 반역을 보는 늙은 다윗의 슬픔	갈5 / 종의 멍에와 육체의 소욕을 보는 바울의 슬픔
	겔32 / 애굽과 뭇 나라의 심판을 보는 에스겔의 슬픔	시80 / 하나님의 침묵에 절규하는 이스라엘의 슬픔
30	**경고 (警告, 조심하거나 삼가도록 미리 주의를 줌)**	
	왕상2 / 솔로몬이 악한 자들에게 최후 심판을 경고함	갈6 / 성도 관계의 무너짐과 할례의 미혹을 경고함
	겔33 / 파수꾼에게 심판과 구원에 대해 경고케 하심	시81-82 / 율례 규례 계명을 거역함에 대하여 경고하심

7월 01 July 우선

수3 / 시126-128 / 사63 / 마11

● 여호수아 3장 언약궤를 멘 제사장이 요단강 도하에 우선함

이스라엘은 드디어 광야생활 40년을 마감하고 약속의 땅 가나안에 들어서기 위하여 첫 번째 관문인 요단강을 건너게 되었다. 요단강 도하 개시에 앞서 이스라엘은 성전을 위한 모든 준비 과정을 끝마쳤다. 요단강을 건넌 후에 정복해야 할 첫 번째 대상은 여리고 성으로 정해졌다.

✚ 묵상 : 여호수아가 요단을 건널 때 이스라엘에게 지시한 내용은 무엇일까요?(수3:3~5)
이스라엘 자손이 요단강을 건널 때 마른 땅으로 건너갈 수 있었던 것은 무엇때문일까요?(수3:6,8,13,15~17)

● 시편 126-128편 기쁨으로 단을 거두기 위해 씨뿌림을 우선함

126: 이 시의 표제는 '성전에 올라가는 노래'이다. 이 시의 내적 증거는 에스라 시대에 바벨론 포로에서 돌아온 후의 감격을 드러낸 듯하다(1절). 이것은 짧은 시편이지만, 여러 곳에서 현저하게 나타난다. 본시를 통해 우리는 우리의 허다한 범죄에도 불구하고 징계와 채찍을 통해서라도 끝내는 구원을 베푸시는 하나님의 크신 사랑과 경륜을 새삼 발견할 수 있다.

127: 이 시의 표제는 솔로몬의 시, 곧 성전에 올라가는 노래이다. 본시에서 저자는 하나님을 도외시한 인간 노력의 헛됨과 자녀를 둔 자의 복됨에 대해 교훈하고 있다. 이 두 가지 주제는 서로 잘 연관이 되지 않는 것 같으나 국가나 민족의 번영이 가정의 번영과 무관하지 않음을 지적해 주고 있다는 점에서 서로 밀접한 관계를 맺고 있다.

128: 이 시의 표제는 '성전에 올라가는 노래'이다. 이 시는 가정의 행복에 관한 내용이고, 그 행복은 여호와를 경외하며 그 도에 행하는 꾸밈을 보여준다. 이 시편은 이스라엘의 결혼식에서 주로 사용되었고 지금도 그와 같은 의식에서 주로 사용된다. 본시에 나타난 행복한 가정의 모습은 마치 한 폭의 그림과 같이 정겨운 느낌을 주며, 이러한 행복의 근원이 어디서부터 오는지 명백하게 보여주고 있다.

✚ 묵상 : 울며 씨를 뿌리고 집을 세우며 성을 지킬지라도 누가 먼저 일하지 아니하시면 아무 소용이 없을까요?(시126:3,5~6,127:1~2)
여호와께 복을 받고 형통할 사람은 손으로 수고하기 전에 먼저 무엇을 해야할까요?(시128:1~2,4~5)

통일 주제 우선 (于先, 어떤 일에 앞서서 먼저)

연합 내용 세상은 원인에 따라 결과가 주어진다. 인과응보의 역사가 정상이다. 하나님은 이 원리에 따라 믿는 자가 먼저 해야 할 것을 말씀하셨다. 그리고 자신도 우선해야 할 일을 진행하면서 구원의 역사를 이루셨다.

● 이사야 63장 주님이 조건 없이 이스라엘의 구원을 우선함

시온의 회복에 앞서 거쳐야 할 열방에 대한 하나님의 심판과 지난날 이스라엘을 향하셨던 하나님의 선하심 그리고 이스라엘을 위한 중보기도가 소개되고 있다. 진실로 하나님의 나라는 죄와 악이 도말된 곳에서 시작되고 완성된다.

✚ 묵상 : 이사야는 여호와의 구원이 이스라엘에게 어떻게 성취되었다고 말했나요?(사63:1~5,7,14)
이사야는 이스라엘의 회복을 위하여 어떤 처절한 기도를 드렸나요?(사63:15~17)

● 마태복음 11장 예수 오시기 전에 세례요한 보내심을 우선함

예수님이 하나님이 보내신 구세주 어린 양이심을 선포했던 요한이 마지막으로 예수님의 존재에 대해 질문한다. 이에 예수님은 그를 찾아 온 요한의 제자들에게 '구약의 예언이 자신을 통해 성취되고 있음을 전하라' 하신다(5절). 메시야에 대한 수많은 말씀들이 지금 실현되고 있는 것이다. 하나님은 신실하셔서 약속을 지키셨다. 언약의 실체가 되시는 예수님께 나아가는 자는 누구든지 쉼을 얻는다(28-29절).

✚ 묵상 : 예수님은 멸망당할 세대는 어떤 모습을 보인다고 말씀하셨나요?(마11:16~20)
예수님은 자신을 어떤 사명을 가지고 온 존재라고 말씀하셨나요?(마11:27~30)

기 도

- 주여, 먼저 믿은 자가 먼저 헌신함으로 하나님의 역사를 이루어 가게 하옵소서.
- 주여, 먼저 하나님을 경외한 후에 손으로 수고하여 단을 거두게 하옵소서.
- 주여, 아버지의 뜻을 따라 오신 주님처럼 우리도 주의 뜻을 따라가게 하옵소서.

7월 02 July 체험

수4 / 시129-131 / 사64 / 마12

● 여호수아 4장 온 이스라엘이 기적의 요단강 도하를 체험

이스라엘 백성들이 약속된 가나안 땅에 들어가기 위하여 요단 강을 건너는 장면이 앞장에 이어 계속해서 다루어지고 있다. 요단강은 가나안 정복에 있어서 전략적으로 매주 중요한 의미를 가진다.

그러나 본서의 초점은 요단강 도하를 가나안 정복을 위한 전략적 측면에서 기록하기보다는 오히려 영적이며 종교적 측면을 더욱 강조하여 기록하고 있다. 전장에서 보듯이 요단강 도하는 하나님의 기적적인 구원 행동에 의해 이루어진 것이기 때문이다.

✚ 묵상 : 여호와 하나님은 요단강을 건넌 후 여호수아에게 후손의 교육을 위하여 어떤 일을 하라고 말씀하셨나요?(수4:1~3,6~7)
여호와께서 홍해와 요단강을 기적으로 건너게 하신 이유는 무엇일까요?(수4:23~24)

● 시편 129-131편 성도가 주의 의로우심과 사유하심을 체험

129: 이 시의 표제는 '성전에 올라가는 노래'이다. 이 시의 회고적인 내용은 이스라엘이 오랫동안 겪은바 고난이 등장하고 그것을 여호와께서 '끊으셨도다'(4절)라는 내용에서 그 절정을 이룬다. 따라서 이 시는 포로 중에 쓰여진 것이 확실하고 하나님이 베풀어 주신 바 놀라운 영광을 다루고 있다. 이것은 고난 중에 교회가 어떠한 자세를 가져야 하는가를 보여주는 살아 있는 교훈서이다.

130: 이 시의 표제는 '성전에 올라가는 노래'이다. 이 시의 저작에 대한 역사적 배경도 알려진 것이 없다. 그러나 이 시의 내적 성격이 고난이 극에 달한 시절의 내용인 것으로 볼 때에, 포로시절에 쓰여진 것 같다. 이 시는 죄의 응징으로 인한 고난과 그것에 대한 참회, 그리고 그 후에 오는 소망으로 넘치고 있다.

131: 본시는 다윗의 작품으로서 하나님을 향한 그의 겸손과 신뢰를 정결한 서정시의 분위기로 아름답게 표현하였다. 이 시는 다윗의 많은 시 중에서도 가장 아름다운 시로 볼 수 있다. 이 시의 표제는 '다윗의 시 곧 성전에 올라가는 노래'이다. 3절에 불과한 시편이지만 다윗의 사상이 잘 드러나 있다.

✚ 묵상 : 성전에 오르는 자는 사유하시는 여호와를 어느 정도로 기다리나요?(시130:4~6)
다윗은 자신의 성품과 영적 상태를 어떻게 표현했나요?(시131:1~3)

통일 주제 체험 (體驗, 어떤 일을 실제로 보고 듣고 겪음)

연합 내용 기독교는 믿음과 체험의 종교다. 하나님과 예수 그리스도를 믿고 그 안에서 영적인 신비의 체험과 육적인 치유의 체험 그리고 환난과 역경 속에서 기적의 체험을 함으로써 구체적인 삶을 영위하는 것이다.

● 이사야 64장 이사야가 주의 강림하심과 침묵하심을 체험

63장에 이어 64장에서도 계속해서 이스라엘을 위한 자비의 도우심의 기도를 드리고 있다. 특히 하나님께서 함께하시기를 간구하며, 그러기에 속히 구원하여 달라는 기도를 드리는 장면이다. 이사야는 예언적 계시로 주전 586년 예루살렘이 함락되고 성전이 파괴되기 오래전에 예언을 했다. 그러나 그는 이미 그 일이 일어난 것처럼 황폐한 성의 상태를 애통해 한다. '주의 백성과 주의 땅이 이토록 황폐하게 방치되었는데 어떻게 가만히 서 계시나이가'라며 애통해 한다.

✚ 묵상 : 이사야는 엄위하신 여호와 앞에서 범죄한 이스라엘을 어떻게 표현했나요?(사64:3~7)
이사야는 황폐한 예루살렘의 회복을 위하여 어떤 기도를 드렸나요?(사64:8~12)

● 마태복음 12장 손 마른 자와 벙어리된 자가 치유함을 체험

안식일에 밀 이삭을 잘라 먹은 일과 병 고친 일로 인한 논쟁이 일어난다(1-14절). 예수님은 다윗의 사람들이 안식일에 진설병을 먹은 일과 안식일에도 성전에서 일하는 제사장의 예를 들면서 당신이 안식일의 주인이심을 선포하신다. 병든 자를 포함하여 수많은 사람들을 섬기시는 예수님에 대하여 이사야는 이미 예언했다(사 42장 15-21절). 예수님의 치유사역에 대해 바알세불(=귀신)의 역사라고 폄훼하는 바리새인들에 대하여 예수님은 사탄이 분열할 수 없다고 반박하시며 이는 하나님 나라의 도래를 보여주는 증거라고 말씀하신다(22-30절). 누구든지 성령의 역사를 고의적으로 부정하면 사함을 얻지 못할 것이다(31-37절). 예수님은 악하고 음란한 세대의 표적 요구를 거절하시고 회개하지 않음을 엄히 경고하신다(38-45절). 아버지의 뜻을 행하는 자라야 진정한 하나님의 자녀다(46-50절).

✚ 묵상 : 예수님은 바리새인들에게 자신을 누구라고 말씀하셨나요?(마12:2,8,41~42)
예수님은 무리 중 한 사람에게 어떻게 행하는 자가 자기의 어머니요 형제요 자매라고 말씀하셨나요?(마12:48~50)

기 도

- 주여, 역경과 환난 속에서 기적을 체험하고 여호와를 더 잘 경외하게 하옵소서.
- 주여, 다윗처럼 겸손하고 무리하지 않으며 젖 뗀 아이같이 순전하게 하옵소서.
- 주여, 잘못된 신앙관을 버리고 주님 앞에 나와 영육 간에 치유받게 하옵소서.

7월 03 July 천국

수5-6:5 / 시132-134 / 사65 / 마13

● 여호수아 5-6장 5절 하나님이 약속하신 젖과 꿀이 흐르는 땅 천국

5장은 요단강 도하와 가나안 입성 과정을 기록하고 있는 1-5장 중 마지막 부분이다. 다음 제6장부터는 본격적인 정복 전쟁이 개시된다. 정복 전쟁을 위한 본영(本營)을 길갈에 설치한 일을 중심으로 그 내용이 전개되고 있다.

이스라엘의 요단강 도하로 말미암아 초긴장 상태에 빠진 가나안 족속들과 대치한 상황 속에서 시행한 할례 및 유월절 준수는 마음을 새롭게 하는 것인 동시에 오직 하나님께 의지하겠다는 여호수아와 이스라엘 민족의 믿음이라고 할 수 있다.

✚ 묵상 : 여호와 하나님은 출애굽한 후 광야 길에서 난 이스라엘 자손들에게 무엇을 행하도록 여호수아에게 명령했나요?(수5:2~5,7)
하나님은 여호수아에게 여리고성을 무너뜨릴 어떤 방법을 가르쳐 주셨나요?(수6:2~5)

● 시편 132-134편 하나님이 임재하여 계신 성전과 성소인 천국

132: 본편은 하나님의 성전에 대한 찬양 시로서 성전을 방문하기 위하여 예루살렘에 모여든 사람들에 의하여 불려진 순례자의 노래이다. 이 시의 표제는 '성전에 올라가는 노래'이다. 본시의 저자는 분명히 알려지지는 않았으나 시인이 직접 하나님의 법궤를 성전에 안치하였다는 고백을 한 것(6-9절)으로 미루어 솔로몬 왕이 유력시 되어 있으며(대하 5:2-5), 그의 성전 건축 헌당 시에 작시된 것으로 보인다(대하 6:41-42). 이 시의 전체 성격은 하나님의 성전을 섬기는 자의 자세가 잘 나타나 있다. 저자는 본시에서 성전에 임하는 하나님의 영광을 찬양하며 다윗에게 베푸신 언약과 은혜를 감사하고 있다.

133: 하나님의 임재를 경험한 사람은 자신이 속한 공동체에서 샬롬을 추구해야 한다. 하나님은 우리가 화평을 이루며 살아가기를 원하신다.

134: 시인은 제사 드리는 것을 지켜보고 있지 말고 성소를 향해 손을 들고 찬양하라고 권면한다. 적극적으로 예배 참여하는 자가 될 것을 촉구한다.

✚ 묵상 : 다윗은 여호와의 처소 곧 전능자의 성막을 발견하기까지 무엇을 하지 않았나요?(시132:3~5)
여호와는 형제가 연합하여 동거함이 선하고 아름다워 어떤 복을 주시나요?(시133:1,3)

통일 주제 천국 (天國, 하나님이 새롭게 세우신 약속의 땅이며 영원한 나라)

연합 내용 천국은 하나님의 나라이며 영원한 하늘나라이다. 하나님의 나라는 하나님이 통치하시는 모든 영역임으로 금생도 속한다. 그리고 믿음으로 이 세상을 떠난 자들은 반드시 영원한 하늘나라의 백성이 된다.

● 이사야 65장 주가 마지막에 주실 새 하늘과 새 땅인 천국

앞부분에 나오는 기도에 대한 응답으로 주어진 것이다. 그 내용은 타락과 범죄로 인해 이스라엘이 심판을 받을 수 없는 현실과 심판 중에도 하나님을 소망하는 자에게 구원이 주어질 것을 확인시키고, 모든 심판이 종결된 후에 남은 하나님의 사람들을 중심으로 하여 이뤄질 새로운 질서 속에서의 하나님 나라에 대한 비전이 소개된다.

✚ 묵상 : 여호와 하나님은 패역한 백성들의 어떤 죄를 벌하신다고 하셨나요?(사65:2~5,7,11~12)
여호와 하나님이 이사야를 통해 예언하신 미래적인 계획은 무엇일까요?(사65:17~25)

● 마태복음 13장 예수가 일곱 비유로 소개해 주신 영원한 천국

천국의 비밀은 완악하고 교만한 자에게는 숨겨져 있다(10-17절). 진리의 말씀을 대하는 마음과 태도에 따라 열매의 여부가 달려 있다(1-9, 18-23절). 우리의 신앙과 공동체 그리고 선교를 방해하는 악한 세력이 있지만 그들은 추수(=주님의 재림) 때가 되면 분리가 되어 불살라지게 될 것이다(24-30, 36-43, 47-50절). 천국은 우리가 이 땅에서 살아가는 동안 점점 더 크게 우리의 의식과 삶에 작용하게 될 것이다(처음에는 미약하나 큰 나무로 자람, 31-33절). 천국의 가치를 아는 자는 그것을 얻기 위해 어떤 대가라도 지불한다(44-46절). 안타깝게도 예수님의 고향 사람들은 예수님이 하나님 나라의 비밀을 성취한 메시야임을 깨닫지 못했다(51-58절).

✚ 묵상 : 예수님이 제자들에게 말씀해 주신 일곱 가지 천국의 비유는 무엇일까요?(마13:3~8,24~33,44~50)
예수님은 자신의 가르침을 잘 받아들이는 제자들에게 무엇을 약속하시고 배척하는 고향 사람들에게는 어떻게 행하셨나요?(마13:11~12,16~17,54~58)

기 도

- 주여, 하나님의 자녀로 다시 태어나는 물세례와 불세례를 받게 하옵소서.
- 주여, 하나님이 가장 기뻐하시는 연합과 동거의 삶으로 복을 누리게 하옵소서.
- 주여, 이사야의 영원한 나라와 예수님의 천국을 대망하며 살게 하옵소서.

7월 04 July

방식

수6:6-27 / 시135-136 / 사66 / 마14

● 여호수아 6장 6-27절 여리고 성을 돌면서 점령하는 기적의 방식

이스라엘이 건넌 요단강 지역은 가나안의 중부 지역이다. 이곳은 전략적으로 보면, 가나안 중부 지역을 먼저 공격하여 도시국가 체제로 나누어져 있는 가나안 족속들의 세력을 양분하고, 가나안 전국의 주요 전략 거점을 쉽게 장악하기 위함이었다. 이런 계획 하에 여호수아는 첫 공격 목표를 가나안 중부 지역에서 가장 큰 세력을 형성하고 있던 여리고로 정하였다.

하나님께서 여리고성 공격 전략으로 계시해 주신 내용은 인간의 이성이나 지식으로는 도무지 이해할 수 없는 것이다. 그러나 이는 이제 가나안 정복 전쟁의 시발점에서 하나님께서 당신은 자신의 백성들에게 전쟁의 승리와 그 이후의 복을 주실 능력이 있으며, 또한 그것은 백성이 하나님께 순종할 때에만 가능하다는 것을 분명히 알게 하고자 하는 의도적 명령이다.

✚ 묵상 : 여호와 하나님은 여호수아에게 여리고성을 함락하기 위해 어떤 독특한 전술을 가르쳐 주셨나요? (수6:6~10,14~16)
여호수아는 여리고성을 점령할 때에 어떤 가정을 구원해 주었나요?(수6:22~23,25)

● 시편 135-136편 출애굽과 기업주심을 찬양하는 고백의 방식

135: 시인은 성전 뜰에 서 있는 자들에게 하나님이 이스라엘 역사 가운데 행하신 일들을 찬양할 것을 촉구한다(1-4절). 모든 신들 위에 뛰어나신 하나님은 세상을 만드셨으며, 애굽을 심판하셨고, 대적들을 물리치시고 땅을 기업으로 주셨다(5-12절). 판단(=심판)과 위로(=구원)의 하나님은 영원하시다(13-14절). 생명 없는 우상을 의지하는 자는 우상과 같은 처지가 될 것이다(15-18절). 시인은 성전에 모인 자들에게 다시 한번 여호와를 송축하라고 외친다(19-21절).

136: 역사시편이면서 동시에 모든 구절에 "여호와께 감사하라 그 인자하심이 영원함이로다"라는 문구가 반복되는 감사시편이다. 시인은 창조의 역사(4-9절), 출애굽의 구원의 역사(10-15절), 가나안 땅에 대한 약속의 성취(16-22절) 등 과거의 역사적 사실과 경험 그리고 현재의 역사(23-26절)에서 감사의 내용을 찾아 고백한다.

✚ 묵상 : 시편 기자는 여호와께서 이스라엘에게 어떤 일 행하심을 찬양하고 고백했나요? (시135:8~12,136:10~21)
시편 기자는 출애굽 사건 외에 하나님의 어떤 성품과 사역을 고백했나요?(시136:1~9)

통일 주제 방식 (方式, 일정한 형식이나 방법)

연합 내용 성경에는 문제를 해결하는 많은 방식이 나온다. 하나님이 하시는 방식에는 기적과 표적과 이적 등이 있다. 반면 사람이 하는 방식에는 영적, 심적, 신앙적, 감정적, 행위적, 생활적 방식이 있다.

● 이사야 66장 외식을 버리고 참 모습으로 사는 생활의 방식

이사야는 하나님이 돌로 만든 성전을 찾고 계신 것이 아님을 상기시키며 예언을 최종 요약한다. 이사야의 마지막을 장식하는 것으로 성전이 다시 지어지고 있는 상황을 배경으로 한 것으로 보인다. 위선과 거짓으로 점철된 이스라엘에 대한 심판과 남은 자들을 중심으로 한 이스라엘의 회복, 타락한 무리에게 내려지는 심판 선언과 완성된 하나님 나라에 대한 비전이 언급된다.

✚ 묵상 : 이사야는 하나님이 어떤 자를 기뻐하지 않으시고 심판하신다고 했나요?(사66:2~4,17)
이사야는 하나님이 지으실 새 하늘과 새 땅에서는 어떤 생활이 열릴 것이라고 했나요?(사66:19~23)

● 마태복음 14장 병든 자와 가난한 자를 돕는 은혜의 방식

사람들이 참 선지자로 여겼던 세례 요한에 대한 두려움과 경외함을 함께 가지고 있던 헤롯왕은 자신의 권력을 과시하며 자기가 한 약속 때문에 결국 세례 요한에 대한 사형을 명한다(1-12절). 선지자의 무고한 피를 흘린 죄의 대가를 치르게 될 것이다. 예수님은 자신을 찾아 먼 길을 온 백성들의 굶주림에 대해 불쌍히 여기는 마음으로 오병이어의 기적을 베푸신다(13-21절). 백성을 불쌍히 여기시는 예수님은 죽음의 권세 아래 매여 있는 우리들을 불쌍히 여기셔서 친히 우리를 위한 양식(=십자가에서 찢기신 살과 흘리신 피)이 되어 주셨다. 고난을 겪고 또한 고난이 해결되는 과정을 통해서 제자들은 예수님이 이 세상에 속한 선생이나 선지자가 아니라 자연을 다스리시는 권세가 있음을 알게 된다(22-36절).

✚ 묵상 : 예수님은 세례요한이 장사되었다는 소식을 듣고 빈 들로 가셔서 모인 자들에게 어떤 일을 하셨나요?(마14:12~21,35~36)
예수님은 풍랑을 만난 제자들에게 나타나셔서 어떤 교훈을 주셨나요?(마14:24~33)

기 도

- 주여, 난공불락의 과제도 주님이 가르쳐 주시는 방법으로 해결하게 하옵소서.
- 주여, 출애굽을 기억하듯 죄에서 구원해 주신 은혜를 기억하게 하옵소서.
- 주여, 질병과 가난과 고난 속에 있어도 함께 하시는 주님만 의지하게 하옵소서.

7월 05 July 문제

수7 / 시137-138 / 렘1 / 마15

● 여호수아 7장 아간의 욕심이 낳은 죄가 문제

6장의 여리고성 정복 성공 기사와 7장의 처절한 패배는 극명한 대조를 이루고 있다. 여리고는 매우 견고하고 큰 성읍이었으나 하나님의 말씀에 순종하여 기적의 대승리를 얻었다. 그러나 아이성의 경우는 자만에 빠져 하나님을 의지하지 않고 스스로의 힘으로 정복을 시도하다가 도리어 상대에게 패하여 이스라엘 백성들의 사기가 땅에 떨어지게 되었다.

✚ 묵상 : 이스라엘 자손이 아이성을 정탐한 후 함락하려고 할 때 패배한 원인은 무엇이었나요?(수7:1~5,10~12)
하나님은 아이성 패배의 원인을 어떻게 처리하라고 하셨나요?(수7:13~15,19~25)

● 시편 137-138편 바벨론에 쫓겨간 범죄가 문제

137: 본시는 저주의 시로 분류되어 있으나 그 전체의 내용은 비탄 시에 속하는 것으로서 이처럼 가슴 아픈 비탄의 시도 찾기 드물 것이다. 성별 미상의 저자는 바벨론의 포로생활 당시를 회상하면서 쓰라린 회한의 감정을 토하고 있다. 본시의 전편에 걸친 비통하고도 처참한 감정의 생생한 묘사는 본시의 저자가 실제로 바벨론의 포로생활을 했음을 경험하고 있음을 말해주고 있다.

이 시는 표제가 없다. 그러나 이 시의 서두의 내용을 볼 때에 이 시의 성격을 충분히 알게 된다. 저자는 조상들로부터 전해들은 고국산천을 대하고 그렇게도 그리워했던 예루살렘에 돌아와서 감격에 넘치는 순간이었으나 그의 마음속에는 바벨론의 "여러 강변"(1절)을 잊을 수가 없었다. 이제 그는 하나님께 그에 대한 응징을 호소한다.

138: 본시에서부터 145편까지는 다윗이 작시한 것으로 본시와 139편은 찬양의 시에 속하며 140-143편은 기원의 시로 분류된다. 본시는 정복 전쟁 후 승리의 영광을 하나님께 돌리는 감사와 찬양의 시이다. 이 시의 표제는 '다윗의 시'이다. 이 시는 다윗의 시(138-145편) 중에 첫 번째의 것이다. 이 시를 쓴 연대와 배경에 대해서는 알 수가 없다. 다윗이 쓴 시를 후에 편집했을 때에 지금과 같은 순서로 편집한 듯하다. 이 시는 하나님의 크신 인자하심을 찬송하고 그 앞에서 겸손해야 될 성도들의 모습을 보여준다.

✚ 묵상 : 시편 기자는 어떤 슬픔을 말하면서 누구의 멸망을 기도했나요?(시137:1,3~4,8)
다윗과 세상의 모든 왕들이 주께 감사하며 찬송하는 이유는 무엇 때문일까요?(시138:1~2,4~5)

통일 주제 문제 (問題, 해답을 필요로 하는 물음이나 사건의 원인을 제공한 것)

연합 내용 인생은 문제의 연속이다. 나로 인한 문제도 있고 남에게로부터 기인한 문제도 있다. 영적인 문제도 있고 육적인 문제도 있다. 먼저 이런 모든 문제의 원인을 파악하고 그 후 주 안에서 해결하는 자가 올바르다.

● 예레미야 1장 끓는 가마 재앙의 임함이 문제

우리가 진심으로 그의 영혼을 겪어보지 못하고서는 하나님의 소명이 내렸을 때 "나는 아이라 말할 줄을 알지 못하나이다."(6절)라고 말했던 예레미야의 감동적인 겸손을 이해할 수가 없다. 자신의 무력함을 깨닫는 것은 하나님을 섬기며 봉사하는 데 있어서 가장 중요한 예비적 요소이다. 본장은 먼저 예레미야의 가문과 예언 활동을 시작한 시기 등을 소개함으로서 그의 사역의 역사성을 부여하고 있다. 예레미야는 선지자로서 부름을 받았지만 모세의 경우와 같이 선뜻 응하지 못했다(출 3:11). 그 이유는 거짓을 선포하는 자가 존경을 받고 진리를 선포하는 자가 오히려 핍박을 당하는 부패할 대로 부패한 당시의 사회상 때문이었다. 그러나 끝내는 그 사역을 담대히 감당할 수밖에 없었던 예레미야를 통해 우리는 주님의 지상 대명령(마 28:19)을 이행할 전도자로서의 소명을 피해서는 안 되며, 또한 피할 수 없다는 사실을 깨닫게 된다.

✚ 묵상 : 예레미야는 남쪽 유다를 향하여 언제부터 언제까지 예언한 선지자일까요?(렘1:1~3)
예레미야는 어떤 두 가지 환상을 보았으며 그 환상의 뜻은 무엇일까요?(렘1:11~15)

● 마태복음 15장 전통으로 계명을 범함이 문제

전통을 잘 지킨다는 명목으로 하나님의 말씀을 폐하는 자들(1-6절), 위선자들(7-11, 15~20절)들은 맹인이 되어 맹인을 인도하는 자들이다(12-14절). 이방인에게도 하나님의 은혜는 동일하게 전해진다(21-28절). 하나님 나라는 치유와 회복이 있으며(29-31절) 그 나라는 부족함이 없이 풍성하다(35-39절). 우리가 가진 것이 비록 작더라도 우리가 할 수 있는 최선을 다하여 헌신하면 주님은 일하신다(32-34절).

✚ 묵상 : 예수님은 바리새인들과 서기관들 그리고 제자들에게 정말 사람을 더럽게 하는것이 무엇이라고 가르치셨나요?(마15:1~2,11,16~20)
예수님은 영적이고 육적인 어떤 기적들을 행하셨나요?(마15:22~28,30~31,34~38)

기 도

- 주여, 어떤 상황 속에서도 물질적 욕심을 버리고 일을 그릇치지 않게 하옵소서.
- 주여, 나라의 상황을 알고 하나님의 뜻을 담대히 전하는 종이 되게 하옵소서.
- 주여, 예수님의 영적이고 육적인 기적의 은혜를 날마다 경험하게 하옵소서.

7월 06 July 지각

수8 / 시139 / 렘2 / 마16

● 여호수아 8장 아이성 점령의 방법을 아시는 하나님의 지각

하나님께서는 아간의 죄악 문제를 해결한 여호수아에게 용기를 주셨다. 여리고성을 점령했지만 아간의 범죄로 인하여 작은 아이 성에게 패배를 당한 이스라엘은 아간의 처형과 백성의 회개 이후 재공격하여 마침내 점령에 성공했다는 사실에서 우리 성도들이 반드시 깨달아야만 하는 가장 중요한 진리가 있다. 그것은 범죄는 하나님과 인간 사이의 단절을 가져오고, 회개를 통해서만 해결이 가능하며 하나님의 도우심이 가능하다는 것이다.

하나님께서는 죄인이 범죄할지라도 속히 돌아오기를 원하시며, 회개하면 그 관계를 다시 회복시켜주신다. 그리고 그 죄인이 과거에 범했던 죄에 대한 책임은 구약에서는 속죄제사로, 그리고 신약에서는 예수 그리스도의 십자가의 공로로 용서받을 수 있다.

✚ 묵상 : 하나님은 여호수아에게 아이성을 넘겨주셨다고 말씀하시면서 어떤 방법으로 점령하라고 가르쳐 주셨나요?(수8:1~2,13~16,18~19)
여호수아는 아이성을 점령한 후 제사를 드리면서 어떤 행사를 했나요?(수8:30~34)

● 시편 139편 다윗의 모든 것을 아시는 하나님의 지각

시인은 자신이 얼마나 처절하고 궁핍한 상황에 처해 있는지 하나님이 아신다고 생각한다(1-6절). 금방이라도 무너질 것 같은 처지에 놓여 있지만 하나님은 그의 오른손으로 시인을 붙들고 계신다(7-12절). 하나님은 생명체가 사람의 형체를 갖추기 전인 뱃속에서부터, 아니 잉태할 때부터 우리를 너무 잘 아시기에 이것을 깨닫게 되면 인간의 유한함과 비교되는 무한하신 창조주의 능력에 경이로움을 갖게 된다(13-16절). 시인은 자신을 향한 하나님의 생각이 심히 크고 깊다고 고백한다(17-18절). 시인은 자신의 힘겨운 상황을 토로하면서 악인에 대한 심판을 요청하고 거룩한 삶을 결단한다(19-24절).

✚ 묵상 : 다윗은 하나님이 자신에 대하여 무엇을 아신다고 노래했나요?(시139:1~5,13~16)
다윗은 모든 것을 아시는 여호와 하나님 앞에 무슨 기도를 드렸나요?(시139:19~24)

통일 주제 지각 (知覺, 사물의 이치나 도리를 다 알고 분별하며 깨달음)

연합 내용 창조주 하나님은 지각에 뛰어나신 분이시다. 성을 함락하는 방법도, 한 인생의 영과 육에 관한 모든 것도, 한 나라의 죄악도, 거짓 교사들의 교훈도 다 아신다. 그러므로 우리의 삶의 모든 답은 하나님이시다.

● 예레미야 2장 이스라엘의 모든 죄를 아시는 하나님의 지각

예레미야는 하나님과의 언약을 저버리고 대신 우상숭배와 각종 타락에 빠져들고 만 유다가 맞게 된 열악한 상황과 백성의 죄악상을 열두 번의 설교를 통해 엄중히 지적하고 있다. 그중 본장은 첫 번째 설교로서 유다 백성의 죄악과 허물이 순전히 자기 스스로 결행한 것임을 지적하고 있다.

✚ 묵상 : 여호와를 위한 성물 즉 소산의 첫 열매였던 이스라엘은 하나님께 어떤 죄를 지었나요? (렘2:3,5,7~8,13)
여호와께 죄를 지은 이스라엘의 더 나쁜 점은 무엇일까요?(렘2:22~23,27,35)

● 마태복음 16장 바리새인의 교훈을 다 아시는 예수님의 지각

바리새인과 사두개인들이 하늘로부터 오는 표적을 예수님께 요구한다(1-12절). 여태껏 예수님이 보여주신 많은 표적들은 인정하지 않겠다는 것이다. 마음이 닫혀 있으면 아무리 놀라운 표적을 보인다 해도 그 의미를 깨닫지 못한다. 그러므로 그들의 태도와 교훈에 주의해야 한다. 예수님은 그리스도이시다. 예수님은 십자가의 죽음으로 우리의 구원을 완성하시고(21-23절) 그를 주로 고백하는 자들은 공동체를 이룰 것이다(13-20절). 예수님을 진정으로 따르려면 자기를 부인하고 자기 십자가를 지고 따라야 한다(24-28절).

✚ 묵상 : 가이사랴 빌립보 지방에서 예수님은 제자들에게 무엇을 질문하셨나요?(마16:13~19)
예수님은 제자들에게 하나님의 일을 생각하면서 어떻게 살라고 하셨나요?(마16:23~24)

기 도

- 주여, 모든 삶의 방향과 방법을 가르쳐 주사 지혜롭게 대처하게 하옵소서.
- 주여, 모든 것을 아시는 하나님을 믿고 간절한 마음으로 기도하게 하옵소서.
- 주여, 승리를 위해 자기를 부인하고 제 십자가를 지고 주를 따르게 하옵소서.

7월 07 July

꾀함

수9 / 시140-141 / 렘3 / 마17

● 여호수아 9장 여리고와 아이성의 소문을 들은 기브온의 꾀

여리고와 아이 그리고 벧엘이 있는 가나안 중부를 점령하여 거점을 마련한 이스라엘은 가나안 남부지역 정복을 시작하게 된다. 이런 와중에 여호수아와 장로들의 실수로 인하여 기브온과 화친 조약을 체결하기도 하였다. 남부지역의 왕들은 아이성 함락 소식을 접하자 자신들도 동일한 운명에 처하게 될지 모른다는 두렴에 휩싸였다. 하지만 기브온 족속은 다른 족속들과 전혀 다른 자세를 취했다. 비록 속임수에 의한 것이기는 하지만 그들은 하나님의 구속사의 은총을 입은 이스라엘의 실체를 정확히 파악한 후 이스라엘과 화친 조약을 맺음으로써 구원을 얻게 되었다(삼하 21:1-6).

✚ 묵상 : 가나안 땅에 살고 있던 기생 라합과 기브온 주민들이 구원을 얻기 위해 행한 방법의 차이점은 무엇일까요?(수9:3~6,9~13)
꾀로 화친조약을 맺은 기브온 주민들은 어떤 대우를 받게 되었나요?(수9:21,23,27)

● 시편 140-141편 의인과 성도를 함정에 빠뜨리는 악인들의 꾀

140: 이 시의 표제는 '다윗의 시 인도자를 따라 부르는 노래'이다. 본시는 다윗의 비탄의 시로서 그 저작 시기는 분명하지 않으나 그를 해하려는 악한 무리에게서 도피하던 때로서 아마 사울이 다윗의 생명을 취하려고 획책했던 때인 듯하다. 다윗은 본시에서 악한 무리들의 악한 계획에 탄식하며 그들로부터 구원해 주기를 하나님께 간구하고 있다. 한편 본편에서부터 143편까지의 네 편의 시는 그 내용과 주제의 유사성으로 미루어 비슷한 시기에 저작되어진 것으로 추정된다.

141: 이 시의 표제는 '다윗의 시'이다. 이 시가 기록된 배경과 상황에 대한 전승은 없다. 아마도 본시의 저작 시기에 대해서는 엔게디 동굴에서 자신을 해하려던 사울을 살려 준 후, 이것을 회상하며 지었다는 견해가 있으나 분명하지는 않다. 그러나 7-10절을 살펴 볼 때에 이 시는 고난과 위기의 때에 기록된 듯하다. 다윗의 생애에서 다윗은 여러 번 "내 영혼을 빈궁한 대로"(8절) 빠진 경우가 있었다. 따라서 이곳에 나오는 내용으로 다윗이 처한 상황을 분석하기는 어렵다.

✚ 묵상 : 다윗이 주 안에서 살면서 가장 힘들었던 부분은 무엇이었나요?(시140:1,4,8,11)
다윗이 주 안에서 살면서 항상 주의한 것은 무엇일까요?(시141:2~5)

통일 주제 꾀함 (닥친 문제의 해결이나 일의 진행을 위해 생각해 낸 교묘한 방법이나 제안을 옮김)

연합 내용 하나님은 인간에게 지혜를 주셨다. 그러나 타락한 인간은 그 지혜를 악한 꾀로 잘못 사용하여 결과를 얻으려고 한다. 성도는 즉흥적이거나 세속적인 꾀를 버리고 슬기롭고 진실한 꾀로 주께 영광을 돌려야 한다.

● 예레미야 3장 배역한 이스라엘과 반역한 유다의 범죄한 꾀

예레미야는 패역(悖逆)한 유다에 내려질 심판의 필연성을 선언하고, 이미 패망한 북이스라엘의 과거 역사를 답습하는 남유다 백성의 어리석음을 고발하며, 하나님께 회개하고 돌아오는 자에 대해서는 하나님께서 더 이상 지난날의 죄를 묻지 않고 복을 내리실 것임을 감격적인 어조로 선포하고 있다.

✚ 묵상 : 예레미야 선지자는 이스라엘과 유다의 어떤 죄를 지적했나요?(렘3:2,6~10,13)
악한 꾀를 일삼으며 우상숭배한 이스라엘과 유다에 대해 하나님은 어떤 구원의 계획을 가지고 계셨나요?(렘3:15,17~18,22)

● 마태복음 17장 용모가 변한 예수를 본 베드로의 즉흥적인 꾀

예수님이 우리의 구원자이신 것을 모세(=율법)와 엘리야(=선지서)로 대표되는 구약성경이 증언하고(1-4절) 하나님이 증언하며(5-8절) 세례 요한이 증언한다(9-13절). 예수님을 향한 참된 믿음이라는 통로를 통하여 하나님은 일하신다(14-21절). 제자들에게 자신의 죽음과 부활에 대해 예고하시는 예수님은(22-23절) 성전의 주인으로서 성전세를 낼 필요가 없었지만 사람들이 실족할 것을 염려하여 당시의 법을 존중해서 베드로에게 성전세를 내게 하신다(24-27절).

✚ 묵상 : 예수님이 높은 산에서 용모가 변형되었을 때 베드로의 생각은 무엇이었나요?(마17:1~4)
귀신 들린 아이를 고쳐주신 예수님은 제자들에게 무엇이 부족하다고 말씀하셨나요?(마17:15~17,20)

기 도

- 주여, 생명을 구원하기 위해 지혜롭고 진실한 꾀를 생각하게 하옵소서.
- 주여, 끊임없이 부르시는 하나님의 음성에 귀 기울이는 가족이 되게 하옵소서.
- 주여, 체험이 있을 때에 즉흥적인 고백보다 주 뜻에 맞는 결단을 하게 하옵소서.

7월 08 July 시작

수10 / 시142-143 / 렘4 / 마18

● 여호수아 10장 여호수아와 아모리 족속 다섯 왕들과의 대결

이스라엘은 가나안 남부 지역 족속들과 기브온에서 대접전을 벌인 끝에 하나님의 초자연적인 역사로 승리를 거두게 된다. 이후 그 여세를 계속 몰아 가나안 남부 전역을 정복하게 된다. 여기서 발견하게 되는 구속사적 의미는 아주 간단명료하다. 그것은 하나님께서 구속사의 주인공이라는 것이다. 하나님께서는 구약 시대 구속사의 주역인 이스라엘을 약속의 땅으로 친히 인도해 주시고 나아가 정복 전쟁의 순간순간마다 이처럼 도와주시는 능력과 사랑을 동시에 가지신 창조자이시오 절대자라는 사실을 보여 주셨다. 하나님께서는 기브온 전투에서 태양과 달을 멈추는 초자연적인 역사로 이스라엘을 도와주셔서 승리하게 하셨다. 이처럼 인간의 이성이나 과학으로는 이해하기 힘든 오묘한 방법으로 이스라엘을 도우신 것은 이스라엘의 구원이 전적인 하나님의 은혜로 말미암는 것이며, 그들을 구원하신 하나님은 천지 만물을 호령하여 마음대로 움직이시며 조종하실 수 있는 창조주 하나님이심을 선포하고 있는 것이다.

✚ 묵상 : 여호수아가 아모리 족속을 물리칠 때에 어떤 두 가지 기적이 있었나요?(수10:11~13)
여호와 하나님이 여호수아의 손에 넘겨주신 족속들은 어떤 족속들일까요?
(수10:29,31,33~34,36,38)

● 시편 142-143편 간구하는 다윗과 핍박하는 자들과의 대결

142: 이 시편의 표제는 다윗이 굴에 있을 때에 지은 마스길, 곧 기도이다. 이 말은 다윗의 '교훈시'란 뜻이다. 이 시의 관련 내용은 아둘람(삼상 22:1)이나 엔게디(삼상 24:1)로 보인다. 이 두 경우에서 다윗이 겪은 것은 본질적으로 같았다. 다윗이 이때에 겪은 경험은 이 시편 속에 잘 나타나 있다. 이 시는 이런 면에서 다윗의 생생한 체험으로부터 나온 시로 보인다. 이 시편의 중요한 특징은 절망 중에서 기도하고 소망을 가지는 것이다. 이것은 지금의 성도들에게도 똑같이 적용되는 내용이다.

143: 이 시의 표제는 '다윗의 시'이다. 이 시는 거의 전부가 '간구'하는 내용이다. 어려움에 처한 다윗이 하나님에게 자신의 처지를 호소하고 하나님의 도움을 간절히 호소하는 내용이다. 구절마다 애절한 기도의 내용이 드러난다.

✚ 묵상 : 다윗은 핍박하는 자들과 싸울 때 어떤 영적 무기를 사용했나요?(시142:1~3,5~6)
다윗의 기도 내용을 볼 때 그는 어느 정도로 힘든 상황이었나요?(시143:3~4,7,12)

통일 주제 대결 (對決, 어떤 상대와 승패나 옳고 그름을 가리기 위해 서로 맞섬)

연합 내용 세상은 선과 악의 싸움터다. 선민과 이방인의 대결, 의인과 악인의 대결, 의로우신 하나님과 주를 떠난 백성들의 대결 등이 계속되고 있다. 모든 싸움은 정의가 승리한다. 하나님의 뜻과 질서이기 때문이다.

● 예레미야 4장 심판하시는 하나님과 회개치 않는 자의 대결

예레미야는 타락한 유다 백성에게 임박한 심판을 경고하고, 그 같은 심판을 선언해야 하는 안타까운 심정을 토로하고 있다. 하나님의 묵시를 통해 유다에 임할 엄청난 파멸을 미리 목격한 바 있는 선지자 예레미야는 동족에 대한 애틋한 사랑과 그 죄로 인해 멸망의 길로 치닫는 동족의 아픈 현실을 바라보며 탄식한다.

✚ 묵상 : 여호와 하나님은 이스라엘에게 어떻게 회개하라고 말씀하셨나요?(렘4:1~4,14)
여호와 하나님은 예레미야 선지자를 통해서 회개하지 않고 여호와께 맞서는 자들은 어떤 심판을 받는다고 말씀하셨나요?(렘4:12~13,20,26,29~31)

● 마태복음 18장 탕감해 준 임금과 은혜를 모르는 종과의 대결

천국은 어린아이와 같이 자신의 연약함을 인정하고 겸손한 자의 것이다(1-4절). 믿는 자를 실족시키지 말아야 하며(5-7절) 어떤 대가를 치르더라도 영원한 불로 던져지는 것을 막아야 한다(8-11절). 진정한 목자는 양 한 마리도 절대 포기하지 않는다(12-14절). 예수님이 바로 우리의 선한 목자시다. 죄를 범한 자에게는 지혜롭고 권위있게 권면해야 한다(15-18절). 간절한 기도는 하늘 보좌를 움직인다(19-20절). 우리는 일만 달란트 빚진 자와 같기 때문에 용서에 대한 도전을 멈출 수 없다(21-35절).

✚ 묵상 : 예수님은 제자들에게 천국에서 큰 자가 누구이며 어떻게 대하여야 한다고 말씀하셨나요?
(마18:1~4,6~7,10,14)
예수님은 베드로에게 어떤 비유를 통해 용서를 가르쳐 주셨나요?(마18:24~35)

기 도

- 주여, 주께서 약속하신 일을 믿고 실천할 때 기적과 표적으로 도와주옵소서.
- 주여, 영적으로나 육적으로 힘들 때 신령한 무기인 기도를 사용하게 하옵소서.
- 주여, 어린 아이같이 자신을 낮추고 죄인을 거듭 용서하며 살게 하옵소서.

7월 09 July 싸움

수11 / 시144 / 렘5 / 마19

● 여호수아 11장 여호수아가 가나안 일곱 족속과 싸움

11장에는 가나안 북부 지역을 정복함으로써 약 5년간에 걸친 전쟁이 종결되는 장면을 보도하며, 또 가나안 주요 거점 정복 과정의 회고가 기록되었다. 이는 하나님께서 아브라함에게 하신 약속의 성취이며, 장차 하나님을 믿는 모든 백성들이 천국에 들어가게 될 것을 예표하는 사건이다. 이스라엘은 가데스 바네아에서의 반역 사건 때에, 가나안 거인족 아낙 자손의 장대함에 기가 죽어(민 13:22, 23) 가나안 정복을 포기하고 애굽으로 되돌아가려 했다. 그러나 하나님께서는 이런 어리석고 불신으로 가득한 백성을 버리지 않으시고 끝까지 회개의 기회를 주시고 친히 앞서 행하시며 요단강을 기적으로 건너게 하셨다. 그리고 가나안 정복 전쟁에서 주요한 싸움의 고비마다 큰 승리를 가져다 주셨다. 마침내 이스라엘은 아낙 자손까지 진멸하고 명실상부한 가나안 땅의 주인이 될 수 있었다.

✚ 묵상 : 하솔왕 야빈이 가나안 북방의 모든 왕을 불러 연합군을 형성하고 이스라엘을 치러 왔을 때 여호와 하나님은 여호수아에게 무엇이라 말씀하셨나요?(수11:1~6)
가나안 일곱 족속이 진멸 당하게 된 두 가지 이유는 무엇일까요?(수11:18~20)

● 시편 144편 의로운 다윗이 날마다 악한 자들과 싸움

다윗에 의해 작시된 이 시는 하나님의 왕권을 주제로 하고 있으며, 내용상 찬양과 기도가 어우러져 있는 혼합시의 형태를 띠고 있다. 이 시의 표제는 '다윗의 시'이다. 이 시는 찬양과 기도가 뒤엉킨 특이한 구조를 갖고 있다. 이 시의 1절과 10절의 내용은 왕의 위치를 알게 한다. 이것은 이 시가 다윗의 작품임을 분명하게 증언해 준다. 이 시에서 저자는 영광스러운 과거의 승리를 기억하고 지금은 자신의 나라가 낯선 이방인들에 의해서 괴롭힘을 당하고 있다고 한다.

✚ 묵상 : 다윗은 여호와 하나님을 무엇과 연관지어 어떻게 고백하고 있나요?(시144:1~2)
여호와를 자기 하나님으로 삼는 백성은 어떤 복을 받을까요?(시144:12~15)

통일 주제 싸움 (말이나 힘으로 이기려고 상대방과 다툼. 진리가 비진리와 다툼)

연합 내용 우리는 세상을 떠나기 전까지 끊임없는 선한 싸움을 해야 한다. 하나님이 허락하신 싸움, 인간관계 속에서 악한 자와의 싸움, 그릇된 가치관과 거짓된 교훈을 가진 자들과의 싸움에서 승리해야 하는 것이다.

● 예레미야 5장 하나님이 타락하고 배반한 자들과 싸움

예레미야는 본장에서 하나님의 심판이 돌이킬 수 없는 사실임을 엄중히 경고한다. 유다가 멸망할 수밖에 없는 객관적인 이유를 자세하게 지적하고, 유다가 경험하게 될 심판이 어떠한 것인지를 설명하며 하나님의 은혜와 사랑을 받으면서도 하나님을 경외하지 않고 하나님의 요구를 실천하지 않는 유다 백성의 타락을 지적하고 있다.

✚ 묵상 : 여호와 하나님은 예루살렘에 어떤 사람이 한 사람만 있어도 용서하신다고 하셨나요?(렘5:1)
여호와 하나님이 예루살렘을 살펴보신즉 그 성에는 어떤 자들이 가득했나요?
(렘5:4~5,7~9,11,19,23~24,27~28)

● 마태복음 19장 예수님이 시험하는 바리새인들과 싸움

예수님은 이혼을 남자 마음대로 정할 수 있다고 생각하는 바리새인들에게 혼인은 하나님이 정하신 질서임을 창세기의 말씀을 통해 가르쳐 주신다(1-9절). 한편 독신은 하나님의 특별한 은사다(10-12절). 예수님은 어린이를 하나님 나라의 모델로 소개하시면서 낮아짐과 겸손함에 대해 말씀하시고(13-15절) 또한 계명을 다 지켰다고 자부하지만 실상은 재물을 섬기고 있는 청년의 실체를 폭로하신다(16-22절). 부자는 자신의 소유를 이용해 할 수 있는 일들이 많이 있어서 온전히 하나님을 의지하기 어렵다(23-24절). 그러나 구원은 사람이 가진 조건이 아닌 하나님만이 이루실 수 있다(25-26절). 예수님과 복음을 위해 헌신한 이들에 대한 최대의 보상은 영생이다(27-30절).

✚ 묵상 : 예수님은 남편과 아내에 관하여 어떤 절대적 교훈을 남기셨나요?(마19:3~6)
예수님은 천국에 들어가는 영생이 무엇에 있다고 교훈하셨나요?(마19:16~22,28~29)

기 도

- 주여, 하나님이 주신 영역을 싸워 얻기 위해 약속을 믿고 전진하게 하옵소서.
- 주여, 하나님을 나의 주로 삼아 자녀, 곳간, 기쁨이 넘치는 복을 받게 하옵소서.
- 주여, 주를 위해 집이나 가족이나 전토를 내려놓고 영생을 상속하게 하옵소서.

7월 10 July 업적

수12-13 / 시145 / 렘6 / 마20

● 여호수아 12-13장 정복하게 하시고 분배하신 하나님의 업적

12: 마치 가나안 정복전쟁의 결과보고서와 같다. 요단 동편 지역의 정복지와(1-6절) 요단 서편 지역의 정복지와 주요 왕들을 소개한다(7-24절). 저자는 하나님의 약속이 성취되었음을 이렇게 알려주고 있다.

13: 아직 미정복지가 일부 있긴 하지만 하나님은 여호수아에게 땅 분배를 명하신다(1-7절). 르우벤, 갓, 므낫세 반 지파는 이미 요단 동편 땅을 분배받았으며(8-13절), 성전에서 일하도록 부르심을 받은 레위지파는 땅이 아닌 성전에서 나오는 산물로 살아가게 하셨다(14절). 레위지파의 기업은 곧 하나님이시다. 르우벤, 갓, 므낫세 반 지파의 분배받은 땅이 구체적으로 소개된다(15-33절). 주목할 점은 아모리 왕 시혼이 다스리는 지역을 정복할 때 광야에서 이스라엘 백성들로 하여금 음행 죄에 빠지게 만들었던 발람이 이때 죽게 된다.

✚ 묵상 : 모세가 요단 저편 해 돋는 쪽에서 정복한 왕들은 누구일까요?(수12:1~2,4,6,8)
열 두 지파 중에서 기업을 받지 못한 지파는 어느 지파일까요?(수13:14,33)

● 시편 145편 지으시고 건지시며 일으키신 하나님의 업적

이 시의 표제는 '다윗의 시'이다. 하나님의 백성들은 하나님이 행하신 위대한 일들과 하나님의 긍휼과 선하심을 찬양해야 한다(1-9절). 모든 피조물은 그의 영원한 통치를 찬양해야 한다(10-13절). 그는 의로우시며 은혜를 베푸신다(14-17절). 우리의 기도에 응답하시는 하나님을 찬양한다(18-21절).

✚ 묵상 : 다윗은 왕이신 하나님의 어떤 모습을 송축했나요?(시145:1~4,8~10,21)
다윗은 하나님이 인생들에게 어떤 분이심을 노래했나요?(시145:14~16,18~20)

통일 주제 업적 (業績, 일이나 사업에서 이룬 성과나 위대한 공적)

연합 내용 하나님은 성실하게 일하신다. 일은 언제나 결과를 낳는다. 그 결과는 모두를 유익하게 하는 업적이요 하나님 자신에게 영광을 돌리게 하는 근거가 된다. 하나님의 자녀도 이 길을 가므로 영광을 누리게 된다.

● 예레미야 6장 탐욕 거짓 가증을 행한 예루살렘의 악한 업적

하나님의 심판 도구인 바벨론의 유다 침공 예언, 하나님의 심판 경고를 무시한 유다, 유다의 죄악에 대한 하나님의 추궁 등이 구체적으로 묘사되고 있다. 하나님의 뜻에 순종하는 한 사람을 찾을 수 없는 상황에서 더 이상 심판이 유보될 수 없음을 일깨워주고 있다.

✚ 묵상 : 만군의 여호와께서 지적하신 예루살렘의 근본적 죄는 무엇일까요?(렘6:10~15)
여호와 하나님은 율법을 거절한 예루살렘을 어떻게 멸망시키시나요?(렘6:21~23)

● 마태복음 20장 많은 사람의 대속제물이 되신 예수님의 업적

하나님이 당신의 성품에 근거하여 베푸시는 은혜는 세상의 가치 기준을 초월한다(1-16절). 우리는 포도원 주인으로 표현되는 하나님의 자비와 긍휼하심에 주목해야 한다. 예수님이 세 번째 수난예고를 하시는 가운데 세베대의 아들(=야고보, 요한)의 어머니는 아들의 자리에 대한 청탁을 시도한다(17-28절). 예수님은 자기 목숨으로 섬기러 오셨는데 제자는 대접받고 권세를 누리려 한다면 이는 하나님 나라의 원리에 어긋나는 것이다. 예수님은 두 맹인의 눈을 뜨게 하신다(29-34절). 우리는 예수님을 아는 눈, 하나님 나라의 원리를 아는 눈을 떠야 한다.

✚ 묵상 : 예수님은 천국이 마치 무엇과 같다고 비유의 말씀을 해주셨나요?(마20:1~15)
예수님이 세사늘에게 말씀하신 영원한 업적과 맹인 두 사람에게 행하신 유한한 업적은 무엇이었나요?(마20:17~19,23,28,30~34)

기 도

- 주여, 다양한 기업을 주신 하나님의 인자하심을 항상 감사하게 하옵소서.
- 주여, 여호와의 말씀을 즐거워하게 하시고 탐욕과 거짓을 행치 말게 하옵소서.
- 주여, 영원한 업적과 유한한 업적을 누리는 저희가 나태해지지 않게 하옵소서.

7월 11 July 진실

수14-15 / 시146-147 / 렘7 / 마21

● 여호수아 14-15장 갈렙에게 약속을 지키는 여호수아의 진실

14: 요단 서편 지역 분배에 관한 내용과(1-5절) 믿음의 사람 갈렙이 헤브론을 기업으로 취한 이야기다(6-15절).

15: 요단 서편 땅을 가장 먼저 분배받은 지파는 유다다(1-12절). 갈렙은 분배받은 땅에 대하여 적극적인 정복활동을 한다(13-19절). 유다지파는 122개의 성읍과 마을을 분배받았다(20-63절). 단, 여부스 족의 성(=예루살렘)은 정복하지 못했다.

✚ 묵상 : 유다 자손 갈렙은 여호수아 앞에서 45년 동안 간직했던 기업에 대한 모세의 약속을 어떻게 성취했나요?(수14:6~13)
헤브론을 정복한 갈렙은 자신의 딸 악사를 누구에게 주겠다고 했나요?(수15:13~17)

● 시편 146-147편 정의로 만물을 통치하시는 하나님의 진실

146: 본시에서부터 150편까지의 다섯 편은 시작과 끝이 '할렐루야'로 되어 있는 할렐 시이다. 이 다섯 편의 시가 본서의 마지막을 장식하고 있는 것은 모든 시 중에서도 가장 고귀하고 아름다운 것이 하나님께 대한 시임을 암시하기 위함인 듯하다. 이 시는 표제가 없다. 시를 쓴 사람도, 시의 배경도 전혀 알 수가 없다. 이 시의 전편에 나오는 내용은 인생을 의지하지 말고 하나님만을 의지하라는 것이다. 철저하게 하나님 중심의 시편이다.

147: 저자 미상의 찬송 시로서 하나님께서 통치하시며 섭리하시는 대자연에 대한 아름답고도 섬세한 묘사가 돋보이면서 본시 전체의 분위기를 따사롭고도 복스러운 것으로 만들어 주고 있다. 그러나 본시는 자연에 대한 심미적 감상에 그친 것이 아니라 그 창조주 되시는 하나님께 대한 찬양으로 자연스럽게 연결시켜 하나님의 사랑을 노래하고 있다. 이 시는 표제가 없다. 이 시는 이스라엘에게 베풀어 주신 하나님의 크신 은총을 찬양하고 그것에 대하여 감사하는 내용이다.

✚ 묵상 : 여호와께 자기의 소망을 두는 자에게 하나님은 어떤 분이실까요?(시146:5~7)
만물을 창조하시고 다스리시는 하나님은 어떤 자를 기뻐하시나요?(시147:11,20)

통일 주제 진실 (眞實, 거짓이 없고 참됨)

연합 내용 하나님이 창조하신 천지만물은 진실하다. 그러나 인간의 죄로 인해 거짓되게 되었다. 하지만 하나님의 성실하심은 예수 그리스도를 통해 다시 진실의 길을 열어 놓으셨고 믿는 자로 하여금 그 길을 걷게 하신다.

● 예레미야 7장 진실 없는 민족에게 예언하신 하나님의 진실

유다에 임할 심판의 당위성과 필연성에 관한 두 번째 설교에 이어 유다의 위선을 고발하는 세 번째 설교이다. 당시 유다는 하늘보다 애굽을 더 의지했고, 각종 사회악의 만연으로 소망이 거의 사라져버린 상태였다. 성전에서 하나님을 섬기는 동시에 추악한 우상을 숭배하는 모습은 유다의 위선과 죄악을 여실히 보여준다.

✚ 묵상 : 유다가 여호와 하나님 앞에 행한 불순종의 내용은 무엇이었나요?(렘7:8~11,17~18)
하나님이 진정 이스라엘 백성에게 원하셨던 것은 무엇이었나요?(렘7:22~26,28,30)

● 마태복음 21장 성전 청결과 두 비유를 전하신 예수님의 진실

예수님은 자기 생명으로 우리를 섬기는 겸손의 왕이셨기에 말이 아닌 나귀를 타고 예루살렘에 입성하신다(1-11절). 예수님은 하나님과의 관계회복을 위해 오신 분임을 나타내신다(12-22절). 그래서 성전 매매상을 쫓아내시고 어린이 찬양에 대한 예언의 성취를 선포하셨으며 무화과나무가 말라 버린 사건을 통해 믿음의 기도의 중요성을 가르치신다. 예수님은 회개할 줄 모르는 유대 종교 지도자들을 꾸짖으신다(23-32절). 그들은 예수님의 권위를 인정하지 않았고 하나님보다 사람을 더 두려워했다. 마지막으로 포도원 농부의 비유를 통해 하나님이 보내신 메시야를 거부하는 종교 지도자들의 실체를 폭로하신다(33-41절).

✚ 묵상 : 예수님이 성전을 청결케 하신 것과 무화과나무를 저주하신 것은 각각 어떤 교훈을 주시기 위한 것이었나요?(마21:12~13,18~22)
예수님이 전하신 두 아들 비유와 포도원 농부 비유는 누구에게 어떤 교훈을 주시기 위함이었나요?(마21:23,28~45)

기 도

- 주여, 믿음 안에서 주어진 약속을 추구하여 성취하는 삶을 살게 하옵소서.
- 주여, 하나님께 소망을 두어 복을 받고 귀히 여김을 받는 자가 되게 하옵소서.
- 주여, 매일 보이는 성전과 마음의 성전을 청결하게 하는 자가 되게 하옵소서.

7월 12 July 차지

수16-17 / 시148 / 렘8 / 마22

● 여호수아 16-17장 요셉 자손이 제비를 뽑아 기업을 차지함

16: 장자의 복을 받은 에브라임 지파의 기업 분배에 관한 내용이다. 그러나 에브라임 지파는 게셀 사람들을 쫓아내지 않았다(10절).

17: 요단동편에 자리 잡은 므낫세 반 지파(마길의 후손)외 나머지 반 지파의 기업분배에 관한 내용이다(1-13절). 그들 역시 가나안 족속을 완전히 쫓아내지 못했다. 그런데 요셉지파(=에브라임&므낫세)는 분배받은 땅이 좁다고 불평한다(14-18절). 이에 여호수아는 브리스 족속과 르바임 족속의 땅인 삼림 지대를 개척할 것을 제안하지만 그들이 두려운 나머지 선뜻 개척하려 하지 않았다. 문제는 이방 민족의 무기가 아니라 요셉 자손의 이기심과 불신앙이다. 갈렙처럼 말씀을 의지하여 아낙 자손의 땅으로 들어갔다면 하나님이 그 땅을 주셨을 것이다.

✚ 묵상 : 요셉 자손은 에브라임 자손과 므낫세 자손으로 나눠 기업을 받았는데 받은 땅에서 누구를 쫓아내지 못했나요?(수16:10)
요셉 자손이 여호수아에게 한 제비, 한 분깃으로만은 기업이 너무 좁다고 하자 여호수아는 그들에게 어떻게 하라고 명령했나요?(수17:14~18)

● 시편 148편 만물을 창조하신 주가 영광과 찬송을 차지함

저자는 창세기 1장에 나타난 하나님의 창조 사역의 순서대로 천체와 자연계, 땅과 바다에 거하는 모든 것들에게 찬양을 요구하고 있는데 이것은 마치 온 우주가 웅장한 오케스트라가 되어 장엄한 교향곡을 연주하는 듯한 느낌을 준다. 이 시는 표제가 없다. 이 시의 저자도, 그 배경도 물론 알 수가 없다. 이 시에는 만물에게 하나님을 찬양하라는 엄숙한 선언과 동시에 기쁨에 넘치는 내용이 나온다. 이 시는 히브리적 표현으로, 하늘과 땅이 구분된 상태에서 전능하신 여호와 하나님을 찬양한다.

✚ 묵상 : 시편 기자는 모든 만물이 왜 여호와를 찬양해야 한다고 말했나요?(시148:1~2,5~6)
시편 기자는 여호와 하나님이 누구에게 찬양 받으실 이라고 말했나요?(시148:13~14)

통일 주제 차지 (次知, 사물이나 공간, 지위 따위를 자기 몫으로 가짐)

연합 내용 좋은 것을 차지하고 소유하는 데는 반드시 자격과 합리적인 과정이 필요하다. 창조주는 주인이시기에 영광과 찬송과 경배를 차지하심이 마땅하고 주를 섬기는 모든 백성도 기업과 천국을 차지함이 마땅하다.

● 예레미야 8장 죄로 멸망당한 예루살렘을 이방이 차지함

본장은 하나님을 반역하고 돌아서지 않는 백성을 향한 예레미야의 애타는 심정이 그려져 있다. 특히 임박한 예루살렘의 함락 사건을 과거형으로 표현함으로서 심판의 필연성을 강조하고, 유다 백성을 향한 애가를 통하여 돌이킬 수 없는 하나님의 심판을 선포하고 있다.

✚ 묵상 : 죄로 인해 진멸되고 멸망한 예루살렘을 누가 차지한다고 했나요?(렘8:5~6,8~10,13)
선지자 예레미야는 무엇 때문에 근심하고 슬퍼했나요?(렘8:18~21)

● 마태복음 22장 예복을 입은 준비된 자가 천국을 차지함

천국의 혼인잔치 비유는 하나님의 부르심은 누구에게나 해당되지만 응하지 않는 자들에게는 심판이 있다는 것을 가르쳐준다(1-14절). 바리새인들은 세금문제로 예수님을 함정에 빠뜨리려 했으나 예수님은 세상 나라의 의무와 하나님 나라 백성으로서의 의무를 각각 이행하라고 말씀하신다(15-22절). 영원한 하나님 나라의 백성이라면 그 나라를 위하여 살아야 한다. 부활 이후에는 육체적 결혼이 없고 초월적인 삶을 살기 때문에 어느 누구의 남편이나 아내가 될 수 없다(23-33절). 아브라함과 이삭과 야곱으로 대표되는 조상들은 죽어 있는 상태가 아니다. 언약 안에서 그들은 지금도 살아 있기에 하나님은 죽은 자의 하나님이 아니라 산 자의 하나님이 되신다. 모든 율법과 선지자의 강령, 즉 구약은 결국 하나님 사랑과 이웃 사랑으로 압축된다(34-40절). 예수님은 다윗이 그리스도를 주라 칭했던 시110편 1절 말씀을 근거로 당신이 다윗보다 더 큰 존재임을 선언하신다(41-46절).

✚ 묵상 : 모든 사람을 천국에 초청한 하나님은 그들에게서 무엇을 찾으셨나요?(마22:2~14)
예수님은 한 율법사에게 어느 계명이 크다고 말씀하셨나요?(마22:36~40)

기 도

- 주여, 주께서 역량에 따라 주신 기업과 산업을 감사함으로 감당케 하옵소서.
- 주여, 주신 기업과 산업을 죄로 인하여 빼앗기지 않도록 깨어 있게 하옵소서.
- 주여, 하나님 사랑과 이웃 사랑을 실천함으로써 온 율법을 완성하게 하옵소서.

7월 13 July 점령

수18-19 / 시149-150 / 렘9 / 마23

● 여호수아 18-19장 여호수아는 기업 차지를 위해 점령을 명령함

18: 르우벤, 므낫세 반 지파, 유다, 요셉(에브라임, 므낫세 반 지파) 지파는 기업을 받았고, 이제 나머지 일곱 지파에 대한 기업 분배 과정이다. 길갈에서 처음 유숙했던 이스라엘 백성(4:20; 5:9)은 회막에서 예배를 드리기 위해 다시 실로에 모두 모였다.

19: 19장은 시므온(1-9절), 스블론(10-16절), 잇사갈(17-23절), 아셀(24- 31절), 납달리(32-39절), 단(40-48절) 지파 순으로 각각 분배된 기업의 경계가 차례로 소개되고 있다. 약속의 땅 가나안은 이스라엘 12지파에게 공평하게 분배 되었다. 그 후에 여호수아에게 하나님께서 하셨던 약속과 이에 대한 백성의 동의에 따라 딤낫세라 성읍이 주어졌다.

이로써 약속의 땅 가나안은 이스라엘 12지파에게 공평하게 분배 완료되었다.

✚ 묵상 : 여호수아는 이스라엘 자손에게 무엇을 명령했나요?(수18:1~4,7~8)
여호수아가 제비를 뽑아 기업을 나눠준 여섯 지파는 어디 어디일까요?(수19:1,16,23,31,39,47)

● 시편 149-150편 이스라엘은 손에 칼을 가지고 뭇 나라를 점령함

149: 감사와 경배를 주제로 하고 있는 이 작자 미상의 시는 앞의 시와 내용적으로 대구를 이루고 있다. 즉 148편이 창조주로서의 여호와를 노래하고 있는 데 비해, 이 시는 구속주로서의 하나님을 찬송하고 있다.

150: 본시는 연속된 할렐 시의 마감 시이며(146-150편), 본서의 마지막을 장식하는 것이니만큼 시편 전체를 마무리 짓는 결정의 찬양의 시로서 본서 전체의 가장 훌륭한 결론이라는데 일반적인 견해이다. 이 시 또한 표제가 없다. 저자도 기록한 상황도 알 수가 없다. 이 시는 웅장한 할렐루야 시의 결론 부분이요, 전체시의 송영이다. 이 시는 겨우 6절로 되어 있다. 그러나 이 시는 많은 사람들에게 감동을 주는 멋진 내용을 포함하고 있다. 그것은 바로 "호흡이 있는 자마다"이다. 생명이 있는 하나님의 모든 피조물을 말하고 있다.

✚ 묵상 : 이스라엘은 입과 손에 무엇을 가지고 뭇 나라를 점령해야 할까요?(시149:1~2,6~9)
시편 기자는 무엇을 가지고 여호와 하나님을 찬양하라고 했나요?(시150:1~6)

통일 주제 점령 (占領, 일정한 땅이나 영역을 차지하여 제 것으로 함)

연합 내용 성경에는 군사적인 점령과 영적인 점령과 복음의 점령 등이 나타나 있다. 선한 것이 점령하면 참된 평화와 풍성한 열매가 있고 악한 것이 점령하면 거짓된 부패와 극심한 패망이 나타날 뿐이다.

● 예레미야 9장 여호와의 벌하심이 악한 이스라엘을 점령함

9장 첫 부분에 나타나 있는 예레미야의 비통한 마음은 실로 격심한 것이었다. 예레미야 선지자는 하나님을 배반하고 끝까지 하나님께로 돌아오지 않는 유다 백성들을 향해 내려질 준엄한 심판이 과연 어떠한지를 선포한다. 그러나 예레미야는 거기에서 멈추지 않고 심판의 선포와 함께 한 영혼이라도 자신의 죄를 깨닫고 돌아오게 하시려는 하나님의 거룩한 집념을 보여주고 있다.

✚ 묵상 : 예레미야는 여호와의 벌하심이 임할 수밖에 없는 이스라엘의 범죄가 어떤 것들이라고 지적하고 있나요?(렘9:3~4,6~8,11~12,16)
여호와 하나님이 예레미야를 통해서 권고하신 말씀은 무엇일까요?(렘9:23~24)

● 마태복음 23장 예수의 교훈이 서기관과 바리새인을 점령함

예수님은 종교 지도자들의 위선과 거짓 신앙을 폭로합니다(1-12절). 하나님과 사람 앞에 자신을 낮추는 자가 진정한 제자다. 이어서 바리새인을 향한 일곱 가지 저주 형식의 심판이 선언된다. 그들은 천국 문을 닫는 자요, 지옥의 자식을 만드는 자이며, 눈먼 인도자다(13-22절). 본질을 잃어버린 자요, 외형만 깨끗한 자요, 겉으로만 옳게 보이는 자다(23-28절). 패역한 조상들을 그대로 답습한 자들이며, 회개를 거부하고, 궁극적으로 메시야를 거부한 자다(29-39절).

✚ 묵상 : 예수님이 외식하는 서기관들과 바리새인들에게 책망하신 내용은 근본적으로 무엇을 가르치는 것이었을까요?(마23:1~7,9~11,13~16,19~22)
예수님이 가장 안타까워 하셨던 점은 무엇이었나요?(마23:23~24,27~28,34,37)

기 도

- 주여, 주께서 주신 모든 기업들을 성실한 노력으로 차지하게 하옵소서.
- 주여, 모든 것을 주시는 여호와 하나님께 새로운 노래로 찬송하게 하옵소서.
- 주여, 겉으로 행하는 모습보다 속으로 품는 동기가 더 온전하게 하옵소서.

7월 14 July 요청

수20-21 / 행1 / 렘10 / 마24

● 여호수아 20-21장 레위 사람이 성읍들과 목초지들을 요청함

20: 12지파에게 각각 기업을 분배한 후에, 최종 단계로서 이미 나누어 준 기업 안에서 하나님이 기업이 되시는 레위인들의 거처와 도피성을 택하였다. 1-3절에서는 과거 하나님께서 모세에게 주셨던 도피성 설치 명령(민 35:9-34; 신 19:1-3)을 다시금 여호수아에게 재 명령한 사실이 기록되어 있다. 이제 각 지파는 자신들의 기업에 정착하기 전에, 먼저 이스라엘이 하나님의 선민으로서 가장 중요한 신앙생활을 해 나가는 데 필요한 지리적 여건을 조성함으로써 가나안 땅 분배를 마감하고 그 이후에 각자 기업으로 할당되어진 땅에 정착하게 되었다.

21: 12지파의 기업 분배가 끝난 후 레위인들이 성읍을 분배 받았다. 1-3절은 레위인들이 성읍을 요구하자 이스라엘 자손이 순응하는 내용이며, 4-42절은 레위인들이 분배 받은 성읍 수와 이름이 기록되어 있고, 43-45절에서는 가나안과 관련된 하나님의 모든 약속이 성취되었음을 선포하고 있다.

✚ 묵상 : 부지 중에 살인한 자가 피할 수 있는 도피성은 어디에 있었나요?(수20:6~8)
모세의 명령에 따라 이스라엘 자손은 무엇을 레위 사람에게 주었나요?(수21:8,41)

● 사도행전 1장 백이십 명이 아버지의 약속하신 것을 요청함

사도행전은 그리스도 공동체(=교회)의 역사를 보여준다. 십자가에서 죽으시고 부활하신 예수 그리스도는 승천하시면서 성령님이 임하실 것을 약속하셨다. 성령님이 임한 사람은 예수 그리스도의 증인이 된다. 부활하신 예수님을 만난 제자들과 성도들은 예수님이 약속하신 성령님을 기다리며 기도에 힘쓴다(12-14절). 그들은 예수님을 가룟 유다를 대신하여 그리스도의 증인이 될 사도를 1명 더 선출한다(15-26절).

✚ 묵상 : 예수님은 승천하시면서 제자들에게 무엇을 받도록 당부하셨나요?(행1:4~5,8,13~14)
베드로는 형제들과 함께 기도 중에 예수 잡는 자들의 길잡이였던 유다를 대신하여 봉사와 및 사도의 직무를 대신할 자로 누구를 택했나요?(행1:22~26)

통일 주제 요청 (要請, 필요한 일이 이루어지도록 간절하게 부탁함)

연합 내용 하나님은 선지자에게 당신의 뜻을 전하신다. 선지자는 이 뜻을 자신에게 주어진 환경 속에서 사람들에게 대언한다. 즉 하나님이 사람에게, 사람이 하나님에게, 인간이 인간에게 그 뜻을 전하게 되고 또 그 뜻을 온전히 이루기 위하여 요구하고 요청하는 과정을 갖게 된다.

● 예레미야 10장 선민의 신앙회복과 이방의 멸망을 요청함

본장에서는 유다 백성이 의지하는 우상숭배가 헛된 것임을 일깨우고 있다. 예레미야는 유다 패망의 가장 큰 원인인 우상숭배의 무익함과 어리석음을 고발하고, 유다의 멸망에 따른 고통을 선언한다. 그리고 피할 수 없는 심판에 처한 유다 백성을 긍휼히 여겨달라고 하나님께 기도한다.

✚ 묵상 : 예레미야는 참 신이 아닌 우상을 어떻게 표현했나요?(렘10:4~5,8~9,11,14~15)
예레미야는 민족의 멸망 예언을 듣고 어떤 간절한 구국기도를 드렸나요?(렘10:17~25)

● 마태복음 24장 세상 끝 환난 때에 깨어있기를 요청함

예수님은 예루살렘이 심판받게 될 것을 예고하신다. 실제로 AD 70년 로마에 의해 예루살렘이 함락당하면서 끔찍한 참화를 겪게 된다. 예수님의 예루살렘에 대한 심판 예고는 마지막 날의 최후의 심판에 대한 경고이기도 한다. 마지막 때가 올수록 예수님을 따르는 자들은 환난과 미움을 당하게 되지만 끝까지 견디는 자는 구원받게 될 것이다(1-12절). 세상 끝날에는 전대미문의 큰 환난과 함께 거짓 선지자들이 등장해 큰 표적과 기사를 보이며 하나님의 백성들을 미혹할 것이기에 참과 거짓을 잘 분별해야 한다(15-28절). 예수 그리스도는 반드시 다시 오신다(29-35절). 재림의 날은 알 수 없지만 여러 징조들을 통해 재림이 임박했다는 것은 알 수 있다(26-51절). 그리스도인은 항상 주님의 재림을 준비하고 있어야 한다.

✚ 묵상 : 예수 그리스도는 모든 믿는 제자들에게 무엇을 경계하고 깨어 있으라고 하셨나요?
(마24:4~5,11,23~24,26,42,44)
예수 그리스도가 제자들에게 예언하신 세상 끝에 나타날 징조들에는 어떤 것들이 있을까요?
(마24:6~7,9~10,12,15,29,32~33,37~39)

기 도

- 주여, 실수로 죄를 지었을 때 깨닫게 하시고 예수의 보혈을 의지하게 하옵소서.
- 주여, 하나님 아버지께서 약속하신 성령을 받기 위해 오로지 기도하게 하옵소서.
- 주여, 말세의 징조를 분별하게 하사 깨어있는 믿음으로 구원을 이루게 하옵소서.

7월 15 July 제단

수22 / 행2 / 렘11 / 마25

● 여호수아 22장 두 지파 반이 이스라엘과 상관있음을 알린 제단

22장에서는 르우벤, 갓, 므낫세 반 지파가 자신들의 임무를 마치고 요단강 동편의 자신들의 땅으로 돌아가던 중에 한 단을 쌓음으로 인해 일어난 다른 지파들의 오해와 그 사건의 전말을 다루고 있다.

하나님께서는 구약 이스라엘 백성들에게 제사에 대한 율법을 주시면서 그 장소는 오로지 여호와의 성막으로, 그 집행자는 오로지 제사장과 레위인으로 국한시켰다.

이것은 근본적으로 하나님은 오직 한 분뿐이시며 당신은 절대 거룩하시므로 하나님을 섬기는 제사 의식도 이를 반영해야 하기 때문에, 무분별한 백성들이 자의로 아무 곳에서나 제사를 드릴 경우 그 제사가 불완전할 것은 물론 우상 숭배 제사와 혼동될 위험까지 있었기 때문이다. '유일 성소 설치'는 하나님의 명령이다(신 12장).

✚ 묵상 : 르우벤 사람과 갓 사람과 므낫세 반 지파가 요단 가에 무엇을 쌓았나요?(수22:10)
두 지파 반이 요단 가에 제단을 쌓은 이유는 무엇이었나요?(수22:21~28,31~34)

● 사도행전 2장 오순절에 마가 다락방에 강림한 성령의 제단

'내 영을 만민에게 부어주신다'(욜 3:28)는 요엘 선지자를 통한 하나님의 약속과 보혜사 성령님을 보내신다는 예수님의 약속이 성취된다(1-4절). 성령 강림의 첫 번째 현상은 각 나라의 언어를 말하는 것이었으며 성령이 임한 사람은 각 나라의 언어로 복음을 증거 한다(5-13절). 성령님은 예수님을 구주로 믿게 하며 우리로 예수의 증인이 되게 한다. 성령강림 사건이 요엘 선지자를 통해 주신 말씀의 성취임을 베드로가 증언한다(14-21절). 예수님은 하나님의 뜻 가운데 죽으시고 부활하셨으며 그의 부활 소식은 증인들의 확고한 증언이다(22-32절). 하나님은 부활하신 예수님을 높이셔서 하나님 보좌 우편에 앉히셨다(33-36절). 성령님의 강한 임재는 서로의 것을 아낌없이 나누는 이전에 없던 새로운 공동체의 탄생이라는 결과로 이어진다(37-47절).

✚ 묵상 : 오순절에 성령이 강림하자 마가 다락방에 모인 120여 명의 제자들에게는 어떤 놀라운 일이 일어났나요?(행2:1~4)
성령 받은 교회 공동체 안에서는 성도 간에 어떤 일이 일어났나요?(행2:42~47)

● 예레미야 11장 유다가 예루살렘에 쌓은 수치스러운 제단

통일 주제 제단 (祭壇, 제사를 드리는 단)

연합 내용 구약의 제단은 하나님을 경외하는 자들이 온전한 제물로 제사를 드리는 곳이다. 또한 신약의 제단은 예수님을 믿는 자들이 하나님께 예배를 드리는 교회이며 동시에 생활에서 본을 보이는 삶의 제단이다.

예레미야 선지자의 네 번째 설교로 유다의 배교와 악행, 그에 따른 하나님의 심판 등 보다 심화된 내용으로 구성되어 있다. 예레미야는 하나님께서 선민에게 주셨던 언약을 상기시킴으로써 유다의 죄악이 얼마나 엄청난 것인지를 일깨우고, 그에 따른 심판의 필연성을 선포하고 있다.

✚ 묵상 : 여호와 하나님이 출애굽 때 이스라엘과 맺은 언약의 내용은 무엇일까요?(렘11:3~8)
여호와 하나님은 아나돗 사람들이 예레미야를 죽이고자 할 때에 어떻게 행동하시겠다고 말씀하셨나요?(렘11:19~23)

● 마태복음 25장 달란트를 받은 자들이 장사하는 생활의 제단

열처녀 비유나 달란트 비유 모두 마지막 때를 염두해 둔 이야기다. 각각 "깨어 있으라"(13절) "무익한 종을 내 쫓으라"(30절)는 결론을 가지고 있다. 31절 이하의 내용도 마찬가지다. 인자(예수님)가 다시 올 때 양과 염소를 구분하는 것처럼 할 것이라고 말씀하신다(32절). 34절 이하에 나오는 내용은 선한 행위로 영생에 들어간다는 의미가 아니라, 다시 오실 주님을 깨어 기다리는 자의 모습이 어떠해야 하는지를 보여주는 것이다. 그것은 지극히 작은 자라도 최선을 다해 섬기고 사랑하는 것이다. 예수 그리스도가 내게 그러하듯이, 최선을 다해 사랑하며 섬기는 것은 종말을 살아가는 그리스도인의 마땅한 모습이다.

✚ 묵상 : 예수님은 마지막 때에 성도들이 무엇을 준비해야 한다고 말씀하셨나요?(마25:1~13)
예수님은 어떤 자가 영생에, 어떤 자가 영벌에 들어간다고 말씀하셨나요?(마25:33~40,41~46)

기 도

- 주여, 하나님께 찬양과 경배하는 가시적인 제단도 소중히 여기게 하옵소서.
- 주여, 다시 성령의 강림을 체험하고 날마다 필요한 은사로 사역하게 하옵소서.
- 주여, 마지막 때가 이른 줄 알고 생활의 제단에서 등불을 밝히게 하옵소서.

7월 16 July

당부

수23 / 행3 / 렘12 / 마26

● 여호수아 23장 남은 민족들을 멀리하라는 여호수아의 당부

23장과 24장은 이제 삶이 얼마 남지 않은 여호수아의 마지막 고별 설교라고 할 수 있다. 당시에는 이미 이스라엘이 간절하게 여망하던 가나안 정복과 기업 분배가 하나님의 약속대로 온전히 성취 되었고, 이스라엘은 안정 속에서 평안하게 생활하게 되었다. 이런 시점에서 만년에 이른 여호수아는 이스라엘의 모든 지파의 지도자들을 한 곳에 모아놓고, 여호와께서 이스라엘에 행하신 일을 상기시키면서, 이제 명실상부하게 약속의 땅의 새로운 주인으로 정착하여 선민의 삶을 시작하게 되는 그들에게 하나님의 말씀으로 훈계하고 있다.

✚ 묵상 : 여호수아는 나이 많아 늙었을 때에 이스라엘에게 무엇을 당부했나요?(수23:1,4~8,11)
여호수아는 이스라엘이 여호와를 가까이 하지 않고 남아있는 민족들을 가까이하면 어떤 일이 생길 것이라고 말했나요?(수23:8,12~13,15)

● 사도행전 3장 예수를 믿고 회개하라는 사도 베드로의 당부

성전 미문 앞에서 구걸하던 걷지 못하는 자의 치유는 죄 사함의 권능을 가진 예수님으로 인해 도래한 하나님 나라의 시작을 알리는 사건이다(1-10절). 병자의 치유에 놀란 사람들에게 베드로와 요한은 그를 치유하신 이가 바로 하나님이 약속하신 메시야이심을 선포한다(11-26절).

✚ 묵상 : 나면서 못 걷게 된 자가 일어나 서서 걷기도 뛰기도 하게 된 것은 무엇 때문이었나요?(행3:6~8,12,16)
베드로는 예수를 거부한 사람이 새롭게 되려면 어떻게 해야 된다고 했나요?(행3:13~15,19)

통일 주제 당부 (當付, 말로 단단히 부탁함)

연합 내용 성도를 무너뜨리는 큰 적은 안일함과 외식함이다. 그러므로 항상 깨어 있어 경고와 권면 그리고 당부하는 말을 듣고 자신을 지켜야 한다. 이스라엘 자손의 안주, 제자들의 유혹을 향한 지도자의 당부를 보라.

● 예레미야 12장 돌이키셨을 때 잘 배우라는 예레미야의 당부

하나님의 거룩한 뜻을 전하면서도 고향 사람들에게 환영이 아니라 살해 위협을 받은 예레미야는 절망감으로 하나님께 부르짖는다. 이에 대해 하나님은 예레미야가 받는 고난의 의미와 예레미야가 받은 선지자로서의 사명을 다시 한 번 일깨움으로 응답을 대신한다. 특히 하나님은 아나돗 주민으로 대표되는 유다 백성을 향해 준엄한 심판을 선포하시면서 회개를 촉구하심으로 심판 중에도 긍휼과 자비를 잊지 않으시는 하나님을 보여준다.

✚ 묵상 : 예레미야는 악한 이스라엘을 보면서 하나님께 어떤 질문을 던졌나요?(렘12:1~4)
여호와 하나님은 모든 악한 이웃들이 어떻게 하면 구원을 받을 수 있다고 말씀하셨나요?(렘12:14~17)

● 마태복음 26장 시험에 들지 않게 깨어 있으라는 예수의 당부

유월절 어린 양으로 오신 예수님은 자신의 죽음을 예견하시고(1-5절) 한 여인은 예수님의 가는 길을 예비한다(6-13절). 반면 가룟 유다는 예수님을 배반하려고 한다(14-16절). 최후의 만찬에서 유다의 배신을 예고하신 예수님은 유월절 떡과 포도주를 통해 십자가에서 찢길 살과 흘릴 피가 영원한 양식임을 선언하신다(17-30절). 제자들과 베드로의 배신을 예고하신 예수님은 생명을 건 기도를 드리면서 아버지의 뜻에 온전히 순종할 것을 결단하신다(31-46절). 말씀의 성취를 위해 체포되신 예수님은 죄가 없음에도 불구하고 온갖 수치와 조롱을 당하신다(47-68절). 예고대로 베드로는 예수님을 세 번 부인하였으며 그 후 자책하며 통곡한다(69-70절).

✚ 묵상 : 가룟 유다와 베드로는 예수님이 자신들에 대해 예언해 주심을 듣고 어떻게 행동했나요?(마26:21~25,31~35,74~75)
예수님은 고난을 앞두고 겟세마네에서 어떤 기도를 드렸나요?(마26:36~42,44)

기 도

- 주여, 나이와 환경에 관계없이 주어진 사명을 끝까지 감당하게 하옵소서.
- 주여, 선천적인 장애나 후천적인 상처를 주 안에서 해결하게 하옵소서.
- 주여, 부패함과 연약함을 인지하고 항상 깨어 기도하게 하옵소서.

7월 17 July

결심

수24 / 행4 / 렘13 / 마27

● 여호수아 24장 여호수아 가정과 온 이스라엘 자손의 신앙 결심

여호수아의 죽음으로 하나님의 구속사는 한 시대의 전환을 맞이하게 되었다. 앞서 모세의 죽음으로 출애굽 시대에서 가나안 정복 정착 시대로 바뀌었고, 이제 여호수아의 죽음으로 사사 시대로 또 한 시대가 바뀌는 것이다. 이런 시점에서 여호수아는 하나님의 구원 역사를 회고하면서 후대 이스라엘 백성들의 순종을 위한 신앙 서약을 진행한다. 여호수아는 보통 사람과는 달리, 전 시대를 두고 태초부터 종말까지 진행되는 하나님의 구원 역사 곧 구속사의 실체를 깨달은 한 위대한 종의 모습을 보이고 있다.

✚ 묵상 : 여호수아는 이스라엘 모든 지파를 모으고 무엇을 결심하게 했나요?(수24:1,14~18)
이스라엘 모든 지파는 누가 사는 동안에 여호와만을 섬겼나요?(수24:29,31)

● 사도행전 4장 위협 중에도 예수 전하는 베드로와 요한의 결심

베드로와 요한은 더 이상 예전의 그들이 아니었다. 예수님을 통해 성공해 보려고 했던 제자, 예수님을 모른다고 거짓말해서라도 살고자 했던 그런 제자가 아니다. 그들의 생명을 해할 수 있는 권력을 가진 권력자들 앞에서 힘 있게 '예수는 그리스도'라고 선포한다(8-10절). 부활하신 예수님을 경험한 그들에게 더 이상 두려울 것이 없다. "하나님 앞에서 너희의 말을 듣는 것이 하나님의 말씀을 듣는 것보다 옳은가 판단하라"(19절) 우리에게 이러한 담대함이 있기를 소망한다.

✚ 묵상 : 관리들과 장로들과 서기관들이 예수 전파를 위협할 때 베드로와 요한은 무엇이라고 담대히 말했나요?(행4:17~21)
갇혔다가 놓인 베드로와 요한은 그 동료와 어떤 기도를 드렸나요?(행4:23~24,29~31)

통일 주제 결심 (決心, 마음을 굳게 정함)

연합 내용 사람의 아름다움은 선한 것과 옳은 것을 결심할 때 나타난다. 하나님은 믿음의 사람들에게 용기를 주셔서 결단하도록 역사하신다. 그렇지 못한 불신자들은 악한 것을 결심하고 행함으로 멸망으로 치닫는다.

● 예레미야 13장 예루살렘의 교만에 대한 하나님의 심판 결심

본장을 구성하고 있는 베띠의 표적 배후에는 이스라엘이 여호와의 백성으로 그분의 이름과 칭의와 영광이 되기를 거절하는 안타까운 모습이 나타난다. 썩어서 못쓰게 된 띠처럼 나라를 구할 수 없을 정도로 몹시 부패해 있었다.

예레미야의 다섯 번째 설교인 본장에서 두 가지 비유와 세 가지 경고로써 임박한 심판을 생각하게 함으로 완악한 백성들을 돌이키려 했다. 즉 본장에서는 우매한 유다의 죄악상을 깨우쳐주고 그 깨우침을 통해 죄악에서 돌이키게 하시려는 하나님의 초월한 사랑의 심정이 드러나 있다.

✚ 묵상 : 하나님은 허리 띠를 통해 예레미야에게 어떤 교훈과 심판을 말씀하셨나요?(렘13:1~11)
교만한 유다와 예루살렘은 어떤 죄로 어떤 심판을 받을까요?(렘13:20~22,27)

● 마태복음 27장 예수에 대한 대제사장들 장로들의 잘못된 결심

예수님은 빌라도 총독에게로 넘겨졌으며 죄 없는 예수님의 유죄판결로 괴로워하던 가룟 유다는 스스로 목숨을 끊는다(1-10절). 빌라도는 여론에 대한 압박 때문에 무죄한 예수님에게 십자가형을 언도한다(11-26절). 예수님은 십자가의 극심한 고통과 온갖 수치와 모욕을 함께 당하시다가 마침내 운명하신다(27-56절). 아리마대 요셉이 예수님의 시신을 수습했으며 대제사장의 요청에 따라 경비병들이 무덤을 굳게 지키게 된다(57-66절).

✚ 묵상 : 예수님으로 인하여 놓임을 받게 된 죄수는 누구일까요?(마27:15~21)
예수님이 수난을 받으실 때 그의 옆에 있던 자들은 누구일까요?(마27:32,57~58,61)

기 도

- 주여, 어느 곳에 살든지 누구를 만나든지 오직 주님만 섬기게 하옵소서.
- 주여, 어떤 위협 속에서도 기도와 성령충만으로 위대한 신앙생활을 하게 하옵소서.
- 주여, 고난과 박해가 있을 때에도 주님 곁에서 사명을 감당하게 하옵소서.

7월 18 July 한계

삿1 / 행5 / 렘14 / 마28

● 사사기 1장 9지파 반이 쫓아내지 못한 정복의 한계

사사 시대가 시작 될 무렵 가나안 땅에는 아직 원주민들과의 정복전쟁이 끝나지 않은 상태였다. 사사기의 저자는 알 수 없고 기록 연대는 정확히 알 수 없지만 왕정 시대에 기록되었다. 17장 6절에 보면 "그때에는 왕이 없었음으로" 기록되어 있는 것으로 추측할 수 있다. 왕정시대에 기록했다는 점을 주시해 보면 여호수아 이후에 이스라엘의 대표 지도자의 부재 기간이 지나고 왕정 시대가 나타나는데 왕정 시대의 정당성을 부여하기 위해 전 역사를 기록했을 수 있다는 것이다.

✚ 묵상 : 여호와는 여호수아가 죽은 후에 먼저 누구에게 가나안족속과 싸우라고 하셨나요?(삿1:1~2,4)
이스라엘 자손이 가나안 족속, 여부스 족속, 아모리 족속을 쫓아내지 못한 이유는 무엇일까요?(삿1:19,21,27~31,33~35)

● 사도행전 5장 아나니아와 삽비라의 신앙양심의 한계

욕망이 이끄는 대로 행했던 아나니아와 삽비라는 성령을 속인 죄로 심판을 받았다(1-11절). 욕망에 사로잡히면 성령의 음성을 들을 수 없다. 사도들의 복음 선포를 듣고 또한 예수님의 이름으로 나타나는 각종 표적과 기사를 본 많은 사람들이 예수님께로 돌아왔다(12-26절). 사도들을 옥에 가두기도 했으나 하나님의 천사들이 사도들을 옥에서 이끌어 내는 기적도 일어난다. 복음의 행진을 누가 막을 수 있을까? 옥에 나온 사도들은 주저 없이 복음을 또 선포한다. 사도들을 죽이고자 하는 대제사장과 공회와는 달리 율법 교사 가말리엘은 예수의 부활하심과 그리스도 되심에 대한 소식이 만약 하나님으로부터 온 것이라면 잘못 막아설 경우 하나님의 대적이 될 수 있다는 신중론을 편다(27-42절).

✚ 묵상 : 아나니아와 아내 삽비라가 죽게 된 이유는 무엇일까요?(행5:3~4,9,11,14)
대제사장과 사두개인의 당파가 사도들을 시기하여 옥에 가두었을 때 옥에서 나오고 죽이고자 할 때 바리새인 가말리엘이 등장하여 중단케 한 것은 어떤 역사일까요?(행5:17~25,33~35,39~42)

통일 주제 한계 (限界, 사물의 정하여 놓은 범위나 경계)

연합 내용 성도에게는 사명이 있다. 그 사명을 감당하기 위해 부단히 준비하고 또 노력해야 한다. 하지만 항상 한계가 있다. 한계는 타협과 거짓의 옷을 입고 나타난다. 그 한계를 극복할 때 참된 결과를 얻게 된다.

● 예레미야 14장 유다의 애통와 거짓 선지자의 예언의 한계

유다에 엄습한 대기근으로 인해 예레미야 선지자는 하나님께 기도한다. 하지만 하나님의 응답은 냉엄했고, 바라던 응답을 얻지 못한 예레미야는 거듭해서 세 번에 걸쳐 기도하였다. 하나님은 회개하지 않는 자와 결코 교재하지 않으신다는 사실을 보여주는 장면이다.

✚ 묵상 : 예레미야가 하나님께 들을 가뭄의 예언의 말씀은 어떤 내용이었나요?(렘14:1~4,15~18)
유다 백성을 향한 거짓 선지자들의 예언은 어떤 내용이었나요?(렘14:13~14)

● 마태복음 28장 부활에 관한 경비병들의 거짓말의 한계

예수님은 3일만에 부활하셨다. 부활의 목격자들이 생겨나기 시작하고, 대제사장과 그의 무리들은 사라진 예수님의 시신을 '제자들이 훔친 것'으로 결론을 내기로 모의한다. 부활하신 예수님은 제자들에게, 우리들에게 사명을 준다. 이른 바 '대사명'(Great Mission)이라 불리는 내용이 바로 18-20절이다. "하늘과 땅의 모든 권세를 내게 주셨으니 그러므로 너희는 가서 모든 민족을 제자로 삼아 아버지와 아들과 성령의 이름으로 세례를 베풀고 내가 너희에게 분부한 모든 것을 가르쳐 지키게 하라 볼지어다 내가 세상 끝 날까지 너희와 항상 함께 있으리라"

✚ 묵상 : 예수님은 부활하신 후 누구에게 나타나 어떤 말씀을 하셨나요?(마28:1,9~10)
예수님이 11제자에게 마지막으로 부탁하신 말씀은 무엇이었나요?(마28:16,18~20)

기 도

- 주여, 모든 일에 기도하게 하시고 또한 먼저 앞서서 도전하게 하옵소서.
- 주여, 거짓된 헌신을 하지 않게 하시고 목숨을 건 충성을 하게 하옵소서.
- 주여, 거짓된 예언에 귀를 기울이지 말게 하시고 주의 뜻에 집중하게 하옵소서.

7월 19 July

세대

삿2 / 행6 / 렘15 / 막1

● 사사기 2장 선민을 위해 행하신 역사를 모르는 다른 세대

사사 시대를 시작할 즈음에 이스라엘이 맞고 있던 종교적, 영적 상황에 관한 내용이다. 사사 시대의 역사를 한마디로 요약한다면 불순종과 징계의 악순환이다. 이스라엘은 하나님의 명령을 거역함으로써 징벌을 받고, 뒤늦게 참회함으로써 하나님의 구원을 받았다.

"여호와의 사자"라는 1장 1절에서의 의미는 여호와 앞에 있는 사자를 의미한다. 또는 어떤 학자들의 말대로 사자모습의 여호와를 의미할 수도 있다. 어느 것을 택하느냐 하는 것은 논란의 문제이다. 일반적으로 후자가 지배적이다. 이와 같은 여호와의 사자는 놀라운 힘과 위력을 갖게 한다. 지금 성령이 이와 같은 기능을 수행하신다. 성령이 함께하실 때마다 우리는 여호와의 임재하심을 느낀다. 길갈에서 보김에 이르는 길은 도덕적인 의미에서 매우 짧을 수 있다. 우리가 하나님의 말씀의 빛 안에서 행하지 아니하면 우리의 성공과 실패의 거리는 그리 멀지가 않다.

✚ 묵상 : 여호와의 사자가 보김에서 이스라엘 자손에게 한 말은 무엇이었나요?(삿2:1~4)
이스라엘을 위해 놀라운 일을 행하신 여호와를 모르는 다른 세대는 어떻게 행동하며 살았나요?
(삿2:10~13,16~19)

● 사도행전 6장 표적을 행하는 스데반을 모함하는 악한 세대

성령의 폭발적인 역사로 부흥하던 초대교회에 갈등이 생긴다(1-7절). 교회의 구제(=긍휼) 사역에서 문제가 발생했는데 이스라엘 밖에서 거주하다가 돌아온 디아스포라 출신 과부들이 본토 출신 과부들에 비해 차별 대우를 받았기 때문이다. 이에 사도들은 구제문제를 별도의 일꾼(=집사)을 세워 맡기고 본인들은 기도와 말씀에만 집중하기로 결정한다. 성령님이 주도하시는 역사가 사도들뿐만 아니라 사도가 세운 신실한 일꾼을 통해서도 나타난다(8-15절). 예수님의 이름으로 큰 기사와 표적을 행하는 스데반을 이길 자가 없었다. 그는 신성 모독죄로 고소당했으나 성령 충만한 그는 담대했다.

✚ 묵상 : 구제 문제로 교회에 원망이 생겼을 때 사도들은 무엇을 결정했나요?(행6:1~6)
스데반이 기사와 표적을 민간에 행함으로 시기했던 장로와 서기관들은 어떤 행동을 보였나요?
(행6:8~12)

통일 주제 세대 (世代, 같은 시대에 공통의식을 가지는 비슷한 연령층의 사람들)

연합 내용 역사의 흐름 속에 많은 세대가 지나간다. 하나님을 참되게 경외하는 믿음세대가 있는 반면 거역하고 우상을 숭배하는 악한 세대도 있다. 선과 악이 공존하는 세대 속에서 복음을 전파하는 밀알세대가 되자.

● 예레미야 15장 악한 예루살렘은 네 가지 벌로 버림받은 세대

여러 번에 걸친 기도에도 불구하고 응답받지 못한 예레미야는 탄식할 수밖에 없었다. 더구나 백성들이 낙담해 있는 예레미야를 더욱 힘들게 했다. 이에 하나님께서는 두 번에 걸쳐 예레미야를 위로하고 격려해 주신다. 이처럼 하나님은 낙심해 있는 일꾼을 돌아보시고 반드시 새 힘을 공급해주신다(왕상 19:9-18).

✚ 묵상 : 여호와 하나님은 예루살렘에 어떤 네 가지 벌을 내리시겠다고 하셨나요?(렘15:1~4)
자신과 예루살렘을 향한 예레미야의 간절한 기도 내용은 무엇일까요?(렘15:15~18)

● 마가복음 1장 예수 그리스도의 복음을 체험하는 회복 세대

하나님의 아들 예수 그리스도는 가장 복된 소식을 가지고 이 땅에 오셨다. 세례 요한은 예수 그리스도의 길을 준비하기 위해 먼저 와서 회개의 세례를 베풀었다(1-8절). 본래 예수님은 세례를 베풀 권세를 가지셨지만 겸손하게 요한에게 세례를 받음으로써 공생애를 시작하신다(9-11절). 예수님이 세례를 받을 때 하늘로부터 그의 정체성이 선포된다. 예수님을 통해 임하는 하나님 나라는 믿음과 회개로 반응하는 자에게 열릴 것이다(12-15절). 예수님은 복음의 일꾼이 될 제자들을 부르셨다(16-20절). 예수님의 권세는 귀신을 내어 쫓고, 온갖 병을 치유하는 것으로 나타난다(21-45절). 귀신을 쫓고 병을 치유하며 영생을 얻게 하는 것은 복음 외에 없다. 예수님은 많은 일로 바쁘셨지만 새벽에 한적한 곳에서 기도하는 것을 가장 중요하게 여기셨다(35절).

✚ 묵상 : 예수 그리스도의 복음의 시작을 알린 사람은 누구일까요?(막1:1,4~5,7~8)
예수 그리스도는 어떤 사역으로 복음을 알리셨나요?(막1:14~15,17,21~25,34,38)

기 도

- 주여, 이 세대와 다음 세대가 주님을 온전히 섬기는 세대가 되게 하옵소서.
- 주여, 신앙생활 중에 원망과 시기가 있어도 지혜와 성품으로 이기게 하옵소서.
- 주여, 세례 요한과 제자들처럼 예수 그리스도의 복음을 널리 전파하게 하옵소서.

7월 20 July 영광

삿3 / 행7 / 렘16 / 막2

● 사사기 3장 여호와의 영광을 가리고 우상숭배한 이스라엘

이스라엘을 절망 가운데서 구원했던 사사들의 활약상이 본격적으로 소개되고 있다. 그중 3장 7절에서 16장 31절까지 계속해서 12명의 사사들의 이야기가 나오게 된다. 사사기는 하나님 나라에 관한 관점으로 바라보자고 한다. 하나님은 사사들을 통해 하나님의 뜻을 이루어 가시지만 정말 하나님은 사사들이 생기지 않기를 원하실 것이다.

사사들이 출현할 때마다 공식적으로 나오는 구절이 있는데 '이스라엘 자손이 또 여호와의 목전에서 악을 행하더니'이다. 이스라엘은 계속해서 시험을 통과하지 못하고 실패하는 과정을 반복하게 된다.

✚ 묵상 : 여호와께서 가나안 땅에 이방 민족을 남겨 두신 이유는 무엇일까요?(삿3:2,4)
하나님은 이스라엘 자손이 여호와의 목전에 악을 행할 때 어느 민족들을 사용하여 징계하셨나요?(삿3:7~13)

● 사도행전 7장 영광의 하나님의 구속사를 설교한 스데반

신성 모독죄로 고소당한 스데반은 공회 앞에서 이스라엘의 역사를 통한 변증을 시도한다. 예수 그리스도의 십자가의 죽음과 부활은 곧 유대민족에 계시하셨던 하나님의 언약의 성취다. 스데반은 출애굽 시대에 이스라엘 백성들이 모세를 배척하고 금송아지를 섬겼던 것처럼 지금의 유대인들이 하나님이 보낸 의로우신 예수님을 배척한다고 책망한다. 결국 유대인들은 자신들의 죄를 고발하며 회개를 촉구한 스데반을 돌로 쳐 죽인다. 예수 그리스도께 영원한 생명을 의탁하는 기도를 드리며 죽음을 맞이한 스데반은 영광스러운 첫 번째 순교자였다. 그의 순교의 과정 속에서 하나님은 조용히 복음을 위해 크게 쓰임 받을 바울을 준비시키고 계신다.

✚ 묵상 : 스데반의 설교를 들은 사람들의 반응은 어떠했나요?(행7:54,57~58)
스데반은 설교를 마친 후 성령이 충만하여 무엇을 보며 어떤 말을 들었나요?(행7:55~56)

통일 주제 영광 (榮光, 빛나는 영예)

연합 내용 모든 빛과 영광은 오직 하나님께만 있다. 하나님은 그 빛과 영광을 선민에게 나눠 주셨다. 하지만 그 은혜를 입은 선민이 하나님을 거역하고 그 영광을 욕되게 가렸다. 그럼에도 하나님의 영광은 빛날 뿐이다.

● 예레미야 16장 영광의 하나님의 율법을 지키지 않은 이스라엘

본장에서 예레미야는 세 가지 상징적인 행위를 통해 임박한 재앙을 보여주고 재앙의 원인이 우상숭배에 있음을 지적하며, 하나님께 재앙을 통하여 심판하실 것이지만 동시의 하나님의 백성을 구원하실 계획을 가지고 계심을 선포한다. 하나님은 선민으로 하여금 성숙한 신앙생활을 하도록 채찍을 드시고 징계하시는 것이다.

✚ 묵상 : 여호와 하나님은 예레미야에게 어떤 세 가지를 하지 말라고 하셨나요?(레16:2,5,8)
여호와 하나님은 이스라엘의 어떤 죄를 지적하고 징계하셨나요?(렘16:10~13)

● 마가복음 2장 중풍병자를 고치신 예수를 통해 영광 받으신 주

예수님은 중풍병자를 고치신 기적을 통해 죄 사함의 권세가 있음을 선포하신다(1-12절). 의인이 아닌 죄인을 부르러 오신 예수님은 세리였던 레위를 제자로 부르시고 세리 및 죄인들과 함께 식사를 하신다(13-17절). 예수님과 함께 하는 사람은 하나님 나라를 맛보는 기쁨을 누린다(18-22절). 예수님은 논쟁을 일삼으려는 자들에게 안식일이 사람을 위해 존재하는 것이며 또한 자신이 안식일의 주인이라는 사실을 일깨워 주신다(23-28절).

✚ 묵상 : 한 중풍병자를 네 사람이 메고 왔을 때 예수님은 누구의 믿음을 보시고 고쳐주셨나요?
(막2:2~5,10~12)
예수님은 어떤 사람까지 제자로 부르셨으며 어떤 오해를 받으셨나요?(막2:14,16~17)

기 도

- 주여, 여호와의 목전에 악을 행하여 징계를 받는 일이 없게 하옵소서.
- 주여, 스데반처럼 성령에 충만하여 담대히 복음을 전하게 하옵소서.
- 주여, 남의 아픔과 고통을 도울 때 큰 믿음을 가지고 힘써 중보하게 하옵소서.

7월 21 July 단호

삿4 / 행8 / 렘17 / 막3

● 사사기 4장 민족구원을 위해 단호하게 행동한 드보라와 야엘

여사사 드보라와 헤벨의 아내 야엘의 활약상이 소개된다. 당시 남성이 절대 우위를 차지하던 사회에서 여성의 활약상은 매우 이채로운 것이다. 그러나 하나님은 여성을 들어 당신의 구원의 역사를 이루어 가심으로써 당신의 나라에는 남녀 구분 없이 모두 귀한 존재요 당신의 영광의 도구가 될 수 있다는 사실을 일깨워주고 있다.

한편 그들은 또 하나님을 떠나 죄의 자리로 내려가고 있었다. 이번에는 북쪽에 위치한 하솔의 야손에게 붙이셔서 이스라엘을 심판하신다. 그러나 우리는 또 하나님의 심판이 아직은 완전한 심판이 아님을 알고 있다. 기회가 있는 심판인 것이다. 우리가 살아가는 모든 순간에도 기회 있는 심판이 지속되지만 언젠가 기회 없는 심판이 우리에게 다가옴을 기억해야 할 것이다.

✚ 묵상 : 드보라는 가나안 왕 야빈을 멸하기 위해 어떤 전략을 세웠나요?(삿4:4,6~9)
도망가던 야빈의 군대장관 시스라는 드보라의 예언대로 어떻게 죽었나요?(삿4:21)

● 사도행전 8장 큰 박해 중에도 단호하게 복음을 전파한 빌립

스데반의 죽음과 함께 초대교회에 큰 박해가 임한다. 그러나 박해를 피해 흩어진 성도들은 어느 곳에 가든 복음을 전했다. 예수님의 이름으로 기적도 나타난다. 복음은 유대와 사마리아의 오랜 장벽도 허물었다. 사마리아 사람들에게 성령이 임한다(14-17절). 돈으로 성령의 능력을 사고자 했던 시몬은 사도로부터 무서운 경고의 메시지를 듣는다. 결국 예루살렘에 임한 박해는 온 유대와 사마리아와 땅끝까지 복음이 전파되게 하시려는 하나님의 섭리였다(1:8). 뜻도 모르고 성경을 읽던 이방인 고위 관료(=에디오피아의 여왕 간다게의 재무장관)는 빌립에 의해 말씀을 듣고 세례도 받는다(26-40절).

✚ 묵상 : 빌립이 사마리아 성에 복음을 전파할 때 마술사 시몬은 돈으로 무엇을 사려고 했나요?
(행8:5~6,9,12~13,18,20)
빌립은 주의 사자의 명령대로 광야로 가서 누구에게 복음을 전했나요?(행8:26~35)

통일 주제 단호 (斷乎, 매우 과단성 있고 엄격함)

연합 내용 사람에게 가장 아쉬우면서 미련한 모습은 우유부단한 것이다. 능력이 부족해도 용기내어 단호하게 일을 처리하는 자가 멋있고 역사를 이룬다. 드보라, 야엘, 빌립, 예레미야 그리고 예수님은 단호하셨다.

● 예레미야 17장 유다의 죄와 벌을 단호하게 선포한 예레미야

하나님은 거짓 제사에 속지 않으신다(1-4절). 자신이 구축한 안전장치를 의지하는 자들은 결국 쫓겨나게 될 것이다(5-8절). 하나님은 우리의 깊은 마음까지 아신다(9-11절). 하나님을 버리고 다른 신을 섬긴 자들에게 심판을 선언했다는 이유로 예레미야는 동족으로부터 견디기 힘든 고통과 멸시를 당했다(12-13절). 예레미야는 자신을 지켜 달라고 탄식하며 기도한다(14-18절). 그러나 하나님은 침묵하신다. 예레미야 시대 유다 백성은 안식일을 제대로 지키지 않았다. 하나님은 안식일을 거룩히 지키라고 명령하신다(19-23절). 안식일을 제대로 준수하면 그들은 이전의 영광을 회복할 것이다(24-27절).

✚ 묵상 : 선지자 예레미야는 유다의 어떤 죄를 단호하게 지적했나요?(렘17:1~5)
선지자 예레미야는 유다에게 어떤 희망의 복음을 전했나요?(렘17:7~10)

● 마가복음 3장 미쳤다고 하는 자들을 단호하게 교훈하신 예수

예수님의 3대 사역 중 하나가 치유다. '안식일에 일을 한다'며 바리새인들과 헤롯당은 시비를 걸었지만 예수님은 손 마른 사람을 고치셨고 귀신들린 자와 많은 병자들을 고쳤다.(11-12절) 또한 하나님나라 건설을 위해 12제자를 세우신다. 이번에는 서기관들이 시비를 건다. 예수님의 귀신을 내어 쫓는 사역에 대하여 귀신의 왕의 힘을 빌어서 행하는 일이라고 말한다. 확실한 성령의 역사를 의도적으로 거부하는 것은 '성령 모독죄'다. '성령모독죄'는 결국 예수님의 그리스도되심을 거부하는 것을 의미한다. 성령님의 가장 큰 역할이 예수 그리스도를 생각나게 하고, 증거하고, 고백하게 하는 것이기 때문이다.

✚ 묵상 : 예수님께서 안식일에 손 마른 사람을 고치신 이유가 무엇일까요?(막3:3~5)
예수님은 미쳤다 귀신 들렸다 하는 모든 사람들에게 어떤 교훈을 남기셨나요?(막3.21~29)

기 도

- 주여, 나라가 어려울 때 용기있는 자가 되어 쓰임받게 하옵소서.
- 주여, 직분을 초월하여 성령에 인도하심을 받아 복음을 전하게 하옵소서.
- 주여, 어떤 소문이나 평가를 들더라도 꾸준히 주의 일을 감당하게 하옵소서.

7월 22 July

연합

샷5 / 행9 / 렘18 / 막4

● 사사기 5장 이스라엘의 영솔자들과 백성이 함께 연합함

5장은 바로 하나님께 영광과 찬양을 돌려드리는 승전가이다. 드보라와 바락의 군대가 가나안 왕 야빈의 군대 장관 시스라와 그의 철 병거 부대를 전멸하고 대승을 거두었다. 그리고 야빈도 이스라엘 백성들 앞에 굴복하게 하였다. 그러나 이 전쟁의 주인공은 하나님이시다. 누구보다도 그 사실을 잘 알고 있는 드보라와 바락은 승리의 노래를 부르며 하나님께 그 영광을 돌리고 있다.

✚ 묵상 : 사사 삼갈과 야엘의 시대와 사사 드보라의 시대는 어떻게 달랐나요?(삿5:6~7,12~13)
사사 드보라가 가나안을 칠 때에 어떤 지파가 협력하지 않았나요?(삿5:16~17,23)

● 사도행전 9장 주를 만나 사울과 베드로가 사역으로 연합함

부활하신 예수님이 성도를 핍박하는 사울에게 직접 나타나신다(1-7절). 바울은 앞을 보지 못한 상태로 다메섹으로 들어가게 된다(8-9절). 바울은 예수님의 이름으로 고난을 받을 자 곧 하나님이 택한 그릇이다(10-16절). 예수님을 만난 그는 즉시 예수의 그리스도 되심을 선포한다(17-22절). 복음의 증인이 된 바울은 한순간에 제거대상 1호가 되었다(23-30절). 핍박 속에서도 믿는 성도는 계속 증가한다(31절). 예수님의 이름으로 일어나는 기적들은 부활하신 그리스도에 대한 믿음을 더욱 굳건하게 해 주었다(32~43절).

✚ 묵상 : 사울이 주의 제자들을 결박하려고 다메섹으로 향할 때 누구를 만났나요?(행9:1,4~6)
베드로는 사방을 다니다가 룻다와 욥바에서 어떤 사역을 행했나요?(행9:32~34,36~40)

통일 주제 연합 (聯合, 둘 이상의 사람이나 집단이 합하여 하나의 조직체를 만듦)

연합 내용 연합은 놀라운 열매를 가져다 준다. 이스라엘의 연합은 승전을, 사도들의 연합은 기적을, 예수님과의 연합은 금생과 내생에 축복을 준다. 반면 유다와 이스라엘이 멸망할 때는 그들이 죄와 연합했음을 본다.

● 예레미야 18장 유다와 이스라엘은 심히 가증한 죄와 연합함

예레미야는 개인과 나라와 온 세상을 주관하시는 하나님의 절대 주권을 토기장이 비유를 통해 밝히고, 하나님으로부터 전해진 참회의 메시지를 거부하며 자기 죄를 계속 고집하는 유다 백성에게 심판을 선언한다. 회개의 기회를 버린 사람에게 하나님의 준엄한 심판이 내려질 것임을 선포한다.

✚ 묵상 : 하나님은 토기장이의 비유를 통해 자기의 무엇을 말씀하셨나요?(렘18:2~4,7~12)
예레미야는 죽이려는 자들의 꾀를 보고 하나님께 어떤 기도를 드렸나요?(렘18:18,20,23)

● 마가복음 4장 천국과 기적을 사모하는 자는 예수와 연합함

예수님은 씨 뿌리는 자의 비유와 그 비유에 대한 의미를 설명해 주신다(1-20절). 길가(=예수님께 적대적인 바리새인), 돌밭(=젊은 날의 베드로와 같은 사람), 가시 떨기(=돈 많은 부자청년과 같은 사람), 좋은 땅(부활의 증인들) 등 4종류의 사람이 있다. 예수 그리스도를 통해 도래하는 하나님의 나라는 감추어질 수 없으며(21-23절), 어떻게 반응하느냐에 따라 생명과 심판으로 갈라지게 된다(24-25절). 하나님의 나라는 반드시 자라나 완성된다(26-34절). 누구도 막을 수가 없습니다. 바람과 파도가 예수님의 권위에 순복한다(35-41절). 그를 온전히 신뢰할 때 두려움은 사라진다.

✚ 묵상 : 예수님은 어떤 비유들을 통해 천국을 가르치셨나요?(막4:3~8,26~29,31~32,34)
예수님이 광풍을 잔잔케 하신 것은 무엇을 가르치려 하심이었나요?(막4:37~40)

기 도

- 주여, 성별을 초월하여 주의 사역을 감당함으로 나라와 민족을 구하게 하옵소서.
- 주여, 체험을 통해 주님을 만나고 변화되어 교회를 부흥시키는 자가 되게 하옵소서.
- 주여, 하나님 나라의 비유를 마음에 품고 늘 성별된 삶을 살게 하옵소서.

7월 23 July 음성

삿6 / 행10 / 렘19 / 막5

● 사사기 6장 기드온이 하나님의 음성을 듣다

사사 가운데 가장 두드러진 업적을 쌓았던 기드온이 소명 받는 장면이며 하나님께서는 기드온에게 하신 것처럼 일꾼을 친히 부르실 뿐 아니라 그로 하여금 맡은바 사명을 완수할 수 있도록 지혜와 능력과 비전을 제시하신다.

이스라엘은 다시 하나님께서 주신 40년 동안 평화를 주신 은혜 안에 살면서도 은혜를 잊어가고 있었다. 세월이 지날수록 더욱 분명히 느껴져야 할 하나님의 사랑이 그들의 기억 속에 점점 사라지고 있다. 왜냐하면 또 한 세대가 지나면서 하나님께서 살아계시는 은혜를 직접적으로 체험하고 있지 못하데 있다.

그들은 또다시 미디안에 의해 고난을 당하게 된다. 미디안에게 쫓겨난 백성들은 산으로 굴로 도망하여 그들의 삶을 연명할 수밖에 없었다. 미디안이 누구인가? 그들은 아브라함의 후처 그두라의 아들인데 시나이 반도에 거했던 민족이다. 요셉의 이야기와 모세의 이야기에서 이 미디안 사람들의 이야기가 나온다. 바꾸어 이야기 하면 그들은 역사의 주체적인 민족이 아니라는 것이다.

✚ 묵상 : 사사 기드온은 여호와 하나님께 어떤 음성을 듣나요?(삿6:12,14~16)
사사 기도온은 하나님이 자신을 통해 미디안으로부터 이스라엘 자손을 구원하신다는 말씀을 확신하기 위해 어떤 표징을 구했나요?(삿6:36~40)

● 사도행전 10장 고넬료와 베드로가 주의 음성을 듣다

로마 군대의 백부장 고넬료에게 베드로가 복음을 전한다(1-48절). 하나님은 이방인에 대한 유대인의 오랜 편견을 깨뜨리기 위해 베드로에게 환상을 보여주셨으며 고넬료에게는 베드로에게 사람을 보내게 하심으로 둘의 만남을 주선하셨다. 베드로를 통해 말씀을 들은 모든 이에게 성령님이 임재했다. 이로써 하나님은 유대인과 이방인의 장벽을 완전히 허무셨다.

✚ 묵상 : 이달리야 군대의 백부장 고넬료는 하나님께 무엇이 상달되었나요?(행10:1~4)
하나님은 고넬료에게 어떤 지시와 어떤 영적 축복을 주셨나요?(행10:5,25~29,38~46)

통일 주제 음성 (音聲, 사람의 발음 기관에서 나오는 의사소통의 구체적인 소리)

연합 내용 하나님은 이스라엘 자손을 구원하시기 위해 또 개인이나 가정을 구원하시기 위해 주의 사자를 통하여 음성을 들려 주셨고, 예수님도 한 영혼을 구원하시기 위해 그의 음성으로 명령하여 귀신을 내쫓으셨다.

● 예레미야 19장 예레미야가 하나님의 음성을 듣다

하나님은 힌놈의 골짜기에서 우상숭배와 인신제사를 드린 유다와 예루살렘 백성에 대한 강력한 심판을 선언하신다(1-9절). 옹기를 깨뜨리면 다시 회복될 수 없듯이 이 심판은 되돌릴 수 없는 확고한 것이다(10-15절). 하나님은 토기장이 되심을 선포했다(18장). 토기장이가 진흙을 뭉개 버릴 수도 있고 완성된 그릇을 깨뜨릴 수 있는 것처럼 하나님은 이스라엘을 다시 조성하실 수도 있고 영원히 버릴 수도 있다.

✚ 묵상 : 하나님은 예레미야를 통해 유다 왕들과 예루살렘 주민에게 어떤 말씀을 선포하셨나요?(렘19:1~6)
하나님은 유다의 멸망을 무엇에 비유하셨나요?(렘19:10~11)

● 마가복음 5장 귀신도 죽은 자도 주의 음성을 듣다

예수님은 더러운 귀신들린 자를 고치셨다. 그러나 사람들은 귀신들린 자를 온전케 하신 예수님의 존재에 대해서는 관심을 두지 않았고, 자기들이 사는 곳에서 떠나달라고 간청한다. '이 사람은 과연 누구인가? 귀신에 대하여 명령한즉 순종하는도다' 아마 이런 반응이 예수님이 일으키시는 기적을 본 사람들의 정직한 반응이 아닐까? 예수님은 야이로의 죽은 딸을 살리시고, 혈루증 앓는 여인을 고치심으로 계속해서 당신이 누구인지를 보여주고 계신다. 예수님이 하신 말씀, 그의 행적, 그를 향한 구약의 예언의 말씀들, 그의 죽음과 부활은 '예수님이 어떤 분인지?'에 대해 분명하게 우리에게 가르쳐 주고 있다.

✚ 묵상 : 예수님은 거라사인의 지방에서 더러운 귀신 들린 사람을 어떻게 고쳐주셨나요?(막5:1~2,7~9,13)
야이로의 딸과 혈루증을 앓던 여자는 어떻게 고침을 받았나요?(막5:22~23,25,27~29,34,41)

기 도

- 주여, 어떤 사역을 맡든지 주님의 역사하심을 믿고 담대히 행동하게 하옵소서.
- 주여, 경건과 사랑이 습관이 되게 하사 주님의 영적 축복을 받게 하옵소서.
- 주여, 죽을병 또는 불치병에 걸렸을 때 절대적 믿음으로 나아가게 하옵소서.

7월 24 July 확신

삿7 / 행11 / 렘20 / 막6

● 사사기 7장 삼백 명으로 미디안을 물리칠 것을 확신

하나님께서 기드온에게 소명을 불어넣으셨을 때, 하나님은 약속하신 대로 기드온에게 임하셨다. 그런데 하나님께서는 기드온에게 단지 300명의 군사만을 허락하셨다. 하나님의 감동을 받은 기드온은 전쟁을 의미하는 나팔을 불었다. 그 나팔 소리를 듣고 가장 먼저 응답한 사람들은 바로 자신의 가문 '아비에셀'이었다. 기드온 한 사람의 변화가 그와 그의 가문 전체를 변화시킨 것이다.

또 기드온은 자신이 속한 지파인 므낫세 지파에 사신을 파송한다. 나팔 소리를 듣지 못해 거룩한 성전에 참여하지 못하는 자가 없도록 사자들은 '온 므낫세'에 두루 보냈다. 그리고 뒤이어 '아셀'과 '스불론', 그리고 '납달리' 지파에 사자들을 보냈다. 이 지파들은 미디안 족속들이 진을 친 이스르엘 골짜기(평원)에 인접하고 있는 지파들이다.

✚ 묵상 : 하나님이 기드온에게 32,000명 중에서 300명만 뽑아 미디안과 전쟁하도록 하신 이유는 무엇일까요?(삿7:2~4,7)
기드온이 미디안과 전쟁할 때 사용한 방법은 무엇일까요?(삿7:18,20,22)

● 사도행전 11장 이방인에게도 구원이 이루어짐을 확신

이방인 백부장 고넬료에게 성령이 임하신 사건은 "하나님이 이방인에게도 생명얻는 회개를 주신다"는 것을 증명한 사건이다(18절). 스데반의 순교와 함께 예루살렘에 닥친 핍박으로 인해 그리스도인들이 사방으로 흩어졌다. 그 중 일부가 안디옥으로 가게 된다. 그로 인해 안디옥에도 교회가 세워지게 되어 이방인 선교가 더욱 활발하게 이루어진다. 안디옥교회는 헬라파 유대인들이 중심이 되어 세운 교회다. 많은 사람들이 복음을 듣고 돌아오게 된다(21절). 안디옥 사람들은 그들을 "그리스도인"이라 불렀다. 모든 민족에게 구원의 은혜를 주시려는 하나님의 신실하신 언약이 이루어지고 있는 것이다.

✚ 묵상 : 베드로는 예루살렘에서 할례자들의 비난을 받았을 때 무엇이라고 대답했나요?(행11:2~3,12~15,17~18)
바나바와 사울은 안디옥에서 어떤 사역을 했으며 그 결과는 어땠나요?(행11:24~26)

통일 주제 확신 (確信, 굳게 믿음)

연합 내용 하나님을 믿은 사람들은 확신에 차 있다. 이길 수 없는 적과 싸울 때에도, 선민이 아닌 이방인이 성령을 받을 때에도, 부족한 자가 제자가 되어 천국과 회개를 외칠 때에도 능히 역사가 일어날 것을 확신했다.

● 예레미야 20장 온 유다와 바스훌이 포로가 될 것을 확신

예레미야는 대적들로부터 목에 씌우는 나무 고랑에 체이는 등 박해를 당하게 된다. 그는 영적, 육체적 아픔을 탄원하며, 악인의 수치와 의인의 승리에 대한 확신을 피력한다. 예레미야는 의인의 승리를 확신했지만 떨쳐버릴 수 없는 고통으로 인해 자신의 출생을 저주하고 있다.

✚ 묵상 : 제사장 바스훌은 예레미야에게 어떤 일을 했으며 그 결과 어떻게 되었나요?(렘20:1~6)
예언 사역으로 고난을 당한 예레미야는 하나님께 어떤 기도를 드렸나요?(렘20:8~10,12)

● 마가복음 6장 권능을 받아 회개를 외친 제자들의 확신

예수님은 고향에서 가르쳤지만 그들은 예수님을 메시야로 여기지 않았다(1-6절). 예수님은 제자들을 보내며 복음을 전하는 자는 철저히 하나님만을 의지해야 함을 가르치신다(7-13절). 헤롯왕의 죄를 고발하는 시대의 양심이자 마지막 선지자 세례 요한은 결국 헤롯에 의해 죽임을 당하게 된다(14-29절). 궁정에서는 요한의 목을 베 무리들의 잔치가 벌어지고 들판에서는 예수님이 베푸시는 잔치가 벌어진다. 예수님은 오병이어의 기적을 통해 당신이 이 땅에 내려온 참된 양식이심을 보여 주신다(30-44절). 오병이어의 기적 이후 예수님은 평소의 습관대로 기도하러 산에 가셨으며 풍랑으로 인해 고통당하는 제자들에게 다시 오셔서 풍랑을 잔잔케 하신다(45-56절). "안심하라 내니 두려워하지 말라"(50절) 우리는 풍랑이 아닌 예수님을 바라보아야 한다.

✚ 묵상 : 예수님은 열 두 제자를 부르시고 그들에게 어떤 권능과 계명을 주셨나요?(막6:7~8,11)
예수님은 오병이어로 오천 명을 먹이실 때에 어떤 마음이셨나요?(막6:34,41,44)

기 도

- 주여, 성도의 싸움은 수에 있는 것이 아니라 주의 능력에 있음을 알게 하옵소서.
- 주여, 주의 일꾼을 핍박하는 자에게 하나님의 심판이 있음을 알게 하옵소서.
- 주여, 저희를 불쌍히 여기사 모든 가난과 질병과 고통에서 구원하여 주옵소서.

7월 25 July

죽음

삿8 / 행12 / 렘21 / 막7

● 사사기 8장 미디안을 멸한 기드온의 죽음

8장은 300명의 군사로 미디안 동맹군을 기습 공격하여 승리한 기드온이 미디안 동맹군의 잔당을 섬멸하는 장면과 기드온 말년의 행적을 소개하고 있다.

에브라임은 기드온의 요청을 받아들여 곧바로 수로를 점령하고, 미디안 연합군의 두 장군 '오렙과 스엡'을 죽였다. 오렙은 '바위'에서, 스엡은 '포도주 틀'에서 죽였다. 공교롭게도 '바위'는 하나님께서 기드온이 드린 예물을 번제로 드린 장소이고, '포도주 틀'은 기드온이 집안에 숨어서 밀을 타작하던 틀이다. 물론 똑같은 지점은 아니지만, 이를 통해서 이제 역사가 완전히 역전되었음을 상징적으로 보여주고 있는 듯하다. 그리고 에브라임 사람들은 그들을 죽인 증거로 그들의 목을 잘라 기드온에게 가져왔다. 이로써 미디안과의 전쟁은 하나님의 은혜로 대승을 거두고 끝나게 되었다.

✚ 묵상 : 기드온은 미디안 왕들을 추격하면서 누구에게 떡덩이를 부탁했나요?(삿8:4~6,8)
기드온은 미디안을 멸한 후 지도자 위치 대신 무엇을 원했나요?(삿8:22~26)

● 사도행전 12장 사도를 핍박한 헤롯 왕의 죽음

사도들 가운데 최초의 순교자가 나오게 된다(2절). 유대인들이 기뻐하자 헤롯은 베드로도 체포했다. 유대인들에게 인기를 얻기 위해 베드로 역시 죽이려는 계획이었다. 죽임이 예정된 바로 전날 밤, 베드로는 아직 남은 사명을 위해 하나님이 감옥 문이 차례로 열리는 기적을 통해 탈출을 시킨다. 그 후 교회를 박해하던 헤롯은 비참한 죽음을 맞이하게 된다. 놀라운 것은 박해가 더해지는 가운데 하나님의 말씀은 더욱 흥왕하여졌다는 것이다(24절). 복음의 전파를 그 누구도 막을 수가 없다.

✚ 묵상 : 야고보가 죽고 베드로가 옥에 갇혔을 때 교회는 무엇을 했나요?(행12:2,4~5,12)
헤롯 왕이 잘못한 두 가지의 일과 그의 마지막은 어떠했나요?(행12:2,19,21~23)

통일 주제 죽음 (생명의 목숨이 끊어지는 일)

연합 내용 모든 인간은 죄로 말미암아 죽게 된다. 한번 죽는 것은 사람에게 정해진 것이다. 하나님의 일을 한 자도 죽고, 악한 일을 한 자도 죽는다. 그러나 믿는 자들에게는 죽음이 영원한 구원으로 이어지는 관문이다.

● 예레미야 21장 시드기야 왕과 백성의 죽음

심판의 예언을 싫어하는 제사장 바스훌과 그에 동조하는 세력들에 의해 핍박을 당하던 예레미야였으나 상황이 급반전된다. 바벨론으로부터 침략을 당하자 왕과 제사장을 비롯한 지배층은 예레미야에게 기도를 부탁한다(1-2절). 그러나 돌이킬 수 없다. 그들은 시드기야 왕과 유다 백성을 향한 하나님의 진노와 바벨론을 통한 가혹한 심판에 대해 다시 한번 듣게 된다(3-7절). 바벨론의 일시적인 강성함과 그들을 통한 심판은 이미 결정이 났다. 하나님의 심판에 순복하여 바벨론을 통한 연단을 인정하고 이를 받아들이는 자는 살 수 있겠지만 끝까지 그 사실을 부정하는 자에게는 심판이 임할 것이다(8-9절). 예루살렘은 무너지고 유다왕실과 통치자는 심판을 받게 될 것이다(10-14절).

✚ 묵상 : 유다왕 시드기야의 구국기도 요청에 대한 예레미야의 대답은 무엇이었나요?(렘21:2,4~7,8~10)
여호와는 예레미야를 통해서 다윗 왕조에 어떤 단호한 말씀을 하셨나요?(렘21:12~14)

● 마가복음 7장 장로 전통을 따르는 자의 죽음

예수님은 전통과 규례를 따지면서 본질을 잃어버린 자들의 위선을 고발한다(1-23절). 음식법이나 정결법을 어긴 것이 사람을 더럽게 하는 것이 아니라 사람의 마음속에 있는 죄가 사람을 더럽게 한다. 자신을 낮추고 은혜를 구하는 여인의 딸을 고쳐 주시고 귀먹고 말을 더듬는 자도 치유하신다(24-37절). 에바다(=열리다 라는 뜻)의 의미처럼 예수 그리스도가 우리에게 참 자유와 안식을 줄 수 있는 유일한 분임을 볼 수 있는 눈이 열려야 한다.

✚ 묵상 : 예수님은 제자들에게 무엇이 정말 더러운 것이며 죽음의 심판으로 이어진다고 말씀하셨나요?(막7:5~9,15~16,20~23, 마23:13~35)
예수님은 귀먹고 말 더듬는 자를 어떻게 치료하셨나요?(막7:32~35)

기 도

- 주여, 누군가가 선한 의도로 무엇인가를 요구할 때 바로 선대하게 하옵소서.
- 주여, 최선을 다하여 사역하게 하시고 가치 있는 죽음을 맞이하게 하옵소서.
- 주여, 속에서 악한 생각, 탐욕, 질투, 비방, 교만이 나오지 않게 하옵소서.

7월 26 July 욕심

샷9 / 행13 / 렘22 / 막8

● 사사기 9장 아비멜렉의 세속적인 욕심

말년에 타락상을 보였던 기드온이 죽은 후 일어난 혼란을 소개하고 있다. 한편 요담은 살아남아서 아비멜렉이 왕이 되었다는 소식을 듣게 된다. 요담은 숨어 있을 수 없었다. 군대를 일으켜 싸우지는 않았지만 그는 하나님의 심판의 경고를 이스라엘 백성들에게 들려주고 있는 것이다. 하나님은 하나님 나라의 회복을 위해 요담을 살려두시고 그로 하여금 하나님의 말씀을 선포하고 계신다.

요담은 나무의 비유를 들어서 아비멜렉을 왕으로 삼은 것이 얼마나 악한 일이며 이것이 이스라엘에게 가져다줄 고난이 어떠할지를 설명하고 있다. 요담은 감람나무, 무화과, 포도나무에게 가서 왕이 되어 달라고 한다. 이들은 열매 맺는 나무들이다. 백향목과 같이 자랑스러운 재목들은 아니지만 열매로서 널리 유익함을 주는 나무였다. 이들은 기드온과 이전의 사사들을 상징한다.

✚ 묵상 : 기드온의 세겜에 있는 첩에게서 태어난 아비멜렉은 어떤 짓을 했나요?(삿9:2~5)
결국 왕이 되어 세겜을 3년간 통치한 아비멜렉은 어떤 최후를 맞이했나요?
(삿9:22~23,26,30~31,39~41,50~54,56~57)

● 사도행전 13장 바울의 이방선교의 욕심

복음의 전파, 하나님 나라의 확장을 보게 된다. 안디옥 교회는 주님의 명령에 따라 바울과 바나바를 이방인 선교사로 임명하여 파송한다. 바울과 바나바는 구브로(키프로스)와 비시디아 안디옥에서 차례로 복음을 전하게 된다. 특히 바울은 구약의 말씀이 어떻게 예수 그리스도로 이어지는지에 대해 탁월하게 설명한다. 많은 사람들이 말씀 듣기를 원했으나 유대인들의 훼방으로 인해 결국 쫓겨나게 된다. 그러나 많은 이방인들이 믿었으며, 제자들은 기쁨과 성령으로 충만했다.

✚ 묵상 : 성령은 안디옥교회에 어떤 새로운 사역을 말씀하셨나요?(행13:2,4~5)
바울과 바나바는 비시디아 안디옥에서 회당에 들어가 어떤 말씀을 전했나요?
(행13:22~23,30~34,38~39,43,46)

통일 주제 욕심 (慾心, 어떠한 것을 정도에 지나치게 탐내거나 누리고자 하는 마음)

연합 내용 욕심은 하나님이 싫어하시는 인간의 타락한 모습이다. 정치적인 욕심이나 물질적인 욕심이나 이기적인 욕심에 빠지지 말아야 한다. 오직 땅 끝까지 모든 민족에게 복음을 전할 영적 욕심을 가짐이 아름답다.

예레미야 22장 유다 왕의 세속적인 욕심

본장에서 예레미야는 유다의 패망을 더욱 촉진시킨 유다의 말기 왕들의 죄악상을 고발한다. 요시야의 넷째 아들 여호아하스 왕(BC 609년), 애굽의 바로느고에 의해 여호아하스가 폐위되고 대신 세워진 요시야의 둘째 아들 여호야김 왕(BC 609-598년), 여호야김의 뒤를 이어 그의 아들 여호야긴(BC 598년) 등이 저지른 범죄와 심판 등이 소개되고 있다.

✚ 묵상 : 하나님은 유다 왕 살룸과 여호야김에 대해 어떤 죄와 최후를 말씀하셨나요?(렘22:11~13,17~19)
하나님은 여호야김의 아들 여호야긴에게 어떤 말씀을 하셨나요?(렘22:24~26,30)

마가복음 8장 베드로의 인간적인 욕심

예수님은 칠병이어의 기적을 통해 우리를 영원히 먹이시는 참 목자이시며 당신이 하늘에서 내려온 참된 양식임을 선포하신다(1-13절). 배를 타고 이동하는 상황에서 배에 먹을 것이 없었다. 바리새인과 헤롯의 누룩을 조심하라는 예수님의 말씀을 제자들은 잘 이해하지 못한다(14-21절). 그들의 간교한 술수와 가르침을 조심하라는 뜻이다. 예수님은 한 맹인의 눈을 열어 주신다(22-26절). 먹을 것에서 벗어나 하나님 나라를 볼 수 있는 눈이 열려야 한다. 제자들에게 자신의 정체성을 확인하신 예수님은 고난과 죽음에 대해 예고한다(27-38절). 누구든지 자기 십자가를 지고 그리스도를 따라야 한다.

✚ 묵상 : 예수는 사천 명을 먹이신 후 제자들에게 어떤 누룩을 주의하라고 말씀하셨나요?(막8:15)
예수는 베드로에게 신앙고백을 들으신 후 어떤 일을 말씀하셨나요?(막8:29~31,34)

기 도

- 주여, 자신을 모르고 사사로운 욕심으로 교만한 삶을 살지 않게 하옵소서.
- 주여, 높은 자리나 풍성한 상황에 있을 때에 항상 겸손하게 살게 하옵소서.
- 주여, 바른 신앙고백과 바른 사역으로 하나님께 영광을 돌리게 하옵소서.

7월 27 July 세력

삿10-11:11 / 행14 / 렘23 / 막9

● 사사기 10-11장 11절 우상 세력을 섬긴 이스라엘은 심히 곤고해 짐

아비멜렉 정변 이후 이스라엘의 범죄에 진노하신 하나님께서는 이스라엘을 블레셋과 암몬 사람의 손에 맡기셨다. 범죄의 악순환 속에서 사사의 행적을 중심으로 한 역사의 기록이다. 본장은 크게 두 부분으로 나누어지는데, 전반부에서 아비멜렉의 사건 이후에도 하나님께서 계속 사사를 세우셔서 그 땅을 보호해 주셨고, 가나안 중부 지역의 사사에 대한 기록을 끝마치고 있다. 후반부의 기록된 요단강 동편 땅의 대표적 사사 입다의 행적에 대한 서론 부분이다.

✚ 묵상 : 이스라엘 자손이 여호와를 버리고 이방인의 신들을 섬김으로 하나님이 진노하사 그들을 누구에게 몇 년 동안 곤고를 당하게 하셨나요?(삿10:6~8,13~16)
암몬 자손이 이스라엘을 치려 할 때에 길르앗 장로들은 누구를 찾아가 도움을 청했나요?(삿11:1~2,5~6,8~10)

● 사도행전 14장 핍박 세력을 이겨낸 사도가 다시 복음을 전함

바울과 바나바는 이고니온에서의 전도를 통해 많은 열매를 맺었지만, 유대인들에게 의해 쫓겨나게 된다. 루스드라에서는 걷지 못하는 자를 예수님의 이름으로 고치게 되어 사람들이 그들에게 몰렸고 복음을 전할 수 있는 좋은 기회를 가졌으나 결국 유대인들의 여론몰이로 인해 모여든 무리들이 돌로 쳐서 거의 죽은 상태에 이르게 된다. 바울과 바나바는 가는 곳마다 극심한 방해와 박해가 뒤따랐으나 선교의 행진을 멈추지 않았으며, 복음이 증거 되고 교회가 세워졌다. 또 다른 환난이 예상되지만 그들은 다시 복음을 위한 길을 떠난다.

✚ 묵상 : 바울과 바나바는 유대인의 핍박을 피해 어디로 가서 복음을 전했나요?(행14:1~7,19~22)
바울은 루스드라에서 발을 쓰지 못하는 사람을 고친 후 어떤 일을 당했나요?(행14:8~10,13~15,18)

기 도

- 주여, 어떤 경우에도 우상을 섬기지 말게 하시고 주님만 바라보게 하옵소서.
- 주여, 주의 이름으로 기적을 일으켰을 때에 그 영광을 탐하지 않게 하옵소서.
- 주여, 오직 믿음과 기도로 모든 문제를 해결하는 경건한 성도가 되게 하옵소서.

통일 주제 세력 (勢力, 여러 요소들이 모여 기세를 뻗치는 힘)

연합 내용 세상에는 부정적 영향을 주는 세력과 긍정적 영향을 주는 세력이 있다. 우상 세력과 핍박 세력과 거짓 세력과 귀신 세력은 모두 영혼을 멸망시키지만 성삼위일체 하나님의 세력은 모든 것을 소성시킨다.

● 예레미야 23장 거짓 세력인 목자, 선지자, 제사장을 벌하심

본장에는 비록 유다가 멸망할지라도 영원히 멸망하지는 않을 것이라는 메시지가 전달된다. 유다가 죄로 인해 패망할 것이지만 정한 시간이 지나면 회복될 것이라고 예언한다. 하지만 이어 거짓 선지자들의 부패상과 심판을 선포함으로써 하나님의 경고와 교훈을 무시하는 자는 영원히 수치를 당하리라고 경고하고 있다.

✚ 묵상 : 하나님은 자기 백성 이스라엘을 흩으는 목자를 몰아내고 어떤 목자를 세우시겠다고 말씀하셨나요?(렘23:2~6)
하나님은 어떤 악하고 거짓된 세력을 벌하시겠다고 말씀하셨나요?(렘23:9~14,16~17,32)

● 마가복음 9장 귀신 세력을 쫓아내는 힘은 믿음과 기도뿐임

예수님이 하나님의 아들이며 모든 영광을 가진 분임을 제자들이 보게 된다.(=변화산 사건, 1-8절) 변화산 사건 이후 예수님은 죽음과 부활을 말씀하시면서 엘리야(=세례요한)가 오는 것도 중요하지만 자신이 겪을 고난과 멸시가 더 중요하다고 말씀하신다(9-13절). 예수님과 3명의 제자들이 변화산 사건을 경험하는 사이 나머지 제자들은 귀신들린 아이의 치유문제로 서기관들과 변론 중이었다(14-29절). 믿음은 기도를 통해 능력으로 나타난다. 십자가의 죽임을 예고하는 예수님을 두고서 누가 큰 자냐라는 논쟁을 벌이는 제자들에게 큰 자는 섬기는 자라고 말씀하신다(30-37절). 특권의식과 우월감을 가진 제자들은 자신들 외에 다른 이들을 인정하려 하지 않았는데 예수님은 당신의 이름으로 능력을 행하며 당신을 반대하지 않으면 수용할 것이라고 말씀하신다(38-42절). 예수님은 당신의 이름으로 능력을 행하는 것보다 약자에게 물 한 모금 주지 않는 것과 작은 자를 실족시키는 죄에 더 큰 관심을 가지고 계신다. 우리는 다른 모든 것을 포기하고서라도 영생을 얻어야 한다(43-50절).

✚ 묵상 : 예수는 심히 경련을 일으키는 귀신을 쫓아내는 힘은 어디에 있다고 말씀하셨나요?(막9:23,29)
예수는 어린 아이를 통해 제자들에게 어떤 교훈을 남기셨나요?(막9:37,42~43)

7월 28 July 충돌

삿11:12-40 / 행15 / 렘24 / 막10

● 사사기 11장 12-40절 입다와 암몬 자손의 왕이 땅의 문제로 충돌

우상 숭배를 함으로써 하나님의 징계의 채찍을 맞아 위기에 처한 이스라엘을 구출할 사사 입다를 소개하고 있다. 하나님은 그들을 18년 동안의 압제에서 해방시키기 위하여 입다를 세우셨다. 이에 길르앗 백성들이 입다를 장관으로 삼게 된다. 이때도 입다는 미스바에서 자신에게 있었던 일을 하나님께 다 고 함으로 하나님 앞에서도 인정을 받고 있다. 사사 입다는 지금까지의 사사들과는 조금 다른 부름의 형태를 가지고 있다.

지금까지는 하나님께서 난세에 사사를 세우시고 그가 앞장서서 싸움으로 백성들로부터 사사로 인정을 받았다. 그러나 입다는 백성들에게 먼저 사사로 세움을 받고 미스바에서 하나님께 사사로 세움 받았다는 고백을 하고 있는 것이다.

✚ 묵상 : 암몬 자손의 왕이 이스라엘을 쳐들어왔을 때에 입다는 어떻게 대답을 했나요? (삿11:12~13,15~17,19~21,23,26)
입다는 하나님께 무례하게 싸움을 걸어온 암손 자손을 물리치게 해주시면 무엇을 하겠다고 서원했나요?(삿11:29~32,34~35)

● 사도행전 15장 바울 바나바와 유대 형제들이 할례문제로 충돌

예루살렘 공의회에 관한 내용이다. 모세의 법대로 할례를 받아야 구원이 완성된다는 주장으로 인해 초대교회가 혼란스러워졌다. 교회의 지도자들이 모여 격론 끝에 '이방인도 오직 주 예수의 은혜로 구원받는다'고 선언한다. 다만 믿음이 연약한 유대 신자들을 위해 '우상의 더러운 것과 음행과 목매어 죽인 것을 멀리할 것'을 권고한다. 한편 바울과 바나바는 제2차 전도여행 시 '마가를 데리고 가는 문제'로 인하여 의견충돌을 빚게 된다.

✚ 묵상 : 바울과 바나바는 이방인을 전도함에 있어 어떤 문제에 부딪혔나요?(행15:1~2,5)
예루살렘 회의에서 할례문제를 푸는데 도움을 준 자는 누구일까요?(행15:7~10,13~20)

통일 주제 충돌 (衝突, 입장이 다른 세력이나 집단이 서로 맞서 싸움)

연합 내용 충돌에는 크게 두 종류가 있다. 암몬 자손의 왕은 소유를, 유다 백성과 바리새인은 주관적인 견해를 위해 욕심적인 충돌을 벌렸고, 바울과 바나바는 이방인에게 복음을 전하기 위하여 발전적인 충돌을 벌렸다.

● 예레미야 24장 바울 바나바와 유대 형제들이 할례문제로 충돌

본장에서는 예레미야에게 보여준 두광주리에 담긴 무화과 비유가 등장한다. 바벨론에 포로로 끌려간 자들을 좋은 무화과에, 시드기야를 비롯하여 유다에 남아 있는 자들을 나쁜 무화과에 비유하였다. 곧 하나님의 약속에 따라 사로잡혀간 자들은 약속의 땅으로 회복될 것이지만 예루살렘에 남아 있는 자들은 파멸할 것이라는 뜻이다. 이는 하나님의 뜻에 따라 순복의 결과에 따라 멸망과 회복이 결정된다는 것을 보여주고 있다.

✚ 묵상 : 예레미야는 왕과 백성이 바벨론의 포로로 잡혀갔을 때 어떤 환상을 보았나요?(렘24:1~2)
예레미야가 본 좋은 무화과와 나쁜 무화과는 누구를 가리키는 것일까요?(렘24:5~8)

● 마가복음 10장 예수님과 바리새인들이 이혼문제로 충돌

예수님은 사회적 약자인 여성과 어린이에 대한 바른 이해와 태도를 요구한다(1-16절). 모세의 율법에 '이혼할 때 이혼증서를 써 주라'는 것은 이혼의 합법화를 말하는 게 아니라 억울하게 버려지는 여성의 권리 보호를 위한 불가피한 조치임을 기억해야 한다. 사람들은 하나님의 선한 뜻을 왜곡한다. 영생의 길을 가는데 있어 방해가 되는 것은 내려놓아야 한다(17-22절). 그러나 부자청년은 재물을 가장 소중히 여겼기에 내려놓을 수 없었다. 예수님은 재물에 대해 경고하신다(23-31절). 예수님은 마지막 수난예고를 하시면서 그가 이 땅에 오신 이유를 말씀하신다(32-45절). 바디매오의 기도처럼 우리는 주님께 그저 불쌍히 여겨 달라고 기도할 수밖에 없는 존재다(46-52절).

✚ 묵상 : 예수님은 바리새인들에게 이혼과 간음에 대하여 어떻게 교훈하셨나요?(막10:2~9,11~12)
재물이 많은 사람과 야고보, 요한에게는 각각 어떤 욕심이 있었나요?(막10:21,35~37)

기 도

- 주여, 예상치 못한 충돌이 생겼을 때 지혜로운 답변과 대응을 하게 하옵소서.
- 주여, 복음 전파에 걸림돌이 있으면 과감하게 제거하고 나가게 하옵소서.
- 주여, 그리스도인으로서 재물과 권세와 명예에 욕심을 부리지 않게 하옵소서.

7월 **29** July

무례

삿12 / 행16 / 렘25 / 막11

● 사사기 12장 에브라임 사람들이 입다에게 무례함으로 패함

이스라엘의 초기 사사 시대는 그래도 사사들이 있을 때는 하나님의 은혜가 그들 가운데 있었고 평화가 있었다. 그러나 후기 사사 시대로 접어들면서 이스라엘의 국운에는 어두운 그림자들이 드리우는 것 같다. 급기야 사사시대에 동족의 전쟁이라는 불행을 낳게 된다. 입다는 그의 서원으로 혼란한 시기를 지나고 있었다. 그 입다의 고난은 이것이 끝이 아니었다. 더 큰 문제가 발견되었는데 에브라임 지파로부터 생긴 것이었다.

에브라임 사람들이 입다를 찾아와서 그들이 암몬과 싸울 때에 왜 자신들을 부르지 않았느냐는 것이다. 에브라임 지파의 이런 행위는 처음이 아니다. 기드온이 전쟁에 승리하고 난 뒤 도망가는 미디안 두 왕들을 죽이고 기드온에게 와서 처음부터 전쟁에 참여하게 하지 않았다는 이유로 따진다. 기드온은 그의 온유함과 겸손함으로 에브라임을 설득했지만 입다는 그렇게 하지 않았다.

✚ 묵상 : 에브라임 사람들이 패배하고 42,000명이 죽게 된 이유는 무엇일까요?(삿12:1~4,6)
사사 입산과 압돈에게 자녀와 손자가 많았다는 것은 무엇을 의미할까요?(삿12:9,14)

● 사도행전 16장 상관들이 로마사람 바울에게 무례함을 뉘우침

바울은 루스드라에서 디모데를 만난다. 바울은 유대인들에게 복음을 보다 용이하게 전하기 위해 디모데에게 할례를 행한다(1-3절). 선교를 주관하시는 하나님은 아시아 선교를 원하는 바울에게 마게도냐인의 환상을 보여주시며 유럽 선교로 이끄신다(4-10절). 성령의 인도하심을 따라 마게도냐로 건너간 바울 일행은 하나님이 예비하신 동역자 루디아를 만난다(11-15절). 바울은 기도하러 가다가 귀신들린 여종을 예수님의 이름으로 고치게 되는데 이 일이 발단이 되어 억울하게 매를 맞고 투옥되었다(16-40절). 그러나 이것은 간수의 가정을 구원하시려는 하나님의 크신 계획이 있었다.

✚ 묵상 : 바울이 루스드라와 빌립보에서 만난 두 사람은 어떤 사람이었나요?(행16:1~2,12~14)
바울과 실라가 빌립보 감옥에 갇힌 이유와 나온 방법은 무엇이었나요?(행16:19~26)

통일 주제 무례 (無禮, 지나치게 자기중심적이고 예의가 없음)

연합 내용 충돌에는 크게 두 종류가 있다. 암몬 자손의 왕은 소유를, 유다 백성과 바리새인은 주관적인 견해를 위해 욕심적인 충돌을 벌렸고, 바울과 바나바는 이방인에게 복음을 전하기 위하여 발전적인 충돌을 벌렸다.

● 예레미야 25장 모든 나라가 여호와께 무례함으로 재앙을 당함

때는 바벨론이 앗수르를 무찌르고 갈그미스 전투에서 애굽을 물리침으로 명실상부한 당시의 패권 국가가 되었던 시기이다.

이 유명한 25장은 두 부분에서 확연히 나누어진다. 먼저 1절부터 14절까지에는 70년간의 포로생활에 대한 예언이 담겨져 있으며, 15절부터 38절까지는 '분노의 잔'에 대하여 말하고 있다.

✚ 묵상 : 불순종한 유다를 향해 하나님이 계획하신 내용은 무엇이었나요?(렘25:3~7,9~11)
여호와 하나님의 진노의 재앙이 모든 나라에 임할 때 목자와 인도자들은 무엇을 하라고 하셨나요?(렘25:17~26,29,32~34,37)

● 마가복음 11장 성전에서 매매하는 자들의 무례함을 꾸짖으심

예수님은 나귀를 타고 예루살렘에 입성하신다(1-10절). 이로써 나귀를 타시는 고난 받는 종에 관한 스가랴의 예언이 성취된다(슥 9:9). 십자가의 고난과 죽음을 이해하지 못하는 제자들과 군중들은 저마다 자기가 꿈꾸는 메시야를 상상하며 예수님께 환호를 보냈다. 예수님은 잎만 무성하고 열매를 기대할 수 없는 무화과를 저주하신다(11-14절). 그 시대의 지도자들과 백성들의 열매 없는 삶을 드러내신 것입니다. 성전으로 가신 예수님은 매매하는 자들에 대해 분노하셨다(15-19절). 그들은 기도의 장소를 타락한 이권의 장소로 전락시켰다. 말라버린 무화과는 그 시대의 종교 지도자들에게 대한 무서운 경고다(20-26절). 유대 종교 지도자들이 예수님의 권위에 대해 질문했지만 예수님의 역질문을 받고 여론을 의식하여 답을 하지 못한다(27-33절). 그들은 진리보다 자신들의 안위를 더 중요하게 여겼다.

✚ 묵상 : 예수님은 무화과나무를 저주하신 후 나무가 마른 것을 보고 질문하는 제자들에게 어떤 교훈을 하셨나요?(막11:12~14,20~25)
예수님은 성전 안에서 매매하는 자들에게 성전이 무엇이라고 가르치셨나요?(막11:15~17)

기 도

- 주여, 지나친 이기와 쓸데없는 고집으로 실패와 재난을 부르지 않게 하옵소서.
- 주여, 주 예수 그리스도의 복음을 전하는데 좋은 동역자를 만나게 하옵소서.
- 주여, 저주와 채찍의 대상이 아니라 축복과 은혜의 대상이 되게 하옵소서.

7월 30 July 기회

삿13 / 행17 / 렘26 / 막12

● 사사기 13장 마노아 부부에게 찾아온 아들 얻을 기회

범죄한 이스라엘이 40년 간 블레셋의 압제를 받고 있을 대 사사 삼손이 새롭게 등장한다. 하나님은 이스라엘 백성들에게 지금까지 없었던 큰 고난을 블레셋으로부터 주게 된다. 무려 40년이나 고난은 계속되었다. 한 세대가 지나고 있는 것이다. 사람들은 이제는 이스라엘이 회복하기가 어렵겠다고 생각하고 포기할 때 하나님은 일하시고 계셨다. 단 지파에 마노아라는 가정이 있었는데 그 가정에서 하나님은 한 구원자를 내시고 있었다.

사사 중에 가장 많은 분량을 차지하는 사사가 삼손이다. 또 그의 전 일대기를 상세하게 보도하고 있다. 하나님은 삼손의 이야기를 통해 하나님 나라의 방향성을 보여주고 계신다.

✚ 묵상 : 이스라엘 자손이 여호와의 목전에 악을 행함으로 40년간 블레셋 압제를 받고 있을 때 주의 사자는 누구에게 나타나셨나요?(삿13:1~3,8,11)
마노아와 그의 아내는 어떤 신앙과 인격과 지혜를 가지고 있었나요?(삿13:3~6,8.12,15,17,19,22~23)

● 사도행전 17장 바울과 실라에게 찾아온 복음 전할 기회

바울은 데살로니가에서 약 3주 정도 사역하다가 유대인들의 핍박으로 쫓겨났다(1-9절). 그럼에도 불구하고 하나님은 데살로니가에 믿음의 공동체를 탄생시키셨다. 복음은 생명을 가지고 있기에 가능한 일이다. 데살로니가에서 쫓겨 난 바울 일행은 베뢰아로 가게 된다. 베뢰아 사람들은 말씀을 묵상하는 사람들이었다(10-15절). 말씀에 대한 사모함은 많은 열매로 이어졌는데 데살로니가의 유대인들이 또 나타나 방해함으로 바울은 아덴(=아테네)으로 이동하게 된다. 철학이 발달하고 토론을 좋아하며 종교성이 많은 아덴 사람들을 대상으로 바울은 날마다 복음을 위한 변론을 하게 된다(16-23절). 바울은 하나님의 위대한 창조 사역과 부활의 복음을 증거한다(24-34절).

✚ 묵상 : 바울과 실라는 데살로니가와 베뢰아의 회당에서 어떤 말씀을 전했나요?(행17:1~3,10~11)
바울은 아덴 아레오바고에 서서 어떤 내용의 복음을 전했나요?(행17:22~31)

기 도

- 주여, 나라가 위기에 있을 때에 우리의 자녀 중에 지도자가 나오게 하옵소서.
- 주여, 환난과 핍박 중에도 오직 복음만을 증거하는 전도자가 되게 하옵소서.
- 주여, 하나님 사랑을 제일로 삼고 정성껏 헌금하는 신앙인이 되게 하옵소서.

통일 주제 기회 (機會, 어떠한 일이나 행동을 하기에 가장 좋은 때나 경우)

연합 내용 기회는 하나님이 우리에게 주시는 가장 큰 선물 중에 하나다. 성도는 득남의 기회, 전파의 기회, 회개의 기회, 변화의 기회 등을 간과하지 말고 더 나은 모습으로 주 앞에 서기 위해 최선을 다해야 한다.

● 예레미야 26장 유다 지도자들에게 찾아온 회개할 기회

여호야김은 유다의 왕들 가운데 특히 가장 비열한 왕으로 나타나 있다. 그는 하나님께 경건하지도 않았으며 백성을 의롭게 다스리지도 않았다. 경건한 예레미야는 악을 행하는 여호야김과 계속해서 맞섰다. 이처럼 의롭지 못했던 왕은 자신의 죄악을 대담하게 큰 소리로 탄핵하고 고발하는 선지자를 미워하였음에 틀림이 없다. 예레미야는 천성적으로 과민하고 민감했다. 그는 스스로를 "아이"라고 말하였으며, 그와 같은 어려운 시기에 태어난 것을 한탄하였다.

예레미야가 마침내 유다 백성에게 고소당하여 재판받게 되는 사실을 소개하고 있다. 특히 유다의 종교 지도자들의 고소와 그에 따른 예레미야의 변론 및 재판 결과 등이 소개되고 있다.

✚ 묵상 : 예레미야는 여호와의 성전 뜰에 서서 예배하는 자에게 어떤 예언의 말씀을 전했나요?(렘26:2~6)
예레미야의 예언의 말씀을 들은 제사장들과 선지자들과 모든 백성은 어떤 결정을 내렸나요?(렘26:7~8,11)

● 마가복음 12장 바리새인과 서기관에게 찾아온 변화의 기회

주인이 먼 타국에 있는 동안 농부들은 주인이 보내는 종들을 때리고, 능욕하고 심지어 죽이기까지 합니다. 주인의 아들까지 죽인다. 주인의 아들을 죽이면 포도원이 그들의 것이 될 수 있을까요? 그들은 언젠가는 돌아올 그들의 주인(주권자)이 있다는 사실 자체를 잃어버렸다. 때가 되면 주인이 와서 심판할 것이다.

세금문제에 있어서 예수님은 로마정부에 세금납부하는 것을 반대하지는 않으면서(무력투쟁을 주창하는 열렬분자가 아님), 도리어 가이사의 형상이 새겨진 동전에 관하여 질문하심으로서 인간은 하나님의 형상으로 창조되었다는 사실을 상기시키신다. 즉, 세금문제에 대한 논쟁을 통해 인간이 궁극적으로 기야할 길인 하나님을 섬기는 일에 대하여 가르치신다. "하나님의 것은 하나님께 바치라"(17절)

✚ 묵상 : 예수님은 한 서기관에게 모든 계명 중에 첫째가 무엇이라고 말씀하셨나요?(막12:28~31)
예수님은 서기관들과 가난한 과부를 통해 각각 어떤 교훈을 남기셨나요?(막12:38~44)

7월 31 July 의도

삿14 / 행18 / 렘27 / 막13

● 사사기 14장 블레셋을 물리치려는 삼손의 의도

위기의 이스라엘을 구원하고 나실인으로 하나님을 위해 살아야 할 삼손은 이방 여인과 결혼하려 하고 죽은 사람의 시체를 접촉하는 등 겉보기에 나실인으로서 맞지 않는 행동을 취하였다. 사람이 서 있어야 하는 자리에 서 있고 해야 하는 일을 하는 것이 얼마나 어려운 일인지 모른다. 그래서 이런 일들을 감당해야 할 때 사명감이 필요한 것이고 은혜가 필요한 것 같다. 내려가고 올라가는 일들의 연속적으로 일어나는 일들이 있다.

이것은 삼손이라는 인물을 통해 하나님께서 이스라엘에게 다시 기회를 주시고 있는 것인데 삼손의 약함을 사용하시고 계시는 것으로 이해해야 한다. 삼손에게 두 여인이 나온다. 딤나 여인과 들릴라이다. 이 둘은 다 블레셋 여인들이다.

하나님은 이스라엘 백성이 특별히 가나안의 일곱 족속과 서로 혼인관계를 맺는 것을 금지하셨는데, 블레셋 족속은 그 목록 속에 포함되어 있지 않았다. 그럴지라도 삼손의 선택은 잘못된 것이었다(참고, 3절). 삼손은 여기서 죄를 범하고 있다. 그러나 하나님은 주권자이시며, 그분의 뜻을 이루는 쪽으로 상황을 바꾸실 수 있었다(4절).

✚ 묵상 : 삼손이 블레셋을 치려는 계획과 블레셋 사람의 딸을 아내로 맞는 것은 어떤 연관이 있는 것일까요?(삿14:1~4)
삼손은 잔치에 온 30명의 친구에게 어떤 수수께끼를 냈으며 그 의도는 무엇이었을까요?(삿14:11~14,19)

● 사도행전 18장 복음전파를 위해 머물려는 바울의 의도

바울의 고린도에서의 전도이야기다. 바울은 브리스가와 아굴라를 만나 동역하게 된다. 여전히 유대인들은 바울을 훼방하였지만, 회당장 그리스보의 식구들을 포함한 많은 이방인들이 바울의 선포와 가르침으로 인해 믿게 되었고, 세례도 베풀게 된다(8절). 사실 고린도는 영적으로 어두운 매우 타락한 도시다. 그곳에 복음의 역사가 일어나기 시작한 것이다.

✚ 묵상 : 바울이 고린도에서 일년 육 개월 동안 복음을 전할 수 있었던 것은 어떤 조건 때문이었을까요?(행18:2~3,5,7~11)
바울은 에베소, 가이사랴, 안디옥, 갈라디아에서 어떤 사역을 했나요?(행18:19,22~23)

통일 주제 의도 (意圖, 무엇을 이루려고 꾀하는 것)

연합 내용 하나님은 모든 사람을 구원하시기 위해 선한 의도를 가지시고 계획을 세우시며 사람을 보내신다. 특히 범죄한 영혼과 민족을 구원하시기 위해 회개를 촉구하실 목적으로 멸망과 종말의 징조를 예언해 주신다.

● 예레미야 27장 유다 민족을 살리시려는 하나님의 의도

당시 유다의 시드기야 왕은 바벨론의 침공에 대비하여 애굽 등과 반바벨론 동맹을 체결했다. 이러한 때에 예레미야는 유다와 주변국들의 멸망을 예언하며, 하나님의 심판의 도구인 바벨론에게 항복하여 그 멍에를 기꺼이 메라고 권한다. 따라서 바벨론에 끝까지 대항할 것을 독려한 거짓 선지자들과의 충동을 피할 수 없었다.

✚ 묵상 : 하나님이 지상의 사람과 짐승들과 땅을 바벨론에게 주신 이유는 무엇일까요?(렘27:2~8)
예레미야는 유다의 왕과 제사장들과 모든 백성에게 어떤 권면을 했나요?(렘27:11~12,14,16~17)

● 마가복음 13장 구원을 위해 종말을 예언하신 주의 의도

종말의 징조는 거짓 그리스도와 거짓된 진리의 난무, 민족 혹은 나라간의 극심한 대립, 기근과 지진 등 자연재해 그리고 복음으로 인한 핍박과 고난이다(1-13절). 멸망의 가증한 것은 더러운 우상숭배를 의미한다(14절). 경건한 하나님의 백성들이 고통을 당하게 되고(14-19절) 거짓 그리스도와 거짓 선지자들이 믿는 자도 미혹할 것이다(20-23절). 종말의 큰 혼란과 이변, 핍박은 예수님의 재림과 함께 종결된다(24-27절). 그러므로 다시 오시는 예수님은 믿는 자의 위로요 소망이다. 재림의 구체적인 날은 알 수 없지만 징조를 통해 임박했음은 알 수 있다(28-32절). 우리는 다시 오실 주님에 대한 참 믿음을 가지고 영적 대비태세 속에서 남은 인생을 살아가야 한다(33-37절).

✚ 묵상 : 예수님은 성전이 파괴되는 마지막 때에 어떤 징조가 있다고 말씀하셨나요?
(막13:2,4~10,14,22,24~26)
예수님은 마지막 때에 꼭 해야 할 일이 무엇이라고 말씀하셨나요?(막13:28~29,33,35)

기 도

- 주여, 범사에 선한 의도로 일을 함으로 하나님께 영광을 돌리게 하옵소서.
- 주여, 머물거나 떠나거나 오직 복음을 위해 결정하는 사역자가 되게 하옵소서.
- 주여, 마지막 때에 나타날 징조들을 미리 알고 깨어 준비하게 하옵소서.

8월 01 August

구실

삿15 / 행19 / 렘28 / 막14

● 사사기 15장 삼손이 아내의 일을 구실로 블레셋을 멸함

삼손은 블레셋 사람들에게 속은 후 결혼식이 마무리 되지 않은 채 집으로 돌아가 버렸다. 그리고 시간이 지나 그는 화해하고자 하는 마음으로 염소 새끼를 끌고 딤나로 내려가게 된다. 그런데 장인은 삼손이 집으로 들어오는 것을 거부하게 된다. 왜냐하면 그 딸을 결혼식에 함께했던 친구에게 주었기 때문이다. 그 장인은 삼손에게 사실대로 이야기하고 대신 그 여동생과 결혼하면 안 되겠느냐고 말한다.

한편 삼손은 이스라엘을 괴롭히는 블레셋 사람들을 물리치는 일에 앞장선다. 삼손은 나귀 턱뼈 하나로 블레셋 군사 1,000명을 죽이는 대승을 거둔다. 이 같은 삼손은 인간 삼손의 위대함이 아니라 그에게 힘과 능력을 주시고 대적을 무찌르게 하신 하나님의 절대적인 후원 때문에 가능한 일인 것이다.

✚ 묵상 : 삼손은 아내의 일로 블레셋 사람들에게 어떤 일을 진행했나요?(삿15:1~7)
유다 사람들이 삼손을 결박하여 블레셋 사람들에게 넘겼으나 하나님은 어떻게 삼손에게 역사하셨나요?(삿15:10~15,18~19)

● 사도행전 19장 데메드리오는 복음을 구실로 불법집회를 선동함

바울은 에베소에서 2년간 사역한다. 그의 사역은 우상과 관련된 사업을 하는 사람들에게는 위협이 되었다. 그들로 인하여 큰 소동이 일어나기도 한다. 서기장의 합리적인 설득으로 그들의 광기는 잠잠해 지긴 했지만, 바울은 복음을 전하는 현장에서 늘 위협과 위험에 노출된다. 그러나 복음을 경험한 자는 결코 잠잠할 수 없다. 지금까지 세상은 그리스도의 제자들을 이길 수 없었다. 복음을 위해 생명을 건 사람들을 세상이 감당할 수 없다.

✚ 묵상 : 은장색 데메드리오는 왜 에베소 사람을 선동하여 불법집회를 열었나요?(행19:23~29)
불법집회를 차분하고 조리있는 말로 해산시킨 사람은 누구일까요?(행19:35~41)

통일 주제 구실 (口實, 핑계로 삼을 조건이나 변명할 거리)

연합 내용 삶과 일에 있어서 타당한 구실은 합당한 이유가 되지만 거짓된 구실은 범죄를 낳는다. 데메드리오와 하나냐와 대제사장은 자기들의 이익을 위해 그럴듯한 구실을 말함으로 사악한 결과를 만들어 냈다.

● 예레미야 28장 하나냐가 주의 이름을 구실로 거짓 예언을 함

본장에서는 예레미야 선지자와 거짓 선자 대표적인 하나냐의 직접적인 충돌이 언급되어 있다. 70년 뒤의 유다 회복이라는 소망을 간직하고 있던 예레미야가 이미 바벨론에 포로로 잡혀 있던 자들에게 위로와 격려의 메시지를 전한 내용이다. 반면에 선지자 하나냐는 유다가 2년에 회복될 것이라고 예언하였다. 하나님께서는 하나냐의 예언이 거짓됨을 증명하기 위해 그의 죽음을 예고했는데 그 예언은 그대로 이루어졌다.

✚ 묵상 : 시드기야 왕 때에 거짓 선지자 하나냐는 백성들 앞에 어떤 예언을 했나요?(렘28:1~4)
참 선지자 예레미야는 하나냐에게 어떤 하나님의 말씀을 전했나요?(렘28:12,14~17)

● 마가복음 14장 대제사장이 신성모독을 구실로 예수를 죽임

메시야의 원래의 의미는 '기름부음을 받은 자'이다. 이스라엘에서는 왕, 제사장, 선지자의 경우 기름부음을 받았다. 예수님을 사랑하는 마음으로 향유옥합을 깨뜨린 여인이 행한 일은 곧 예수님을 메시야로 선포하는 의미를 갖게 된다. 예수님은 여인의 행한 일은 복음과 함께 전파될 것이라고 말씀하신다(9절). 이어지는 유월절 만찬에서 예수님은 제자들과 떡과 잔을 나누신다. 떡과 잔은 메시아의 사역을 함축하고 있다.

새벽미명에 늘 기도하시던 예수님은 겟세마네 동산에서 그의 공생애 중 가장 처절한 기도를 드리신다. 예수님은 하나님의 뜻을 이미 알고 계신다. 그러나 그 뜻을 이루는 길을 정말 험난했기에, 땀방울이 핏방울이 될 정도의 기도를 드리신다. 우리도 그렇다. 무엇이 옳은지 안다고 그대로 행해지지 않는다. 말씀대로 행하기 위해 많은 기도, 때론 처절한 기도가 필요하다.

✚ 묵상 : 대제사장들과 서기관들에 예수를 잡아 죽이려는 흉계는 결국 누구에 의해서 이루어졌나요?
(막14:1,10~11,18~21,44~46,61~65)
예수가 잡히시기 전에 있었던 은혜로운 일들은 무엇일까요?(막14:3,6~9,13~15,22~25)

기 도

- 주여, 주님을 빙자하여 이익을 추구하는 자가 되지 않게 하옵소서.
- 주여, 자기의 뜻과 감정으로 거짓말을 하여 영혼을 미혹하지 않게 하옵소서.
- 주여, 예수를 모른다고 부인하거나 주를 다시 못박는 자가 되지 않게 하옵소서.

8월 02 August 수난

삿16 / 행20 / 렘29 / 막15

● 사사기 16장 힘의 비밀을 말함으로 블레셋에게 수난 당함

본장에서 나실인으로 구별된 하나님의 백성이 정체성이 흔들릴 때 어떤 일들이 일어나는지 그럼에도 하나님께서 그의 나라를 어떻게 세워나가는 가를 알게 해주는 사람이 삼손이라는 인물이다. 삼손은 블레셋을 물리치고 이스라엘의 사사로 20년을 지내게 된다. 성경은 삼손이 지낸 20년 동안의 평화는 말하지 않았다. 대신에 그의 마지막에 대한 부분은 자세하게 기록하고 있다. 삼손은 들릴라의 유혹에 빠져 머리에 삭도를 대지 말라는 나실인의 규례를 깨뜨렸다. 그 결과 두 눈이 뽑히고 조롱거리가 되었으나 마지막으로 자기 몸을 던져 대적을 멸하는 길을 택하였다.
하나님께서 가나안으로 들어가는 이스라엘 백성들에게 왜 그 땅의 사람들을 살려두지 말고, 그 신들을 알려하지 말라고 했는지 알 것 같다. 그들은 아름다운 것이다. 하나님을 떠나게 만들 정도로 아름답고 유혹이 강하다는 것을 말해 주고 있다.

✚ 묵상 : 삼손은 사랑하는 들릴라에게 자기 힘의 원천이 어디에 있다고 말했나요?(삿16:7,11,13)
진실을 말한 삼손은 어떤 일을 당했으며 마지막 기도는 무엇이었나요?(삿16:19~21,25~30)

● 사도행전 20장 복음을 전하면서 유대인들에게 수난을 당함

그 유명한 바울의 고백이 등장한다. "내가 달려갈 길과 주 예수께 받은 사명 곧 하나님의 은혜의 복음을 증언하는 일을 마치려 함에는 나의 생명조차 조금도 귀한 것으로 여기지 아니하노라"(23절) 환난이 기다린다 해도 자신이 가야할 사명의 길을 가기로 바울은 결단한다. 그는 본래 교회를 무너뜨리려고 열심을 냈던 자신에게 복음의 비밀을 알게 하시고, 사도로 부르신 은혜를 아는 사람이었다. 구원받기 합당하지 않았던 자신을 부르신 그 은혜 때문에 멈출 수가 없었다. 우리에게 복음이 주는 이런 감격이 회복되기를 소망한다.

✚ 묵상 : 바울이 드로아에서 말씀을 오래 강론할 때에 졸다가 떨어져 죽은 자는 누구이며 바울은 그를 어떻게 살렸나요?(행20:7~12)
바울이 밀레도에서 에베소 장로들을 초청하여 말한 내용은 무엇일까요?(행20:17~24,28~31)

통일 주제 수난 (受難, 견디기 힘든 어려운 일을 당함)

연합 내용 선택된 자가 사명감당을 위하여 하나님 앞에서 당하는 수난은 타인을 위한 헌신이다. 사사나 사도나 선지자나 예수 그리스도는 하나님의 선택을 받아 정한 때에 힘든 수난을 감당함으로 주의 뜻을 이루었다.

● 예레미야 29장 주의 말씀을 전함으로 스마야에게 수난 당함

예레미야는 바벨론에 포로로 잡혀 간 자들에게 편지를 띄워 칠십년 간 속박이 계속될 것이며 고국으로 돌아가려는 그들의 노력은 아무 소용이 없게 될 것이라는 사실을 환기시키고 있다.

예레미야 선지자는 바벨론에 포로로 끌려간 유다 백성들에게 하나님의 약속이 변하지 않았으며, 따라서 거짓 선지자들의 유혹을 경계하라는 편지를 썼다. 그런데 포로 된 자들 가운데 스마야가 이 편지에 반발하여 예레미야를 옥에 가두도록 하는 답장을 보내왔다. 이 일로 스마야는 약속이 성취되는 것을 보지 못하고 죽으리라는 저주를 받았다. 스마야의 태도와 그 결과는 하나님에게 반역하는 자의 최후를 보여준다.

✚ 묵상 : 하나님은 예레미야를 통해서 포로로 잡혀가는 유다 백성들에게 바벨론에서 어떻게 생활하라고 말씀하였나요?(렘29:4~10)
하나님은 거짓을 말한 스마야를 어떻게 하시겠다고 말씀하셨나요?(렘29:26~28,31~32)

● 마가복음 15장 대제사장과 백성과 빌라도에게 수난을 당함

예수님을 두고서 불의한 재판이 벌어진다. 빌라도는 여론에 의해 사형을 언도하는 중대한 실책을 범하게 된다(1-15절). 로마 군병들은 십자가형이 언도된 예수님에게 모욕과 수치를 안겨주며 골고다 언덕으로 예수님을 끌고 간다(16-23절). 예수님이 십자가에 못 박히신 이후에도 그를 향한 조롱은 멈추지 않는다(24-32절). 우리 대신 하나님으로부터 버림받으신 예수님은 십자가에서 물과 피를 다 쏟으시고 운명하셨다(33-47절). 휘장의 찢어짐은 죄로 인해 하나님과 인간 사이의 막혔던 담이 허물어졌음을 의미한다. 놀랍게도 십자가 현장에 있던 로마의 백부장은 예수님의 하나님의 아들 됨을 고백한다. 아리마대 요셉은 예수님의 시신을 거두어 무덤에 안치한다.

✚ 묵상 : 대제사장들과 서기관들이 백성을 충동하여 예수를 십자가에 죽이고자 할 때에 주님이 당하신 고난은 어떠했나요?(막15:1,11~15,17~20,22~25,29~34,37)
예수님의 수난과정에 의미있게 등장한 두 남자는 누구일까요?(막15:21,42~46)

기 도

- 주여, 주가 주신 사명과 능력을 유혹으로 인해 잃어버리는 일이 없게 하옵소서.
- 주여, 주의 사역을 감당할 때 바울처럼 진실하고 성실하고 뜨겁게 하옵소서.
- 주여, 주의 수난을 생각하면서 자기 십자가를 달게 지고 주를 좇게 하옵소서.

8월 03 August 소견

삿17 / 행21 / 렘30-31 / 막16

● 사사기 17장 신앙생활에 대한 미가의 그릇된 소견

17장은 이스라엘의 사회적인 부패와 무질서 그리고 종교적인 암울함을 소개하고 있다. 시대의 변화는 하루아침에 일어나는 것이 아니다. 이스라엘은 사사 시대를 마무리하고 있다. 우리 몸의 중대한 질병도 하루아침에 생겨나는 것이 아니다. 처음에는 별것 아닌 것으로부터 시작했다가 우리 자신이 자각하지 못하는 사이에 커지게 되고 결국에 죽음에 이르는 질병으로 발전하는 것이다. 사사기 끝 부분은 두 가지의 중대한 사건을 대표적으로 소개하면서 왜 사사 시대가 막을 내리고 있는가를 말하고 있다. 이것이 본장의 본문부터 나오는 미가 신상 사건과 레위인의 첩 사건이다.

✚ 묵상 : 에브라임 산지에 살고 있는 미가는 어떤 신앙을 가지고 있었나요?(삿17:4~6,9~10)
유다 베들레헴에 살던 레위인 한 청년은 어떻게 하여 미가의 집에 제사장이 되었나요?(삿17:7~12)

● 사도행전 21장 복음 전파에 대한 바울의 사명적 소견

바울은 밀레도를 떠나 긴 항해 끝에 두로, 돌레마이를 거쳐 가이사랴에 도착하는데 예루살렘이 가까울수록 더욱 위험하다(1-14절). 그러나 사명을 위해 목숨을 건 바울은 이방인 교회에서 모은 연보를 가지고 마침내 예루살렘에 도착한다(15-20절). 바울의 선교 보고를 들은 예루살렘 교회는 이방인들이 구원받게 된 것을 기뻐한다. 한편 바울은 예루살렘 교회 장로들의 제안으로 정결례를 행하게 되는데 이는 율법 파괴자라는 일부의 오해를 풀기 위함이다(20-26절). 예상한대로 바울은 율법을 어기고 성전을 유린했다는 죄로 고소를 당하였고 소요가 발생하자 천부장이 개입하여 고소에 대한 사실관계를 확인하려 한다(26-40절).

✚ 묵상 : 성령이 지속적으로 제자들과 선지자를 통해서 바울이 예루살렘에서 결박될 것을 예언했을 때 바울 스스로는 어떤 선택을 했을까요?(행21:4,9~14)
예루살렘의 제자들은 바울에게 어떤 상황과 어떤 대안을 말했나요?(행21:20~24,26)

기 도

- 주여, 지도자나 성도가 그 신앙생활의 동기와 방법을 바로 갖게 하옵소서.
- 주여, 오직 복음을 위하여 자신을 희생하고 순교도 불사하는 마음을 주옵소서.
- 주여, 부활신앙과 치유권세를 가지고 담대히 복음을 전하는 자가 되게 하옵소서.

통일 주제 소견 (所見, 일이나 물건또는 사건을 보고 느끼는 생각이나 의견)

연합 내용 모든 사람은 자신의 소견대로 말하고 행동한다. 그 소견이 주 뜻과 말씀에 비춰볼 때 바르면 유익하나, 자신의 뜻과 세상의 풍조를 따르는 것이라면 무익하고 그 결과는 어두움과 심판이다.

예레미야 30-31장 회복에 대한 예레미야의 대언적 소견

30: 이제부터 예레미야는 택한 백성의 구원과 회복에 관한 메시지를 전한다. 그중 본장은 백성의 회복에 대한 서론으로 북이스라엘과 남유다의 궁극적인 회복에 대한 메시지와 장차 임할 회복의 날에 누릴 기쁨과 자유함에 대한 비전, 시온의 상처가 하나님의 은혜로 치료될 것에 대한 약속, 그리고 반대로 하나님의 은혜를 끝까지 거부하는 자에게 내려질 심판 등을 선포한다.

31: 본장에서 예레미야는 남북 왕국을 통틀어 이스라엘 백성 전체의 회복에 대한 메시지를 선포한다. 예레미야는 우선적으로 북이스라엘의 회복에 대한 하나님의 생생한 약속을 선포하고 백성들의 회개를 촉구한다. 또한 남왕국 유다의 회복과 그 회복에 따른 영육간의 행복과 평화의 약속을 선포하고 남북 왕국에 속한 선민 이스라엘은 누구라도 본토로 돌아가게 되리라는 약속을 선포한다.

✚ 묵상 : 예레미야는 이스라엘과 유다의 포로에 대한 하나님의 계획이 무엇이라고 선포했나요? (렘30:3,7~11,17~22)
여호와는 새 언약을 통해 이스라엘과 어떤 관계와 어떤 회복을 이루신다고 하셨나요? (렘31:1,4~5,9~10,12~14,16~17,20,23,27~28,31,33)

마가복음 16장 부활에 대한 제자들의 불신앙적 소견

3명의 충성스런 여성 제자들이 예수님의 부활을 목격하고 증언하는 중요한 역할을 담당한다. 1세기의 여성은 지위가 매우 낮았고, 증인으로서 인정을 받지 못했으며, 특히 당시 종교적인 역할과 기능에서 철저히 배제되어 있었다. 그럼에도 불구하고 여성에 의해 부활의 소식이 전해졌다고 하는 것은 부활이 결코 조작일 수 없으며, 있는 그대로의 사실이 기록된 것임을 반증하는 것이다. 부활하신 주님이 우리에게 주신 명령이다. "너희는 온 천하에 다니며 만민에게 복음을 전하라"(15절)

✚ 묵상 : 예수님의 부활에 대한 제자들의 소견과 반응은 어떠했나요?(막16:6~8,10~13)
부활하신 예수님은 믿지 않는 제자들에게 나타나셔서 어떤 명령을 하셨나요?(막16:15~18)

8월 04 August 입장

샷18 / 행22 / 렘32 / 시1-2

● 사사기 18장 단지파의 제안에 대한 청년 제사장의 입장

18장은 모세오경이 칭의를 생각나게 한다면 여호수아나 사사기 말씀은 성화를 생각나게 하는 말씀이다. 하나님께서 백성들 중에서 의롭다 칭해주시는 것이다. 의롭게 된 백성은 그것으로 완성된 것이 아니다. 그들에게는 의롭게 살아야 하는 사명이 존재하는 것이다.

이스라엘 백성들은 조상 때부터 하나님의 특별한 은혜를 받고 살아온 민족이었다. 그래서 하나님께서 하나님의 의로 이스라엘을 가나안에 밀어 넣으셨다. 은혜를 베풀어 주신 것이다. 그리고 그들에게 이제는 그 땅을 정복하며 하나님을 왕으로 모시고 살라는 거룩한 사명을 주신 것이다.

본장에서는 아직 거할 기업을 확보하지 못한 단 지파 사람들은 가나안 북부 지역에 정착하게 된다. 그런데 이 과정에서 단 지파는 미가의 신상을 무력으로 취하여 자기 처소에 보존하고 그것을 섬김으로써 극악한 우상 숭배의 조악에 빠져든다.

✚ 묵상 : 단 지파가 기업을 얻기 위하여 용맹스런 다섯 명의 정탐꾼을 라이스 땅으로 보냈을 때 그들은 누구의 집에 유숙했나요?(삿18:1~2,7,14)
단 지파는 미가의 집에서 무엇을 훔쳐 갔으며 라이스 땅을 점령했을 때 무엇을 만들어 세웠나요?(삿18:18~20,24,27~31)

● 사도행전 22장 율법주의자들의 반발에 대한 바울의 입장

바울은 철저한 유대인으로 자라 율법에서 벗어난 적이 없었고 유대인에게 존경받는 가말리엘의 제자였음을 강조하며 어떻게 예수 그리스도를 만나게 되었는지 그 과정에 대해 간증한다(1-21절). 군중들은 바울의 이야기를 다 들으려 하지 않고 분노하며 소요를 일으키려 한다(22-30절). 천부장은 바울을 채찍질하여 그의 혐의에 대한 정보를 얻으려 했으나 그가 로마시민권자임을 알고 물러난다. 천부장은 군중의 여론에 의해 정당한 절차 없이 로마 시민권자를 체포하는 실수를 범했다.

✚ 묵상 : 바울은 핍박하는 유대인들 앞에서 자신의 과거를 어떻게 말했나요?(행22:3~5)
바울은 부활의 주님을 만난 후 어떤 소명을 받았다고 간증했나요?(행22:7~8,10,21)

통일 주제 입장 (立場, 어떤 관점의 바탕을 이루는 기본 테두리의 생각과 태도)

연합 내용 사람은 대상적 관계 속에서 창조되었다. 근본적으로는 하나님을, 태어나면서부터는 많은 대상을 접하는 존재인 것이다. 그 모든 대상과 여러 상황을 대하면서 나름 입장을 갖고 인생의 역사를 써 내려간다.

● 예레미야 32장 말씀을 믿고 토지를 사는 예레미야의 입장

이 장의 첫 머리에 언급되어 있는 예레미야의 행위는 '영웅적으로 담대한 믿음'의 행위로 일컬어져 왔다. 갈대아인들이 이스라엘에 쳐들어 왔을 때 선지자는 여호와께서 그에게 하신 말씀에 따라 갈대아인들이 성과 그 도시를 장악하게 될 것이라는 사실을 알고 있었다.

하나님께서는 예레미야의 고향에 있는 밭을 사라고 하셨다. 이 상징적인 행위는 유다 바벨론에 포로로 끌려갔지만 장차 하나님께서 택한 백성과 맺은 언약을 성취하심으로써 약속의 땅에서 평안하게 살게 해 주시겠다는 것을 의미한다. 이처럼 하나님의 징계는 죄악을 청산하고 하나님께로 돌아와 아름다운 관계를 회복하게 하기 위한 것이다.

✚ 묵상 : 예레미야가 유다의 왕의 궁중 시위대 뜰에 갇힌 이유는 무엇일까요?(렘32:2~5)
여호와는 모든 일을 하실 수 있는 분이심을 알게 하기 위하여 예레미야에게 무엇을 사서 증서를 쓰고 증인을 세우라고 하셨나요?(렘32:8~10,27,43~44)

● 시편 1-2편 여호와의 율법에 대한 복있는 사람의 입장

1: 악인, 죄인, 오만한 자의 반대 개념으로 복 있는 사람이 등장한다. 복 있는 사람은 하나님의 말씀을 즐거워하며 주야로 묵상하는 사람이다. 그는 시냇가의 푸른 나무 같아서 가뭄(=시련, 역경)에도 그 잎이 무성합니다. 악인은 망할 것이나 의인은 여호와께서 인정하신다.

2: 하나님의 주권을 인정하지 않는 주권자들과 나라들은 하나님을 대적한다. 하나님은 그들의 모든 시도를 결국 웃음거리로 만드실 것이다(4절). 반면 하나님은 왕(=하나님의 아들)을 세우시고 그가 구하는 모든 것을 이루어 주시며, 모든 나라와 함께 심판의 권세까지 그에게 주실 것이다(7~9절). 이는 메시야에 대한 예언이다.

✚ 묵상 : 복 있는 사람은 어떤 행동을 하며 그로 인해 어떤 결과를 얻을까요?(시1:1~3)
사람이 저지르는 가장 미련한 죄는 무엇일까요?(시2:1~3,10~12)

기 도

- 주여, 주님을 이용하는 신앙이 아닌 인격적으로 고백하는 신앙이 되게 하옵소서.
- 주여, 자신을 싫어하고 미워하는 사람 앞에서도 간증할 수 있게 하옵소서.
- 주여, 죄인들의 길에 서지 않고 여호와께 피하는 복 있는 사람이 되게 하옵소서.

8월 05 August 패역

삿19 / 행23 / 렘33 / 시3-4

● 사사기 19장 레위 제사장과 성읍 사람들의 패역함

소돔과 고모라를 방불하게 하는 추악한 범죄가 소개되고 있다. 이스라엘 백성들의 영적인 무지는 개인의 우상을 만들고 하나님을 향한 믿음도 우상을 섬기는 것과 다를 바 없이 행해지고 있었다. 사사들도 없고 왕도 없고 정체성을 잃어버린 그들에게는 자신의 소견이라는 것만 남아 있었다. 소견에 옳은 대로 행하며 살아가는, 즉 세상 사람들이 살아가는 방식과 동일하게 살아가는 모습들을 보여주고 있다. 우리는 미가 신상 사건과 단 지파를 통해서 이스라엘 백성들의 전반적인 영적인 무지함을 알 수 있었다.

✚ 묵상 : 어떤 레위 사람이 유다 베들레헴에서 첩을 맞이했다는 것은 사사기 시대가 어떠했음을 암시할까요?(삿19:1~2)
베냐민에 속한 기브아에서 유숙을 했던 레위 사람은 그 성읍에서 어떤 끔찍한 일을 경험했나요?(삿19:12~14,20,22~25)

● 사도행전 23장 대제사장 아나니아과 유대인의 패역함

바울은 공회에서 복음에 대해 변증하면서, 자신은 지금까지 양심을 따라 하나님을 섬겼다고 말한다(1-5절). 도리어 바울에 대해 격분하고 있는 대제사장이야말로 로마 권력의 배후에 숨어 자신의 자리 지키기에만 연연해하며 살아왔다. 지금의 상황이 죽은 자의 부활에 대한 자신의 선포 때문이라는 바울의 말에 바리새인과 사두개인 간의 다툼이 일어나 공회는 자연스럽게 해산되었다(6-11절). 이후 바울의 조카는 바울을 암살하기 위한 조직이 생겨났음을 천부장에게 보고한다(12-22절). 하나님은 사명을 위해 로마로 가야하는 바울을 군대를 통해 보호받게 하신다(23-35절).

✚ 묵상 : 대제사장 아나니아와 곁에 선 사람들이 바울을 핍박할 때 그는 어떤 주제를 제시하여 지혜롭게 그 상황을 모면했을까요?(행23:2~9)
주께서 바울을 죽이려는 세력으로부터 보호하시기 위해 천부장을 통해 몇 명의 호위군을 마련케 하시고 또 벨릭스 총독에게 호송되게 하셨나요?(행23:22~24,31~33)

기 도

- 주여, 이 세대가 타락하고 패역할 때 바른 신앙과 삶을 갖도록 도와 주옵소서.
- 주여, 신앙생활 중 심한 핍박과 박해가 있을 때 우리를 보호하여 주옵소서.
- 주여, 어떠한 상황 속에서도 하나님의 언약은 성취됨을 신뢰하게 하옵소서.

통일 주제 패역 (悖逆, 사람으로서 마땅히 해야 할 도리에 어긋나고 순리를 거스름)

연합 내용 인간은 죄인이다. 그러므로 인간이 구성한 사회는 타락하고 패역하게 된다. 오직 하나님의 법과 예수 그리스도의 속죄 안에서만 거듭난다. 그리고 보혜사 성령 안에서 새 삶을 살아갈 수 있다.

● 예레미야 33장 예언을 믿지 않고 싸우는 백성의 패역함

본장은 회복의 예언의 최종 결론 부분으로 이미 32장에서 언급된 주제와 동일하다. 본장은 바벨론이 예루살렘을 포위하고 마지막 공격을 개시하기 직전에 주어진 유다 백성을 향한 위로와 소망의 메시지이다. 비록 유다는 멸망하고 백성들은 바벨론으로 끌려가지만, 그곳에서도 본토 회복에 관한 희망을 잃지 않고 끝까지 인내하며 주의 구원을 대망하라는 중심 메시지이다.

✚ 묵상 : 여호와는 시위대 뜰에 갇혀 있는 예레미야에게 어떤 말씀을 하셨나요?(렘33:1~8)
여호와는 이스라엘과 유다 집에 준 선한 말을 누구를 통해 성취하시겠다고 하셨나요?(렘33:14~15,17)

● 시편 3-4편 압살롬과 경건하지 못한 자의 패역함

3: 본시는 다윗이 압살롬의 반역을 피해 도주할 때 비탄한 심정을 담은 노래이다. 저자는 탄식 중에도 신앙이 더욱 확고해졌던 사실을 노래한다. 시편 3편의 역사적 근거는 사무엘하 14장에서 나온다. 다윗의 사랑하는 아들 압살롬이 이스라엘 사람들의 마음을 훔쳤다. 그래서 그는 아버지를 대적하였다. 이것은 다윗에게 큰 충격이었다. 우리가 가장 크게 관심을 갖고 양육하고 보살폈던 혈육이 배반자가 되었다는 것은 가장 비탄하고 슬픈 일이 아닐 수 없다.

4: 본편은 '저녁의 기도'라고 불리는 탄원의 시이다. 저자는 비록 고난을 만났지만 오히려 하나님이 주시는 신령한 기쁨과 평안을 누릴 수 있었음을 찬양한다. 표제어에 '현악에 맞춘'이라는 것은 '찬양 지휘자'를 가리키는 것이다. 시편에 '현악'에 맞춘 노래라는 표제어를 가진 것은 7개가 있다(4, 6, 54, 55, 61, 67, 76편).

4편은 현악기를 다루는 사람들의 마음에 바친 시편이며, 생명의 시편이다. 이 시편 안에서는 슬픔, 기쁨, 영적 상태, 절기, 그리고 우리가 겪고 있는 여러 면의 생활상이 드러나 있다. 또한 이 시의 배경은 3편처럼 위기의식으로 가득 차 있긴 하지만 탄식보다는 굳은 신뢰를 한층 더 결연하게 표현한다.

✚ 묵상 : 다윗은 아들 압살롬이 대적했을 때 어떤 신앙고백을 했나요?(시3:1~4,6)
다윗은 모든 인생들에게 하나님을 향하여 어떻게 할 것을 권면했나요?(시4:2~5)

8월 06 August 정의

삿20 / 행24 / 렘34 / 시5-6

● 사사기 20장 기브아 사람을 향한 이스라엘 자손의 정의

기브아에서 발생한 사건으로 이스라엘은 또 한 번의 동족상잔의 비극을 맞아야 했고, 이 과정에서 이스라엘 열두 지파 중 베냐민 지파가 몰락한다. 지파 간의 불화와 반목으로 인해 이스라엘 공동체는 공동체의 붕괴 위기뿐만 아니라 공동체의 의식이 사라지는 도덕적 붕괴의 위기에 처했다. 그들은 미스바에서 레위인으로부터 사건의 경위를 진술 받고 그들이 그 사건에 대해 일치된 힘을 보여주고자 했던 것이다. 사사 시대 이후로 이스라엘이 이렇게 하나 된 모습을 보여준 적이 없었다.

✚ 묵상 : 이스라엘 자손이 레위 사람의 일로 베냐민에 속한 기브아와 싸우기 전에 요청한 내용은 무엇이었나요?(삿20:11,13~14)
첫 싸움에서 패했던 이스라엘이 두 번째 싸움에서 승리한 방법은 무엇이었나요?(삿20:29~33)

● 사도행전 24장 장로들 앞에서 부활을 전하는 바울의 정의

바울이 고발을 당해 법정에서 다툼이 생겼다. 고발 내용은 유대인을 소요하게 하고, 나사렛 이단의 우두머리라는 것이다.(5절) 한마디로 거짓된 선동으로 사회에 물의를 일으킨다는 것이다. 바울은 자신에 대한 그와 같은 고발에 대하여 자신은 소동을 일으킨 적이 없고(12절), 지금의 소요는 부활과 같은 교리적인 문제에 관한 것이라고 말한다.(21절) 그러나 벨릭스 총독은 바울이 처벌을 받을 만한 죄가 없음을 알고도 그를 투옥시킨다. 바울에게서 뇌물을 받아 보려고 했으나 뜻대로 되지 않았다.(26절) 불의한 권력자로 인해 바울은 억울하게 감옥에 갇혔지만, 이 모든 일의 배경에 하나님이 계심을 믿고 있으며, 또한 로마선교에 대한 하나님의 비전이 이루어질 것을 믿기에 실망하지 않는다.

✚ 묵상 : 대제사장 아나니아는 장로들과 변호사 더둘로와 함께 바울을 어떤 죄목으로 고발했나요?(행24:1,5~7)
바울은 벨릭스 총독 앞에서 어떻게 스스로를 변명하며 변호했나요?(행24:10~21)

통일 주제 정의 (正義, 사회나 공동체를 위한 옳고 바른 도리)

연합 내용 정의와 공의는 하나님의 통치의 기본이다. 하지만 악한 인간은 정의를 무너뜨린다. 불법과 불신과 거역과 배도를 일삼는 악한 자들과 단체와 집단에 대해 성도는 믿는 자로서 정의의 편에서 외치고 일어서야 한다.

예레미야 34장 왕에게 멸망을 선포하시는 하나님의 정의

본장은 유다의 마지막 왕 시드기야(BC 597-586년경) 당시의 역사적 시간을 중심으로 한 예언이다. 예레미야는 바벨론의 침공(BC 588년경)을 받으면서 여전히 하나님의 뜻을 거부하고 반바벨론 정책을 고집하던 시드기야 왕을 향해 유다의 함락과 왕 자신의 비참한 최후에 관해 예언한다. 나아가 예레미야는 유다의 지도자들과 일반 백성을 향해 하나님의 엄중한 심판을 선포한다.

✚ 묵상 : 시드기야 왕이 예루살렘에 있는 모든 백성에게 맺은 계약은 무엇이었나요?(렘34:8~10)
하나님이 시드기야 왕과 백성에게 칼과 전염병과 기근으로 멸망을 선포하신 이유는 무엇일까요?(렘34:11,14,17)

시편 5-6편 기도로 원수들을 심판한 다윗의 정의

5: 악인들이 거짓말로 다윗을 속이고 모함하는 상황에서 다윗은 하나님께 부르짖으며 도움을 구한다(1-3절). 악인들은 하나님의 심판을 받게 될 것이나 하나님을 경외하는 다윗은 하나님이 의로 인도하여 주실 것이다(4-8절). 하나님은 악인의 죄에 대해 판결하실 것이며, 주께 피하는 의인에게 복을 주실 것이다(9-12절).

6: 다윗은 뼈가 떨릴 정도로 극심한 고통과 두려움 가운데 있다(1-3절). 그는 죽음에 가까워진 현재의 상황에서 구원하여 주시길 기도한다(4-7절). 하나님은 두려워하던 다윗에게 강한 확신을 주신다(8-10절).

✚ 묵상 : 다윗이 하나님께 원수를 쫓아내 달라고 간절히 기도한 이유는 무엇일까요?(시5:9~10)
다윗은 어떤 형편과 상황 속에서 하나님께 구원을 간구했나요?(시6:2~4,6~7,9)

기 도

- 주여, 사회 속에서 벌어지는 죄악에 대해 정의를 외치는 자가 되게 하옵소서.
- 주여, 복음을 전하다가 억울한 누명을 쓸 때에 더욱 담대하게 하옵소서.
- 주여, 신앙생활 중 힘든 일을 당할 때에 더욱 경건함을 잃지 않게 하옵소서.

8월 07 August

방안

삿21 / 행25 / 렘35 / 시7-8

● 사사기 21장 베냐민 자손에게 아내를 마련해 주는 방안

멸절 위기에 처한 베냐민 지파를 다시 살리기 위한 이스라엘의 노력이 소개되고 있다. 이스라엘은 열두 지파 공동체의 공동 책임에 관해 일말의 의식을 가지고 있었던 것이다. 이스라엘 연합군은 베냐민을 이겼지만 그것이 기쁨이 되지 않는 것이다. 그들은 승리 후 벧엘에서 하나님 앞에서 저녁까지 통곡하며 베냐민 지파가 저지른 일에 대해 슬퍼하고 있었다.

그들은 이미 미스바에 모였을 때 베냐민 지파에게 딸들을 주지 않기로 언약을 세웠기 때문에 베냐민 지파가 더 이상 이스라엘에 살아갈 자리를 잃어가고 있었던 것이다. 베냐민 지파에 남은 육백 명은 림몬 바위에서 자신들의 처지를 한탄했을 것이다. 야곱이 창세기 49장 27절에 "베냐민은 물어뜯는 이리라 아침에는 빼앗은 것을 먹고 저녁에는 움킨 것을 나누리로다."라고 예언했다. 이것은 베냐민 지파의 호전적인 능력을 예언한 것이다.

✚ 묵상 : 이스라엘 사람들이 벧엘에 모여 하나님 앞에 통곡한 이유는 무엇일까요?(삿21:2~3,6)
베냐민 자손을 회복시키기 위한 이스라엘 사람들의 대안은 무엇이었나요?(삿21:8~12,19~23)

● 사도행전 25장 바울이 고소를 피해 가이사에게 서는 방안

바울의 재판과정이 이어집니다. 새로 부임한 베스도는 유대인의 환심을 사기 위해 예루살렘에서 재판을 받도록 바울을 유도했으나, 바울은 로마시민권자임을 내세워 로마에서 재판을 받겠다고 요청합니다.(11절) 바울은 로마시민권이라는 최고의 커리어를 자신의 변호나 석방을 위해 쓰지 않고, 복음을 위해 결정적인 순간에 사용합니다.

✚ 묵상 : 가이사랴에 구류된 바울이 베스도에게 요구한 사항은 무엇이었나요?(행25:6~12)
베스도가 아그립바 왕과 버니게에게 바울에 관하여 어떤 말을 했나요?(행25:18~25)

기 도

- 주여, 형제와 자매의 상황을 돌아보고 참된 지혜로 바르게 돕도록 하옵소서.
- 주여, 부모와 스승의 말을 소중히 여김같이 주의 말씀을 순종하게 하옵소서.
- 주여, 억울한 일을 당했을 때 하나님의 품으로 달려와 기도하게 하옵소서.

통일 주제 방안 (方案, 어떤 문제를 해결하거나 교훈하기 위한 방법이나 계획)

연합 내용 하나님은 사람에게 지혜를 주셨다. 그 지혜 안에는 모든 원리와 방법, 그리고 선하고 타당한 방안들이 있다. 성도는 어떠한 상황 속에서도 여호와께 기도함으로 방안을 얻어 바르고 온전한 곳으로 나가야 한다.

● 예레미야 35장 레갑 가문을 통해 유다를 깨우치시려는 방안

예레미야는 선민의 반열에 들지도 않으면서도 하나님 앞에 신실했던 레갑 종족을 들어 유다 백성의 죄악상을 강조했다. 레갑 사람을 들어 유다 백성의 죄악상을 강조했다. 겐 종족으로도 불리는(민 10:29) 레갑 사람은 팔레스타인에서 유목생활을 하던 소수 민족인데, 선조 요나답의 가르침에 따라 금주와 장막생활을 했다. 예레미야는 그러한 레갑 종족을 시험하였으나, 레갑 사람은 예레미야의 유혹을 단호히 물리쳤다.

✚ 묵상 : 여호와는 여호야김 때에 예레미야에게 어떤 명령을 내리셨나요?(렘35:1~2,5~10)
여호와는 레갑의 가문이 조상의 명령을 준행함을 통해 예레미야로 어떤 두 가지의 예언을 하게 하셨나요?(렘35:16~17,19)

● 시편 7-8편 다윗이 억울한 고난으로 부터 피하는 방안

7: 탄원시. 표제어를 통해 베냐민인 구시(=사울왕의 친척으로 추정)가 다윗을 무고하게 괴롭히는 상황을 추측할 수 있다. 다윗은 억울한 상황에 대해 간구한다(1-2절). 그는 자신의 무고함을 하나님께 아뢰며 하나님이 재판관 되어 주시길 요청한다(3-9절). 기도 가운데 다윗은 하나님이 자신을 지키시는 방패요 구원자이심을 확신하며 노래한다(10-13절). 악인은 결국 멸망하게 될 것을 믿으며 그는 여호와의 이름을 찬양한다(14-17절).

8: 다윗은 하나님의 이름의 아름다움을 노래한다(1,9절). 원수들이 아무리 하나님을 대적한다 해도 하나님은 가장 연약한 존재들을 통해서도 당신의 권능을 능히 세우실 수 있다(2절). 인간은 지극히 연약하지만 하나님이 친히 돌보시며 하나님보다 조금 못한 존재(=하나님과 인간의 특별한 관계를 표현)로 만드셨다(3-8절).

✚ 묵상 : 다윗은 억울한 고난을 당했을 때 어떤 방안으로 그 시련을 이겨냈을까요?(시7:1~2,6,10~12)
다윗이 여호와의 이름을 높여 아름답게 노래한 이유는 무엇일까요?(시8:1,3~9)

8월 08 August

의지

룻1 / 행26 / 렘36-37 / 시9

● 룻기 1장 끝까지 나오미를 따르는 며느리 룻의 의지

다윗 왕가의 혈통을 잇고 나아가 예수 그리스도의 조상이 되는 영광을 입은 여인 룻이 모압 출신이면서도 유다에 와서 살게 된 배경을 소개하고 있다. 룻은 여호와에 대한 신앙 하나만으로 하나님의 구원을 체험하고 구속사에 기여한 인물이다.

여기서 한 가정의 흥망성쇠를 통해 언약 백성들이 지켜야 할 믿음의 중요성을 일깨우고 있다. 흉년을 당해 모압으로 내려간 엘리멜렉의 가정은 그 곳에서 남자들이 다 죽고 시어머니와 며느리만 남게 되었다. 비로소 언약의 땅을 떠난 것을 후회한 시어머니 나오미는 이방 여자인 두 며느리를 두고 고향으로 돌아가고자 하였다. 이때 큰 며느리는 모압 땅에 그대로 머물렀다. 그러나 작은 며느리 룻은 자신의 사상과 종교, 친척 모두를 버리고 시어머니를 좇아갔다. 마침내 고향 베들레헴에 도착한 두 여인은 사람들의 위로를 받으며 고향을 떠나간 것을 회개하였다.

✚ 묵상 : 사사 시대에 유다 베들레헴 사람 엘리멜렉의 집에는 어떤 일이 일어났나요?(룻1:1~5)
시모 나오미는 모압 여자 자부 오르바와 룻에게 어떤 권면을 했나요?(룻1:8~10,14)

● 사도행전 26장 아그립바 왕에게 복음을 전하는 바울의 의지

바울은 아그립바 왕에게 자신은 철저한 바리새인이자 열정적으로 그리스도인을 핍박했던 사람이었으나 부활의 확실한 증거로 인해 지금 고소를 당했다고 말합니다(1~12절). 그는 부활하신 예수님을 만난 과정을 설명하면서 전에는 박해자였으나 지금은 부활의 증인이 되었음을 간증합니다(13~23절). 예수님의 부활과 구원자 되심을 확신 있게 전하는 바울에게 배심원들은 죄가 없다는 결론을 내립니다(24~32절). 가이사(=로마 황제)에게 상소하지만 않았어도 그는 바로 풀려났을 것입니다. 자유인인 바울은 오직 복음 때문에 결박당했습니다.

✚ 묵상 : 유대인에게 고발당한 바울은 아그립바 왕에게 어떤 내용으로 변명했나요?
(행26:2~5,8~11,14~18,20,23)
바울의 변명에 대한 베스도와 아그립바 왕의 반응은 어떠했나요?(행26:24~25,28~29)

통일 주제 의지 (意志, 이떤 일을 이루려는 강하고 적극적인 마음)

연합 내용 하나님은 자기의 형상대로 창조한 사람에게 자유의지를 주셨다. 속죄받은 성도는 이 의지로 오직 하나님을 따르는 믿음 안에서 사람을 선택하고 복음을 붙잡으며 사명을 완수하고 문제를 해결해 갈 수 있다.

● 예레미야 36-37장 유다멸망을 기록하고 전하는 예레미야의 의지

36: 여호야김 4년(BC 605년경)당시 바벨론이 갈그미스 전투에서 애굽을 대파하던 때 일어난 사건을 말한다. 예레미야는 하나님의 계시를 기록한 두루마리를 바룩을 시켜 백성과 고관 여호야김 왕 앞에서 읽게 했는데, 왕이 그 두루마리를 불태워 버리고 예레미야와 바룩을 죽이도록 명하였다. 하지만 하나님께서는 그 두 사람을 살리시고 새로운 두루마리를 기록하라고 명하셨다.

37: 시드기야는 자신의 통치 마지막 시기를 바벨론의 위협 속에 지내야 했다. 애굽의 도움으로 바벨론 군대의 위협에서 잠시 벗어날 수 있었던 시드기야는 이것이 하나님의 도우심의 한 징조가 되기를 바라며 세 차례에 걸쳐 예레미야에게 기도를 부탁했다. 그렇지만 예레미야는 생명에 위협을 받으면서도 시드기야의 기도 요청을 단호히 거부한다. 이미 유다의 멸망이 하나님의 뜻이었기 때문이다.

✚ 묵상 : 하나님은 예레미야에게 요시야 왕 때부터 현재까지 이스라엘과 유다에게 하신 모든 말씀을 기록하게 하신 이유는 무엇일까요?(렘36:2~3,27~28)
유다의 마지막 왕은 누구이며 누가 세웠고 이때 예레미야는 어떻게 되었나요?(렘37:1,13,15,20~21)

● 시편 9편 원수 앞에서 여호와만 신뢰하는 다윗의 의지

본편은 감사와 호소의 시라고 볼 수 있다. 저자는 지난날의 구원만을 감사한 것이 아니라 장차 주어질 구원에도 미리 감사하고 있다. 본편과 10편은 하나의 연결된 시라고 볼 수 있다. 그래서 초기 헬라어 필사본과 라틴어 필사본은 이 두 시편을 하나의 시편으로 다루었다. 1-12절은 첫 단락으로서 신적(神的) 정의와 찬양을 다루었고, 둘째 단락인 13-20절은 신적 정의와 기도를 다루었다.

✚ 묵상 : 다윗이 전심으로 여호와께 감사하고 찬송하며 고백한 내용은 무엇일까요?(시9:1~2,4,8~10)
다윗은 하나님을 거역하는 인생들에 대해 어떻게 해 달라고 간구했나요?(시9:13~14,19~20)

기 도

- 주여, 인생에 어려운 일이 닥쳐와도 룻의 신앙과 자세로 극복하게 하옵소서.
- 주여, 믿음의 삶을 살 때에 핍박이 닥쳐와도 비굴해지지 않게 하옵소서.
- 주여, 인간관계 속에서 힘든 일을 만날 때 절대신앙으로 극복하게 하옵소서.

8월 09 August

건짐

룻2 / 행27 / 렘38 / 시10

● 룻기 2장 보아스가 가난한 모압여자 룻을 절망에서 건짐

2장은 나오미를 따라 베들레헴으로 이주해 온 룻이 장차 함께 메시야의 조상이 될 보아스를 만나게 되는 사건을 기록하고 있다. 보리 추수기에 베들레헴에 온 후 생계를 위해 밭에서 이삭을 주워 연명하던 룻은 우연히 보아스를 만나게 된다. 룻의 이야기를 알고 있던 보아스는 특별히 룻을 환대하고 곡식 베는 자들에게 그를 위해 이삭을 많이 흘리게 하였다. 집으로 돌아온 룻에게서 이 이야기를 들은 나오미는 보아스가 자신들의 기업 무를 사람인 것을 알고 룻에게 다른 밭에 가지 말고 그 곳에서만 이삭을 줍도록 당부하였다.

✚ 묵상 : 나오미의 며느리 룻은 어떤 방법으로 시어머니를 공경했나요?(룻2:6~7,17~18)
룻은 누구에게 큰 은혜를 입었나요?(룻2:8~9,13~14,21,23)

● 사도행전 27장 바울이 유라굴로 광풍에서 죽을 자들을 건짐

바울에 대한 유대인의 고소는 오히려 복음의 진보를 이루었다. 바울은 하나님의 뜻에 따라 로마로 간다(1-3절). 로마 백부장 율리오가 바울의 수송을 맡았고 복음의 동역자 누가와 아리스다고가 동행했다. 지중해는 9월 중순에서 이듬해 3월까지 항해가 어려운 시기인데 금식하는 절기(=10월 중순)가 지났음에도 백부장은 항해를 결정한다(4-12절). 결국 큰 폭풍을 만나 모두가 죽을 위기에 놓이게 되었는데 바울은 모두가 살게 될 것이라고 자신 있게 선포한다(13-26절). 위기 상황을 수습해 나가는 상황에서 미결수인 바울은 리더가 되어 있다. 그는 배에 탄 모든 이들의 생명을 지키고 안심시켰으며 먹였다(27-37절). 그는 도주 우려로 인해 죄수들을 죽이려는 군인들의 행동도 막았다. 오직 하나님만을 의지한 한 사람을 통해 276명이 살게 되었다(38-44절). 우리가 하나님께 신실하면 하나님은 우리를 높이신다.

✚ 묵상 : 아구스도대의 백부장 율리오는 어떤 장단점을 가지고 있었나요?(행27:1,3,11,42~43)
바울은 주님의 음성을 듣고 유라굴로 광풍을 만난 모든 사람들에게 어떤 위로와 도움을 주었나요?(행27:21~26,30~36)

통일 주제 건짐 (하나님이 사람을 통해 선택한 백성을 고통과 환난에서 건지심)

연합 내용 세상에는 하나님을 인정하는 자와 인정하지 않는 자가 있다. 세상은 믿는 자에게 끊임없이 고난과 환난을 준다. 이 때 감찰하시는 하나님은 선택된 사자를 통하여 그들을 그 구덩이에서 건지신다.

● 예레미야 38장 에벳멜렉이 진창구덩이에 빠진 예레미야를 건짐

백성들의 고소로 옥에 갇힌 예레미야를 시드기야가 불러내어 하나님의 뜻을 묻자, 갈대아인에게 항복하라는 예레미야의 변함없는 권고를 듣고 시드기야는 어찌할 바를 모른다. 오히려 자신이 예레미야를 만난 사실로 인해 체면에 손상이 입을까 전전긍긍하는 시드기야의 모습에서 하나님을 두려워하지 않고 사람의 체면만 중시하는 어리석은 인생의 단면을 보게 된다.

✚ 묵상 : 여호와의 말씀을 예언한 예레미야는 시드기야왕과 고관들로 말미암아 진창 구덩이에 갇히게 되었는데 누가 도와주어 나오게 되었나요?(렘38:7~13)
시드기야 왕은 시위대 뜰에 있는 예레미야에게 무엇을 비밀히 물어 보았나요?(렘38:16~18,20~23)

● 시편 10편 여호와가 가련한 자들을 압박으로부터 건짐

본편은 절망으로 시작한다. 불의가 기승을 부림에도 하나님은 그런 상황에 전혀 무관심하신 듯하다. 그러나 무기력에 빠진 그에게 점차 희망의 빛이 보이기 시작한다. 1-11절은 적대적 세상으로 인한 좌절, 12-18절은 그가 속한 소망의 세계에서 얻는 격려를 기록하고 있다. 그의 백성의 빛으로서 하나님이 숨으실 때에, 악인은 어둠 속에서 올빼미같이 그 모습을 드러낸다. 이들 악인들은 다음과 같은 교훈을 준다.

✚ 묵상 : 시편 기자는 하나님이 가련한 자를 어떻게 구원해 주시길 기도했나요?(시10:2,9~10,14,18)
시편 기자는 악한 자의 특성이 무엇이라고 했나요?(시10:3~8,11,13)

기 도

- 주여, 온 가족과 친척이 구원을 얻어 하나님께 영광을 돌리게 하옵소서.
- 주여, 위험한 순간에도 주의 인도하심을 받고 사람을 살리는 자 되게 하옵소서.
- 주여, 악한 자를 두려워하지 말고 믿음의 선한 능력으로 승리하게 하옵소서.

8월 10 August 성취

룻3-4 / 행28 / 렘39 / 시11-12

● 룻기 3-4장 나오미의 소원이 보아스를 통해 룻에게 성취됨

3: 나오미는 며느리 룻에게 보리를 타작하는 날 보아스에게 찾아가 기업 무를 자의 책임을 하도록 요청하라고 명하였다. 이에 룻은 나오미의 명령을 따라 옷을 단정히 하고 밤에 보아스의 발치 이불을 덮고 곁에 누웠다. 이것을 알게 된 보아스는 시어머니의 말에 순종하는 룻을 가상히 여기고 자신보다 가까운 친족 중에 기업 무를 자가 없다면 자신이 기업을 무르겠다고 약속하였다.

4: 하나님의 섭리 가운데 보아스가 룻을 아내로 맞아들이는 장면이 소개되고 있다. 보아스는 아침에 성문에 나가 나오미의 기업을 무를 친족에게 기업 무를 책임을 수행하라고 요구하였다. 그리고 만일 그가 거부하면 자신이 기업을 무를 것이라고 선언하였다. 이에 다른 친족이 그 책임을 포기하고 신을 벗어 보아스에게 줌으로써 보아스가 나오미의 기업을 무를 책임을 지게 되었다. 4장은 마지막으로 룻과 보아스 사이에 낳은 자녀의 계보를 기록하고 있는데 이는 그리스도의 계보로 장차 나타날 메시야의 탄생을 예고하고 있다. 이와 같이 본장은 인간의 세밀한 것까지 주관하여 구속사를 이루시는 하나님의 섭리를 보여 준다.

✚ 묵상 : 시어머니 나오미는 며느리 룻의 미래를 위하여 어떤 제안을 했나요?(룻3:1~4)
보아스는 룻을 합법적으로 맞아들이기 위하여 어떻게 했나요?(룻3:7~13,4:1~13)

● 사도행전 28장 바울의 로마 복음 전파에 대한 소원이 성취됨

배가 난파가 되었음에도 바울과 그 배에 탄 사람들은 한명도 상하지 않았다. 바울이 예언한대로 그들 모두 로마에 도착하게 된다. 바울은 로마에서 '하나님 나라를 전파하며, 주 예수 그리스도에 관한 모든 것을 담대하게 거침없이 가르치게' 된다(31절). 바울은 이방인의 사도로서 수많은 곳을 다니며 복음을 전하고 교회를 세웠으며, 그의 인생의 마지막에는 그 당시 세계의 중심 로마에서 복음을 전하다가 AD 67년 네로황제 때 순교했다. 그 뒤 약 246년이 지난 후 로마는 마침내 기독교를 정식종교로 공인하게 된다.

✚ 묵상 : 바울이 멜리데 섬에서 보여준 두 가지 기적은 무엇이었나요?(행28:1,3~5,8)
바울이 로마에 도착하여 행한 사역은 무엇이었나요?(행28:16~17,19~20,23,30~31)

통일 주제 성취 (成就, 목적한 바를 이룸)

연합 내용 하나님을 믿는 자들은 영적이며 이타적인 거룩한 소원을 가지고 있다. 그 소원의 성취는 하나님의 주권과 인간 자신의 진실함 그리고 성실한 노력에 달려 있다. 인내하고 기다리면 반드시 정한 때에 성취된다.

● 예레미야 39장 예레미야의 예언이 느부갓네살을 통해 성취됨

예루살렘이 함락되고 시드기야와 백성이 포로가 되었으며, 시드기야 자신이 끔찍하게 살해되었다. 또 느부갓네살의 호의로 시위대 뜰에 갇혀 있던 예레미야가 석방되고, 예레미야를 위해 힘쓴 이방인 출신 환관 에벳멜렉이 하나님의 구원 약속을 받았다. 하나님의 말씀은 한치의 오차도 없이 성취되었다.

✚ 묵상 : 예레미야의 예언대로 바벨론의 느부갓네살 왕이 예루살렘을 함락할 때 시드기야 왕과 고관들은 어떻게 되었나요?(렘39:1~8)
바벨론의 느부갓네살 왕이 예루살렘을 함락할 때 예레미야와 에벳멜렉에게는 어떻게 했나요?(렘39:11~12,13,16~18)

● 시편 11-12편 다윗의 기도가 하나님의 주관하심으로 성취됨

11: 이 시는 현실을 직시할 때 어쩔 수 없이 제기되는 실망과 질문(1-3절),그리고 그에 대한 신앙적 해답(4-7절)으로 나뉘어 진다. 본편에서는 악한 대적이 우세한 것처럼 보이는 시점에서 하나님의 공의로운 통치에 대한 믿음을 고백, 즉 의인과 불의한 자의 상태가 이곳에서 놀라운 대조로 등장한다.

12: 이 시는 다른 비단의 시들보다 더욱 강렬한 긴장감이 흐르고 있다. 교만한 자의 말이 우리를 때리고 허탄한 말들이 우리를 괴롭힐 때에, 우리는 다른 사람이 아니라 여호와 앞에 나아간다. 우리를 돕는 자로서 여호와는 어려운 상태에서 그의 도움을 구하는 자에게 도움을 주신다. 이는 위대한 도움이 그에게서 나오기 때문이다.

✚ 묵상 : 다윗이 여호와 하나님을 향하여 가진 믿음의 내용은 무엇일까요?(시11:4~5,7)
다윗은 여호와 하나님께 어떤 자를 주관해 달라고 했나요?(시12:3~5,7)

기 도

- 주여, 긍휼한 마음을 주셔서 어려운 일에 처한 선한 자를 건지게 하옵소서.
- 주여, 어디를 가든지 능력과 복음으로 많은 영혼을 구원하게 하옵소서.
- 주여, 하나님이 주신 예언의 말씀을 믿고 듣는 이가 없어도 전하게 하옵소서.

8월 11 August 갈망

삼상1 / 롬1 / 렘40 / 시13-14

● 사무엘상 1장 한나가 아들 갖기를 갈망함

1장은 사사 시대에서 왕정 시대로 넘어가는 과도기적 상황에서 하나님의 사역을 감당할 일꾼 사무엘의 출생 과정을 보여주고 있다. 온화한 마음을 가졌으나 나약한 마음의 소유자인 엘리의 제정일치 시대 이후에 도덕적 타락 중에서 한나와 같은 보배로운 사람을 대하는 것은 신선감을 가져다준다. 엘리 같이 하나님의 영광보다도 그 자신의 영광과 그의 아들의 영광에 더 큰 관심을 가지는 사람은 거룩한 일을 웃음거리로 만들어 버린다(삼상 2:29). '한나'라는 이름은 '은혜'를 의미한다. 한나는 그녀의 이름에 걸맞는 성품의 소유자이다. 이와 같이 하나님의 은혜도 그녀에게 족하게 되었다.

✚ 묵상 : 에브라임 사람 경건한 엘가나와 한나에게는 어떤 근심이 있었나요?(삼상1:1~2,6,8)
한나의 통곡하는 기도는 어떤 결과를 얻었나요?(삼상1:10~12,16,19~20)

● 로마서 1장 바울이 복음 전하기를 갈망함

바울은 자신이 누구인지를 소개하며(1절) 그리스도 안에서 자신과 로마교회 형제들은 어떤 관계인지(5-7절) 이 편지를 쓰는 목적이 무엇인지 말한다(8-15절). 그리고 복음에 담긴 하나님의 능력(16-17절), 핑계할 수 없는 하나님의 존재 그럼에도 불구하고 우상을 숭배하며 자신의 정욕대로 살아가는 사람들의 실상을 고발한다(18-32절).

✚ 묵상 : 바울은 복음이 무엇이며 복음에는 무엇이 나타나 있다고 했나요?(롬1:2~4,16~17)
바울은 불의로 진리를 막는 사람들의 마음이 어떠하다고 했나요?(롬1:18,21,24,26,28)

통일 주제 갈망 (渴望, 간절하고 애타게 바람)

연합 내용 사람은 어려운 상황에 처하면 절망하기 쉽다. 하지만 해답 없는 문제는 없다. 또한 하나님은 해결하지 못하시는 일이 없으시다. 그러므로 성도는 언제나 온전한 믿음으로 갈망하며 주께 나아가야 한다.

● 예레미야 40장 요하난이 그다랴 살리기를 갈망함

예레미야는 예루살렘이 함락된 직후 유다에 남아 활동하다가 그 후 애굽으로 옮겨 활동하게 된다. 본장은 예루살렘 함락 직후 바벨론으로 끌려가던 예레미야가 풀려나 유다에 남게 된 장면과 유다의 총독 그다랴의 친바벨론 정책과 유다의 안정책으로 인해 유다가 점차 평온을 되찾게 된 장면 및 총독 그다랴를 살해하려는 이스마엘의 음모가 그다랴에게 보고되는 장면 등이 소개되고 있다.

✚ 묵상 : 바벨론 사령관 느부사라단이 예레미야를 풀어 줄 때 어떤 말을 했나요?(렘40:2~4)
바벨론 왕이 시드기야를 잡아가면서 유다 총독으로 세운 그다랴는 가레아의 아들 요하난의 어떤 충언를 믿지 않고 무시했나요?(렘40:13~16)

● 시편 13-14편 다윗이 하나님 만나기를 갈망함

13: 본편은 모두 세 쌍의 절로 구성되어 있으며 그 내용은 절망에서 빠져나오기 어려운 상황(1, 2절)에서 호소와 간구를 통하여(3, 4절) 신뢰와 희망의 정상(5, 6절)까지 올라가는 과정의 묘사이다. 이와 같이 다양한 표현은 심령의 훈련을 위해서 필요하다.

14: 시편 가운데 고난의 대부분이 악인의 죄악상과 의인의 고난을 호소하는 것임에 비하여, 14편은 "하나님이 없다."(1절)라고 주장하는 무신론의 악의 본질이 있음을 보여주고 있다. 즉 본시는 악의 현상이 아니라 더 심층적으로 그 기원과 본질을 밝힌 것이라고 볼 수 있다. 여기에 밝혀진 대로 세상의 어리석음과 악의 근원은 둘 다 무신론적 인생관에 있다.

✚ 묵상 : 깊은 신앙을 가진 다윗이 가장 힘들어 했던 것은 무엇일까요?(시13:1~3)
깊은 신앙을 가진 다윗은 어떤 자를 가장 어리석은 자라고 했나요?(시14:1~3)

기 도

- 주여, 가정과 자녀의 문제가 있을 때 통곡하는 기도로 나아가게 하옵소서.
- 주여, 불의, 불경건, 정욕, 욕심, 상실한 마음을 모두 회개하게 하옵소서.
- 주여, 하나님이 침묵하실 때 불신하여 어리석은 자가 되지 않게 하옵소서.

8월 12 August 멸시

삼상2 / 롬2 / 렘41 / 시15-16

● 사무엘상 2장 홉니와 비느하스가 여호와의 제사를 멸시함

사무엘을 얻은 한나는 하나님과의 서원을 지키며 하나님을 찬양한다. 이에 하나님은 한나에게 더 많은 자녀의 복을 베푸신다. 또한 한나의 기도로 사무엘은 놀라운 사역을 수행하게 된다. 그는 제사장으로서 하나님을 섬기고, 선지자로서 이스라엘을 다스리게 된다. 이곳의 찬양은 다음과 같은 성격을 보여 준다. 본문은 성령의 감동으로 기록된 한나의 기도이다. 한나는 하나님께 서원하며 아들을 주시기를 기도했고, 그의 허락을 받아 사무엘을 잉태하여 낳았다.

✚ 묵상 : 한나가 서약대로 사무엘을 여호와께 드렸을 때 어떤 축복을 더 받았나요?(삼상2:20~21)
제사장 엘리의 가정이 심판을 받아 멸망하게 된 것은 어떤 일 때문일까요?
(삼상2:12~17,22~23,29~34,36)

● 로마서 2장 유대인이 회개치 않음으로 하나님을 멸시함

유대인들은 이방인을 판단할 자격이 없다. 율법은 이방인과 유대인에게 동일하게 적용된다(2절). 하나님은 유대인이라고 무조건 용서해 주시지 않는다(4절). 바울은 유대인의 완고함과 교만을 지적한다(5-8절). 하나님은 유대인에게 배타적 지위를 허락하시지 않았다(9-11절) 유대인은 율법을 알므로 율법을 행해야 의로운 것이며 율법을 모르는 이방인들은 양심의 법으로 판단을 받게 될 것이다(12-15절). 유대인들은 하나님을 믿었으며 할례를 받고 율법을 자랑했다(17-20절). 그들은 이방인들에게 하나님을 전하였고 할례를 받게 했으며 율법을 가르쳤다(21-24절). 그러나 그들은 표면적으로만 하나님의 백성이었다(25-28절). 성령으로 말미암아 마음에 세례를 받는 사람이 참 하나님의 백성이다(29절).

✚ 묵상 : 바울은 어떤 사람이 어떤 태도를 행함으로 하나님을 멸시한다고 말했나요?(롬2:1~5)
바울은 율법을 받은 유대인이 지키지 않음에 대해 어떤 교훈을 남겼나요?(롬2:17~29)

기 도

- 주여, 직분을 신봉하지 말고 주의 모든 일을 진실함으로 행하게 하옵소서.
- 주여, 하나님의 인자하심과 용납하심과 참으심을 경히 여기지 말게 하옵소서.
- 주여, 주의 장막과 주의 성산에 거하는 자의 공의로운 삶을 살게 하옵소서.

통일 주제 멸시 (蔑視, 다른 사람이나 사물을 교만하게 깔보거나 하찮게 여김)

연합 내용 하나님은 존귀하신 분이시다. 하나님의 자녀들도 존귀히 여김을 받는 삶을 살아야 한다. 하지만 불경건한 자들은 하나님의 도덕적 속성을 멸시하고 사람의 도리를 멸시하는 죄악된 삶을 살기에 심판에 이른다.

● 예레미야 41장 요하난이 이스마엘의 악을 듣고 그를 멸시함

왕족인 느다냐의 아들 이스마엘은 총독 그다랴와 무고한 70명을 죽이고 암몬 족속에게 가려다가 가레아의 아들 요하난에게 저지당한다. 하지만 요하난 역시 바벨론에 복종하지 않고 애굽을 통해 자기 몸을 보존하려다가 유다에 다시 혼란을 초래하게 되었다.

✚ 묵상 : 느다냐의 아들 이스마엘의 잔인함은 누구에게까지 미쳤나요?(렘41:5~7,10)
가레아의 아들 요하난은 이스마엘의 악을 듣고 어떻게 행동했나요?(렘41:11~16)

● 시편 15-16편 다윗이 주님과 이웃을 무시하는 자를 멸시함

15: 본편은 고대 근동의 전형적인 입당송 형식을 취하고 있다. 이 시편은 일명 '여행의 시'라고 할 만하다. 하나의 질문이 제기된다. 주어진 답변에서 우리는 영적 순례에 관계된 특징을 찾게 된다. 이와 같은 영적 순례는 하나님과 영원히 함께 거하는 것을 그 목표로 한다. 이 시편은 그 성격에서 궤를 시온으로 옮기고 그곳에 성막을 세울 때의 시로 본다.

16: 본편은 의인의 성격과 그와 관련된 것들이 기록되어 있다. 이 시편과 사무엘상 26장 19절을 비교해 보면, 이 시가 다윗이 광야에 있을 때에 그에 의해서 쓰여졌다는 것을 암시하여 준다. 이 시편 앞부분에서 저자는 "하나님이여 나를 지켜 주소서!"라고 외친다. 이것은 그의 마음이 불안하고 그의 몸이 쫓기고 있거나 어려운 위치에 있다는 것을 암시한다. 이어서 그는 주님만을 의지하고 그 안에서 살겠다는 자신의 결심을 드러낸다. 다른 신에게는 예물도 드리지 아니하고 하나님만을 섬기겠다는 그의 확고한 입장을 전하고 나중에는 "그들이 드리는 피의 전제를"(4절) 드리지 아니한다고 한다. 이와 같은 저자의 자세는 여호와 하나님에 대한 절대적인 신뢰를 드러낸다.

✚ 묵상 : 다윗은 어떤 자가 주의 장막과 주의 성산에 거한다고 했나요?(시15:1~5)
다윗이 하나님을 믿으며 고백한 표현은 어떤 내용들일까요?(시16:2,5,8,11)

8월 13 August 한의

삼상3 / 롬3 / 렘42 / 시17

● 사무엘상 3장 이상이 흔히 보이지 않던 때의 하나님의 한 義

사무엘은 부모의 헌신으로 성소에서 어린 시절을 보낸다. 말씀이 귀하고 드물던 시절 대제사장에게도 말씀하지 않던 하나님은 사무엘을 부르시고 그에게 당신의 뜻을 드러내시며 지도자로서의 사명을 부여하신다.

하나님은 약한 자를 택하시며 강한 자, 힘 있는 자를 부끄럽게 하신다(고전 1:27). 사무엘은 여호와께 드린 자였다. 이제 하나님은 그를 사용하셔서 그로 하여금 모든 이스라엘에게 말씀하게 하신다.

✚ 묵상 : 여호와의 말씀이 희귀하여 이상이 흔히 보이지 않았을 때에 사무엘은 누구의 음성을 몇 번 들었으며 그 내용은 무엇이었나요?(삼상3:4,6,8,10~14)
하나님의 음성을 들은 사무엘은 온 이스라엘에게 어떤 존재로 인정받았나요?(삼상3:20)

● 로마서 3장 율법이 지켜지지 않던 때의 하나님의 한 義

바울은 오직 믿음으로 의롭다함을 얻는 복음의 원리에도 불구하고 이스라엘에게 먼저 율법이 주어진 것이 무의미한 것은 아니라고 말한다(2절). 그들은 창조주 하나님, 구원의 하나님을 경험했다. 그들은 신실하지 못했지만 하나님은 이스라엘과 맺은 언약을 지키심으로 당신의 신실함을 나타내셨다(1-8절). 모든 사람은 죄 아래에 있으며 하나님의 심판 아래 있다(9-20절). 율법은 모든 사람이 죄 아래 있음을 선언한다. 율법으로는 죄를 깨닫는다. 그러나 불의한 인간에게 하나님의 한 의가 나타났다(21-31절). 우리 죄를 대신하여 화목제물 대신 예수님을 믿음으로써 의롭게 됩니다. 율법이 아니라 은혜다.

✚ 묵상 : 바울은 유대인이 이방인보다 어떤 점에 대하여 유익하다고 말했나요?(롬3:1~2)
바울은 하나님의 의가 무엇이며 죄인은 무엇으로 의롭게 될 수 있다고 했나요?(롬3:21~26)

통일 주제 한의 (一義, 하나님이 각 시대에 세우신 의로운 일꾼과 행하신 사건)

연합 내용 하나님은 의로우시다. 모든 시대에 죄인들을 구원하시기 위하여 의로운 선지자를 보내셨고 마지막에는 온 세상을 향하여 독생자 아들을 보내셔서 한 의를 완성하셨다. 하나님의 의는 무엇과도 비교할 수 없다.

● 예레미야 42장 남은 자에게 말씀을 대언하는 하나님의 한 義

유다를 버리고 애굽으로 이주하길 고집하는 백성과 백성의 요구에 대한 하나님의 응답이 소개된다. 이스마엘의 손아귀에서 벗어난 요하난과 그 일행은 베들레헴 근처 게룻김함에 머물면서 예레미야에게 자신들이 애굽으로 갈 수 있도록 기도를 부탁하였다. 그리고 하나님께서는 백성의 요구에 응하셔서 그들이 애굽으로 나아갈 수 있도록 두 차례에 걸쳐 응답하셨다. 중요한 것은 하나님께서 애굽 이주를 고집하는 백성의 요구에 응답하셨지만 그들을 축복하시지 않으셨다는 점이다.

✚ 묵상 : 예루살렘에 남아 있는 요하난과 백성의 낮은 자로부터 높은 자까지 모든 자는 예레미야에게 나와 무엇을 요청했나요?(렘42:1~6)
10일 후에 여호와 하나님은 예레미야에게 어떤 말씀을 주셨나요?(렘42:10~14,17)

● 시편 17편 여호와 앞에서 흠 없이 행하는 다윗의 한 義

본편은 한마디로 정직하게 살려고 노력하는 사람이 악인들이 판치는 세상에서 눈을 들어 하늘을 우러러 하나님의 공의의 실현을 호소하는 시이다. 이 시는 '기도의 시'라고 한다. 제목도 '다윗의 기도'이다. 이 시편은 주옥같은 여러 편의 기도로 구성되어 있어서 그 가치가 높다. 이 기도에서 하나님의 종이 어떤 위치에서 어떤 기도를 하였는지를 살필 수 있다. 기도와 증거 사이에는 언제나 긴밀한 관계가 있다. 기도에 능력이 있는 사람들은 언제나 가장 강한 증거의 능력을 가진 사람들이다. 이 기도에서 하나님을 위한 다윗의 열정이 잘 드러난다.

✚ 묵상 : 다윗은 여호와 하나님 앞에서 자신의 무엇을 판단해 보시라고 했나요?(시17:1~4)
다윗은 여호와 하나님 앞에서 어떤 자를 악인이라고 생각했나요?(시17:7,9~12,14)

기 도

- 주여, 이 시대에 하나님의 부르심과 음성을 듣는 의로운 자가 되게 하옵소서.
- 주여, 하나님의 영원한 한 義이신 주 예수 그리스도를 닮게 하옵소서.
- 주여, 주의 음성을 들으면 내 생각과 달라도 절대적으로 순종하게 하옵소서.

8월 14 August 멸망

삼상4 / 롬4 / 렘43 / 시18

● 사무엘상 4장 블레셋과의 전쟁에서 엘리의 집이 멸망함

블레셋의 침공을 받은 이스라엘은 전쟁의 원인이 하나님의 이름을 더럽힌 자신들에게 있는 줄 모르고 오히려 언약궤의 힘을 빌려 전쟁을 수행하려고 한다. 블레셋 사람에 의해서 하나님의 언약궤가 탈취당한 것은 이스라엘 민족에게는 가장 큰 슬픔이었다. 오늘날의 많은 사람들이 생각하는 것 이상으로 성결한 생활과 민족의 번영 간에는 긴밀한 관계가 있다. 여호와의 백성의 적으로서 블레셋 사람은 이스라엘이 타락할 때마다 언제나 공격적이었다. 육신의 타락은 육신의 정욕에서부터 되어지고, 그것은 영혼이 하나님과 영적 교제를 단절하거나 또는 원만하지 못할 때에 일어난다.

✚ 묵상 : 이스라엘은 블레셋 사람들과의 전쟁에서 이기기 위해 무엇을 의지했나요?(삼상4:2~4)
이 전쟁의 결과와 엘리의 집은 어떻게 되었나요?(삼상4:2,10~11,17~19,21)

● 로마서 4장 율법 아래 있는 자가 범법으로 인하여 멸망함

할례를 받고 율법을 지켜야 의롭게 된다는 유대인들에게 바울은 아브라함과 다윗 역시 하나님을 믿음으로 의롭게 되었다는 사실을 설명한다(1-8절). 그들은 자신의 업적이나 공로로 의롭게 되거나 죄 사함을 받은 것이 아니다. 하나님은 아브라함이 할례를 받기 전에 이미 그의 믿음을 의로 여기셨다(9-12절). 아브라함은 모든 할례자의 조상이지만 또한 모든 믿는 자의 조상이기도 한다(13-17절). 믿음으로 의롭게 되는 것은 하나님이 우리에게 주신 약속이다. 아브라함은 약속을 이루실 하나님에 대해 확신했고 하나님은 그것을 의로 여기셨다(18-22절). 동일한 원리로 하나님은 우리의 믿음을 의로 여기신다(23-25절).

✚ 묵상 : 바울은 아브라함이 언제 무엇으로 의롭다 하심을 받았다고 했나요?(롬4:3,10~11)
바울은 아브라함의 믿음에 대하여 어떻게 증언했나요?(롬4:17~21)

통일 주제 멸망 (滅亡, 국가나 민족 등이 망하여 없어짐)

연합 내용 모든 민족과 나라 그리고 인생의 흥망성쇠는 하나님의 주권에 있다. 하나님을 인정하고 그 뜻에 따라 순종하는 자는 영원히 세워지고, 불신하며 거역하는 자는 주의 심판하심에 의해 처절히 멸망한다.

● 예레미야 43장 말씀에 불순종하여 애굽으로 간 자가 멸망함

요하난이 예레미야 선지자를 애굽으로 끌려가게 된 사실을 소개하고 있다. 예레미야를 통하여 하나님의 뜻을 전달받은 요하난 이하 백성들은 유다에 남으라는 하나님의 거룩한 명령에 순종하지 않고 결국 예레미야를 이끌고 애굽으로 내려간다. 그런데 예레미야는 애굽에서 상징적 행동을 통해 바벨론의 군대에 의해 애굽이 초토화되리라는 예언을 선포하기도 한다.

✚ 묵상 : 여호와 하나님이 예레미야에게 주신 말씀을 듣지 않은 자들은 어디로 내려갔나요?(렘43:4~7)
여호와 하나님은 바벨론 왕 느부갓네살을 통하여 애굽에 어떻게 하시겠다고 예레미야 선지자를 통해 말씀하셨나요?(렘43:10~13)

● 시편 18편 의로운 다윗을 대적한 자와 사울이 멸망함

이 원기 왕성한 승리의 감사 시는 그 내용이나 저작 배경에 있어서 몇 군데를 제외하고는 삼하 22장과 거의 유사하다. 본편은 그 길이가 길고 구조가 시종 일관 치밀하면서도 매우 정열적이다. 이 시편의 제목에서 우리는 이 시가 승리의 노래로 기록되었다는 것을 알게 된다.

본시에서 왕의 승리의 노래는 자연히 사탄 세력에 대한 예수의 승리, 왕권의 확보와 연결된다. 여기서 우리가 기억해야 할 것은 본서에는 위기에 처한 의인의 간구와 호소, 애통이 있음에도 불구하고, 결국 성도의 승리로 보장해 주실 것이라는 것을 체험하고, 알고, 바라고, 믿으며 쓴 시이기 때문이다.

✚ 묵상 : 다윗은 여호와 하나님이 자신에게 어떤 분이심을 고백했나요?(시18:1~2,18,30,46)
다윗은 여호와 하나님이 자신의 모든 원수들과 사울을 어떻게 멸망시키셨다고 고백했나요?(시18:14,37~41,47~48)

기 도

- 주여, 우리의 문제를 해결하기 위해 하나님과 성전을 이용하지 않게 하옵소서.
- 주여, 아브라함처럼 어떠한 상황 속에서도 절대적인 믿음을 갖게 하옵소서.
- 주여, 다윗처럼 하나님 앞에 의로움으로 모든 고난을 해결 받게 하옵소서.

8월 15 August 범죄

삼상5-6 / 롬5 / 렘44 / 시19

● 사무엘상 5-6장 여호와의 궤를 빼앗아 함부로 취급한 범죄

5: 이스라엘은 치욕적인 패배와 함께 블레셋에게 언약궤까지 빼앗긴다. 반면 승전보와 함께 언약궤까지 차지한 블레셋에게는 언약궤가 다곤 신당에 안치되면서부터 재앙이 계속된다. 블레셋 사람들이 기뻐하면서 승전물로 언약궤를 탈취하여 가지고 왔을 때에, 그들은 그것으로 말미암아 그들 중에 하나님의 심판이 임할 것을 전혀 생각하지 아니하였다. 이것이 바로 사람들의 모습이다. 하나님의 것을 탈취하고 하나님의 영광을 가리면서 즐거워하는 자들은 그로 인하여 자신에게 닥치게 될 불행을 전혀 알 수가 없었다.

6: 언약궤가 머무는 곳마다 죽음의 도시로 변하자 블레셋 사람들은 언약궤를 다시 이스라엘로 반환한다. 전쟁의 승리가 오히려 재앙의 서곡이 되었다. 세상에서 하나님의 섭리를 아는 사람은 한 사람도 없다. 그것은 하나님의 섭리가 신비하고 우리들의 생각을 초월하기 때문이다. 이곳에서 우리들의 관심을 끌게 하는 것은 하나의 사건 속에서 드러나는 오묘한 하나님의 섭리이다. 그리고 레위인은 해가 없었고, 벧세메스 사람들은 수많은 인명의 피해를 당한 것이다.

✚ 묵상 : 여호와의 궤를 둔 다곤 신전 안에서는 어떤 일이 일어났나요?(삼상5:2~4)
블레셋 사람들은 온 성읍의 독종 환난을 면하기 위해 여호와의 궤를 어떻게 돌려보내기로 했나요?(삼상6:2~5,7~9,12)

● 로마서 5장 하나님께 불순종한 한 사람 아담의 범죄

우리는 예수 그리스도로 인하여 하나님과 화평을 누리게 되었다(1절). 성도들은 환난 중에도 미래의 소망으로 인해 즐거워한다(2-4절). 소망의 근거는 죄로 인하여 원수가 된 우리들을 향한 하나님의 사랑이다(5-11절). 우리는 죄인으로 태어나 죄로 인해 영원히 죽을 수밖에 없는 운명이었으나 사랑으로 율법을 온전히 성취하신 예수 그리스도로 인하여 생명 안에서 왕 노릇 하는 존재가 되었다(12-21절).

✚ 묵상 : 믿음으로 의롭다 하심을 얻은 자는 무엇을 삶의 가장 가치있는 목표로 삼아야할까요?(롬5:1,9~11)
한 사람으로 말미암아 죄가 세상에 들어와 모든 사람이 사망에 이르게 되었는데 이것을 하나님은 어떻게 해결하셨나요?(롬5:12,15~19)

통일 주제 범죄 (犯罪, 하나님의 뜻과 법을 어기고 저지른 허물과 죄악)

연합 내용 하나님은 인간을 영생하도록 창조하셨고 또 구원하셨다. 하지만 인간은 끊임없이 범죄를 저지르고 사망을 향하여 나아간다. 무지하여 범죄하고 불순종하여 범죄하고 고의와 실수로 범죄한다.

● 예레미야 44장 명령을 어기고 애굽으로 간 남은 자의 범죄

예레미야는 그곳에 닥쳐 올 불가피한 파멸에 대해 경고하고 있다. 수많은 고통과 수난으로 늙고 병들었음에도 불구하고 예레미야는 여전히 경건한 마음으로 임박한 재난에 대해 선포하기를 주저하지 않았다.

특히 본장에는 애굽의 우상 문화에 깊이 빠진 유다 백성에게 임할 하나님의 심판이 선언된다. 즉 본장에는 애굽에 정착한 유다 백성들이 각지로 흩어져 살면서 생활에 안정을 찾는 것과 동시에 애굽 우상문화에 깊이 빠져들게 된 사실을 전한다.

✚ 묵상 : 유다와 예루살렘에 남았던 자들은 애굽으로 내려가 어떤 최후를 맞이했나요?(렘44:8,12~14)
애굽으로 내려간 자들은 어떤 신에게 분향했나요?(렘44:16~19,23,25~27)

● 시편 19편 다윗이 가장 경계하는 영역인 고의적 범죄

본편에는 두 가지 두드러진 주제가 나타나고 있다. 그 첫 번째 주제는 만유 안에 드러난 하나님 계시의 영광, 두 번째 주제는 하나님의 성문화된 말씀의 권위와 순정성에 관한 것이다. 하늘이 하나님의 영광을 선언하고, 성경은 하나님의 뜻을 선언한다. 때로는 하늘의 언어도 없고, 들리는 소리도 없다. 그러나 이 영원한 힘과 신성은 되어진 일들에 의해서 이해될 수 있다(롬 1:19-20). 우리는 하나님의 도리를 이해하기 위하여 기록되고 성육신하신 말씀을 대한다.

✚ 묵상 : 다윗은 여호와의 율법, 증거, 교훈, 계명에 대해 어떤 능력이 있다고 말했나요?(시19:7~9)
다윗은 여호와 하나님께 무엇에 빠지지 않게 해달라고 기도했나요?(시19:12~13)

기 도

- 주여, 여호와 하나님의 임재를 의식하고 모든 성물을 소중히 대하게 하옵소서.
- 주여, 예수를 믿음으로 의롭다 함을 얻었으니 하나님과 평화를 누리게 하옵소서.
- 주여, 하나님의 율법과 증거와 교훈과 계명과 도를 항상 묵상하게 하옵소서.

8월 16 August 전심

삼상7-8 / 롬6 / 렘45 / 시20-21

● 사무엘상 7-8장 전심으로 여호와께 돌아옴

7: 빼앗겼던 언약궤의 반환과 함께 이스라엘에서는 사무엘의 주도하에 영적 대각성 운동이 전개된다. 하지만 때를 맞춰 블레셋은 다시 침략의 야욕을 드러내고 이스라엘은 다시 한 번 국가적 위기를 맞이한다. 하나님 앞에 가까이 나아가기 위해서는 대적자의 도전을 각오해야 하는 것이 신앙 세계의 원리이다.

8: 사무엘은 이스라엘의 어느 사사 못지않게 하나님의 뜻을 따라서 백성을 다스렸다. 그러나 그가 '늙으매' 그 백성을 다스릴 수 없어서 그 아들들이 사사가 되었을 때에 상황은 달라졌다. 미스바 승전의 기쁨도 잠시뿐 사무엘 아들들의 권력 남용은 이스라엘 백성의 원성을 사게 된다. 결국 이스라엘은 체계적인 왕정을 요구하고 하나님은 이스라엘의 완악한 요구를 허락하신다.

✚ 묵상 : 사무엘은 이스라엘 온 족속에게 전심으로 여호와께 돌아오려면 어떻게 하라고 했나요?(삼상7:3~6)
사무엘이 늙었을 때 이스라엘 장로들은 모여 그에게 무엇을 요구했나요?(삼상8:4~5)

● 로마서 6장 전심으로 주 예수와 연합함

"주의 손을 나의 손에 포개고, 주의 발을 나의 발에 포개어 ~ 나 주와 함께 죽고 나 주와 함께 살리라" 우리가 아는 복음송의 가사 내용의 일부인데, 6장은 이 찬양이 생각나게 한다. 그리스도께서 십자가에 못 박혔을 때 우리는 함께 못 박혔으며, 그가 부활했을 때 함께 부활했다. "예수 죽음 내 죽음, 예수 부활 내 부활"이다. 그러므로 우리는 '죄에 대하여 죽은 자요, 예수 안에서 하나님께 대하여는 살아 있는 자'로 여겨야 한다(11절).

✚ 묵상 : 바울은 우리가 예수의 죽으심과 연합하면 죄에서 벗어나 결국 무엇과 연합하게 된다고 했나요?(롬6:4~6,8)
바울은 죄의 종이 되면 나타나는 결과와 죄의 삯은 무엇이라고 했나요?(롬6:16,21,23)

통일 주제 전심 (全心, 마음을 오로지 한 일에만 씀)

연합 내용 사람의 아름다움은 마음을 다하는데 있다. 양다리를 걸친 것처럼, 양쪽을 기웃거리는 것처럼 추한 행동은 없다. 오직 믿는 자는 전심을 다하여 하나님을 의지하고 그 뜻을 따르며 사람을 돕고 사랑해야 한다.

● 예레미야 45장 전심으로 예레미야를 도움

바룩은 예레미야를 대신하여 하나님의 뜻을 백성에게 전한 일로 인해 개인적으로 상당한 곤란을 당했다. 이 때문에 바룩은 심적으로 상당히 위축되어 있었다. 이에 예레미야는 하나님의 절대 주권을 선언하고 하나님의 절대적인 보호를 선언함으로써 바룩에게 큰 용기와 위로를 전한다.

✚ 묵상 : 예레미야가 불러주는 대로 모든 말을 책에 기록한 자는 누구일까요?(렘45:1)
여호와는 고통과 슬픔과 탄식 속에 있는 바룩에게 어떤 은혜를 약속하셨나요?(렘45:3,5)

● 시편 20-21편 전심으로 여호와를 의지함

20: 본편은 출전을 앞둔 왕이 군대를 도열시키고 회중을 모아 기도와 제사를 드릴 때 그 의전(儀典)의 일부로 불린 시로서 먼저 축복을 간구하는 기도가 드려지고, 왕 자신 아니면 이 의전을 집전하는 사제가 한 것으로 보이는 말이 선포되며, 마지막으로 간략하고도 간절한 회중기도가 드려지고 있다.

21: 본편은 20편과 짝을 이루는 시로서 전쟁에서 승리를 거둔 후에 그 모든 영광을 하나님께 돌려드리는 일종의 개선가이다. 그러므로 이 시는 국가적인 축제나 절기 때에 불려졌다. 왕은 주의 능력과 주의 구원을 기뻐하고 즐거워한다. 주께서는 왕의 권위와 부귀영화와 영원한 장수의 축복도 베풀어주신다.

✚ 묵상 : 사람들이 병거와 말을 의지할 때 다윗은 누구를 의지하고 자랑했나요?(시20:6~7)
다윗은 왕도 누구의 구원과 축복 속에서 산다고 고백했나요?(시21:1,3~7)

기 도

- 주여, 날마다 우상된 것을 모두 버리고 하나님께 온전히 돌아오게 하옵소서.
- 주여, 예수와 함께 죽고 예수와 함께 부활하여 복된 영생에 이르게 하옵소서.
- 주여, 세상의 힘과 조건을 의지하지 말고 오직 주님 만을 의지하게 하옵소서.

8월 August 17

목적

삼상9 / 롬7 / 렘46 / 시22

● 사무엘상 9장 암나귀를 찾게 하신 목적

이스라엘이 왕을 요구하며 나라가 들끓을 즈음에 사무엘은 나귀를 잃고 나귀의 방향을 알기 위해 찾아온 사울과 우연히 조우하게 된다. 하지만 이면에는 사울을 이스라엘의 통치자로 삼으려는 하나님의 오묘한 섭리가 있음을 알 수가 있다.

이런 가운데 사울의 생애를 하루의 시간들로 본다면 그의 초창기에 해당되는 새벽은 조용하였고 밝았으며 미래의 모든 것이 약속되었다. 한마디로 말해서 모든 면에서 기쁨과 소망과 즐거움이 넘치는 것이었다. 낮에는 구름이 끼기 시작하였고, 오후에는 춥고 어둡고 폭풍이 불어왔고 저녁에는 절망의 광풍이 불어왔고, 죽음의 암흑이 닥쳐왔다.

그의 생애는 은혜의 날로 시작되었으나 "죄의 삯으로" 끝을 맺었다. 시작은 참으로 아름다웠으나 그 끝은 한없이 서글펐다. 바로 이와 같은 모습이 사울의 생애에서 등장한다.

✚ 묵상 : 기스의 아들 사울은 사환과 함께 암나귀를 찾으러 갔다가 못 찾았을 때에 누구를 만나러 갔나요?(삼상9:3~4,6,11~12,14)
여호와는 사무엘에게 누구를 이스라엘의 지도자로 세우라고 하셨나요?(삼상9:15~17)

● 로마서 7장 율법의 궁극적인 목적

율법은 사람이 살아 있는 동안에만 그 사람에게 영향을 미칠 수 있다. 죽은 사람에게는 율법이 효력을 발휘할 수 없다. 예수님이 십자가에서 죽으실 때 우리도 그와 함께 죽었으므로 더 이상 율법이 우리를 다스릴 수 없다(1-6절). 율법 자체는 거룩하며 선하지만 죄가 율법을 통해 역사할 때 오히려 죄가 심화된다(7-13절). 우리가 율법의 선함을 알면서도 원치 않는 악을 행하기 때문이다(14-24절). 인간은 선을 원하나 선을 행할 능력이 없다. 이 곤고함으로 인해 괴로워하던 중 마침내 예수 그리스도 안에서 소망을 찾게 된다(25절).

✚ 묵상 : 바울은 율법 아래 있는 자가 무엇을 깨닫게 된다고 했나요?(롬7:5,7~9)
바울이 깨달은 한 법은 무엇이었나요?(롬7:19~23)

통일 주제 목적 (目的, 일을 이루려고 하는 목표나 나아가는 방향)

연합 내용 하나님이 하시는 모든 일에는 목적이 있다. 겉으로 나타난 상황은 일상적인 사건처럼 보여도 그 안에는 더 깊은 하나님의 의도와 이유와 목적이 내재되어 있다. 그러므로 주의 뜻을 찾는 분별함이 필요하다.

● 예레미야 46장 애굽을 멸망시킨 목적

본장부터 51장까지는 유다에 나쁜 영향을 미쳤던 유다 주변의 9개국에 전해진 하나님의 심판이 소개되고 있다. 그중에서도 본장에는 성경에서 주로 타락한 세상으로 상징되는 애굽의 멸망에 대한 하나님의 예언이 소개되고 있다.

본장은 불가항력적인 애굽의 침공이 가장 생동감 있게 묘사되어 있다. 극심한 파멸 가운데에서 백성들은 그 죄로 인해 고통을 겪었지만 그럼에도 불구하고 하나님께서는 자기 백성들을 결코 잊지 않고 계신다.

✚ 묵상 : 예레미야는 애굽이 멸망하게 된 이유를 어떻게 예언했나요?(렘46:10,24~25)
예레미야는 애굽이 멸망할 때 이스라엘에 대해서는 어떤 예언을 했나요?(렘46:27~28)

● 시편 22편 하나님이 침묵하신 목적

메시야의 고난을 잘 드러내는 비탄시이다. 다윗은 극심한 고통으로 인한 탄식과 하나님에 대한 신뢰와 간구를 쏟아 놓는다. 다윗은 조상들에게 응답하셨던 하나님을 추억하며 현재 응답 없는 하나님으로 인해 조롱받는 현실에 대해 탄식한다(3-8절). 다윗은 하나님을 향한 신뢰를 고백하며 대적들로 인한 극심한 고통을 호소한다(9-18절). 원수로부터의 구원을 간구하며 응답하심에 대한 찬양을 맹세한다(19-29절). 훗날 후손들도 이 찬양에 동참하게 될 것이다(30-31절).

✚ 묵상 : 다윗은 하나님께 어떤 구원의 기도를 드렸나요?(시22:1~2,6~8,11~20)
다윗은 모든 자들이 여호와를 찬송하고 예배해야 할 이유가 무엇이라고 했나요?
(시22:23~24,26~28)

기 도

- 주여, 어려운 일을 만났을 때 신앙의 지도자에게 묻는 겸손함을 주옵소서.
- 주여, 내 속에 있는 죄의 법을 물리치고 하나님의 법을 따르게 하옵소서.
- 주여, 울부짖음을 들으시고 모든 나라의 주재이신 하나님을 예배하게 하옵소서.

8월 18 August 예고

삼상10 / 롬8 / 렘47 / 시23-24

● 사무엘상 10장 사울이 기업 지도자됨을 예고

왕을 요구하는 이스라엘 백성들의 강한 열망 가운데 사무엘은 하나님의 지시에 따라 사울에게 기름을 부어 이스라엘의 왕으로 세운다. 이어 사무엘은 이스라엘 백성들을 미스바에 모으고 사울이 이스라엘의 왕이 되었음을 공표한다.

사무엘, 사울 그리고 다윗은 청년 시절에 하나님의 선택을 받았다. 훌륭한 주인이 훌륭한 종을 거느린다. 사울은 택함을 입은 청년임을 알 수 있다.

✚ 묵상 : 사울에게 여호와의 영이 임한 때는 언제일까요?(삼상10:5~6,10)
사울이 이스라엘의 지도자로 기름부음을 받자 어떤 반응이 있었나요?(삼상10:1,24,27)

● 로마서 8장 예수 사랑이 절대적임을 예고

율법이 할 수 없는 일을 하나님이 하셨다(3절). 그리스도를 영접한 우리는 더 이상 '죄와 사망의 법' 아래에 있지 않으며, '생명을 주는 성령의 법' 아래에 산다(1절). '죄와 사망의 법'이 더 이상 우리를 주장할 수 없다는 것이다. 이제 우리는 육신을 가지고 살아가지만, 새로운 차원의 삶을 살게 된다. 하나님의 영이 임하여 육신의 생각이 아닌 영의 생각을 좇아 살아가도록 우리 존재는 새롭게 창조되었다. "누구든지 그리스도안에 있으면 새로운 피조물(new creation)이라 이전 것은 지나갔으니 보라 새 것이 되었도다"(고후5:17) 우리는 예수님과 친밀한 관계를 유지하며 살 때, 더욱 풍성한 삶을 살게 된다. 하나님의 영으로 인도함을 받는 자는 하나님의 아들이다(14절). 어느 누구도 그리스도의 사랑에서 우리를 끊을 수 없다(39절).

✚ 묵상 : 그리스도의 사람은 어떤 영을 받았나요?(롬8:9,11,14~15)
항상 우리를 위하여 간구하시는 분은 누구실까요?(롬8:26~27,34)

기 도

- 주여, 사명을 받은 우리가 은혜로운 자와 함께함으로 성령을 받게 하옵소서.
- 주여, 우리를 위하여 친히 간구하시는 성령과 주 예수를 깊이 믿게 하옵소서.
- 주여, 하나님을 온전히 섬기고 순종함으로 유린을 당하는 일이 없게 하옵소서.

통일 주제 예고 (豫告, 미리 알림)

연합 내용 성경은 왕과 선지자 그리고 사도와 제자가 하나님의 영을 받아 기록한 것이다. 그들은 앞으로 되어질 일과 변하지 않는 미래의 사실을 예고하였다. 그 예고는 오늘 우리에게도 적용된다.

● 예레미야 47장 블레셋 사람이 유린됨을 예고

다윗 시대 블레셋은 이스라엘의 지배를 받았으나 분열 이후 유다를 위협하는 존재로 성장했다. 본장은 이처럼 유다에 위협적이던 블레셋이 북방에서 밀려온 바벨론 군대에 의해 갑자기 쇠퇴하게 되리라는 예언이다. 또한 여호와께서 복수하시는 칼날은 결코 무디지 않는다는 사실이 나타나 있다. 여호와의 칼날은 두 날로 이루어져 있다고 할 수 있다. 그 칼은 구원하거나 심판하거나 둘 중 한 가지 역할을 한다.

✚ 묵상 : 예레미야가 블레셋 사람의 유린에 대한 여호와의 말씀을 언제 들었나요?(렘47:1)
블레셋이 받는 유린은 어느 정도로 잔혹할까요?(렘47:2,4,7)

● 시편 23-24편 목자 삼는 자가 축복됨을 예고

23: 본편의 전체적인 시정(詩情)은 매우 낭만적(浪漫的)이고 목가적(牧歌的)이나 결코 감상이나 도피적인 평안함에 머무르지 않고, 오히려 짙은 어둠과 압박과 공격을 견뎌낼 만한 침착함과 담대함이 흐르고 있다. 시의 전말에서 풍겨나는 자족적인 분위기는 자아도취의 차원이 아니라 영원한 무한자와의 합일에서 오는 영원의 평화인 바, 이 평소의 기쁨이 잔잔하면서도 거대한 강물처럼 저력 있게 전편에 깔려 있다.

24: 본편은 다윗이 기럇여아림에서 시온으로 언약궤를 호송할 때 각종 악기에 맞추어 부른 노래이다(대상 13:8). 한편 이 시는 승천절에 낭송되어 왔으며, 그리스도의 승천을 다룬 찬송가에 많이 언급되기도 했다. 그리고 앞의 22편에서는 주(主)의 '비하'(卑下)가 거론되었고, 이곳에서는 '승귀'(昇貴)가 거론되었다. 이것은 그리스도의 놀라운 품성을 보여준다. 그리스도의 구속사역은 '그리스도의 낮아지심과 높아지심'이다. 이것을 '비하'와 '승귀'라고 표현한다.

✚ 묵상 : 다윗은 여호와 하나님이 목자가 되시면 어떤 은혜가 있다고 했나요?(시23:1~6)
다윗은 여호와의 산에 오를 자가 어떤 자라고 했나요?(시24:3~5)

8월 19 August 수치

삼상11 / 롬9 / 렘48 / 시25

● 사무엘상 11장 오만했던 암몬 사람 나하스가 수치를 당함

암몬 사람 나하스의 이름은 '뱀'을 뜻하며, 그는 롯의 후손인 암몬 족속의 왕이었다(참고, 창 19:36-38). 그들은 요단강 동족에 살았다. 이 시기에 왕위에 오른 사울은 암몬의 공격에 직면하여 일전을 치르고 대승을 거두면서 모든 백성들로부터 명실상부한 왕으로 추앙을 받는다. 그러나 우리는 이 사건에서 사울의 뛰어난 전쟁 수행 능력보다는 이스라엘의 배후에서 당신의 선하신 역사를 이끌어 가시는 하나님의 섭리를 보아야 한다.

사울이 이미 왕으로 선언되었다고 하여도(삼상 10:24), 자신의 이전의 직업으로 다시 돌아가서 양들을 친 것 같다. "사울이 밭에서 소를 몰고 오다가"(5절), 이것이 그와 같은 여건을 보여준다. 이 자체가 사울의 도덕적 인격의 높음과 고상함을 보여준다. 사울이 교만하고 자만한 사람이었다면 그 나라가 자신에게 돌아온다는 것을 알고 있었기 때문에, 그 일로 인하여 양을 치고 소를 모는 그와 같은 사소한 일을 하지 아니하였을 것이다.

✚ 묵상 : 암몬 사람 나하스는 길르앗 야베스를 향해 어떤 오만을 보였나요?(삼상11:1~2)
아하스의 오만을 응징한 사울의 행동을 어떤 결과로 이어졌나요?(삼상11:6~8,11~15)

● 로마서 9장 율법을 쫓는 이스라엘 사람이 수치를 당함

9장은 하나님의 주권을 설명한다. 우리는 하나님이 하시는 일에 대하여 선악간의 판단을 할 수 없다. 우리 삶의 현장에서 이루어지는 기쁜 일, 슬픈 일, 고난, 복 등은 우리 임의로 변경할 수 없다. 중요한 것은 이해할 수 없는 일이 계속됨에도 불구하고 요셉이나 욥은 하나님을 경외하는 삶에서 이탈하지 않았다는 것이다. 진흙은 토기장이에 의해 빚어지는 대로 쓰임 받을 뿐이다. 하나님의 주권은 우리가 헤아릴 수 없을 만큼 큰 개념이며, 우리 삶을 감싸고 있다.

✚ 묵상 : 바울은 골육의 친척의 구원이 누구의 주권에 달려있다고 말했나요?(롬9:1~3,11,16,18)
바울은 하나님의 주권 하에서 유대인이 구원을 얻지 못하고 이방인이 구원을 얻은 것은 무엇 때문이라고 말했나요?(롬9:20~24,30~32)

통일 주제 수치 (羞恥, 창피하고 부끄러움)

연합 내용 성경은 수치에 대해 여러 종류를 언급한다. 일시적 수치와 영원한 수치, 육체적 수치와 영적 수치, 개인적 수치와 국가적 수치 등이다. 믿는 자는 말씀 안에서 살아감으로 아버지의 영광에 이르러야 한다.

● 예레미야 48장 그모스를 쫓는 교만한 모압이 수치를 당함

모압은 아브라함의 조카 롯이 자신의 큰 딸의 몸을 빌려 낳은 아들의 후손들로서(창 19:30-37), 이스라엘 후손들과는 친척 관계에 있는 민족이다. 그들은 주로 사해 동쪽 지대를 무대로 목축과 과수 산업을 근간으로 힘을 키웠으나 가나안 우상 문화에 깊이 동화됨으로써 멸망의 대상이 되고 말았다.

✚ 묵상 : 모압이 멸망하게 된 가장 큰 이유는 무엇이었나요?(렘48:7,26,29,35,42,46)
여호와 하나님은 예레미야를 통해 마지막에 모압에게 어떤 소망을 주셨나요?(렘48:47)

● 시편 25편 여호와께 피하지 않는 자가 수치를 당함

7절은 이 시가 다윗 인생의 후반부에 쓰여 졌음을 암시한다. 원수들로 인해 고통을 당하는 상황에서도 다윗은 주의 도를 따르며 주께서 가르치시고 교훈하여 주시기를 기도한다(1-7절). 그는 주의 선하심과 주의 가르치심에 대해 확신하며 죄 용서를 위한 기도를 드린다(8-11절). 시인은 여호와를 경외하는 자에게 주실 응답을 확신하며 환난에서 벗어나고, 죄가 사하여지며, 수치를 당하지 않으며, 보호받기를 기도한다(12-22절).

✚ 묵상 : 다윗이 여호와 하나님께 작심한 것은 무엇이었나요?(시25:2,5,15,21)
다윗이 여호와 하나님께 회개하고 간구한 것은 무엇이었나요?(시25:7,11,16~18)

기 도

- 주여, 교만의 유혹에 빠지지 않게 하시고 겸손함으로 은혜를 입게 하옵소서.
- 주여, 가족과 친척 그리고 이웃의 구원을 위해 바울의 심정을 닮게 하옵소서.
- 주여, 다윗처럼 죄와 허물에 민감하게 하시고 하나님만 바라보게 하옵소서.

8월 20 August 참길

삼상12 / 롬10 / 렘49 / 시26-27

● 사무엘상 12장 사무엘이 이스라엘에게 가르쳐 준 참 길

오랜 세월 이스라엘을 지도한 사무엘은 길갈에서 고별 설교를 한다. 자신의 평생 사역을 회고하면서 왕을 요구한 이스라엘의 죄를 지적하고 경건하게 살 때 하나님의 은혜를 입게 된다고 강조한다.

이어서 하나님이 이때의 사무엘을 인정하시어 사무엘이 여호와께 아뢰매 "우레와 비를 보내시니"(18절) 백성이 여호와와 그를 두려워하였다. 사무엘은 끝으로 "만일 너희가 여전히 악을 행하면 너희와 너희 왕이 다 멸망하리라."(25절)라고 경고한다.

✚ 묵상 : 사무엘은 이스라엘에게 자신의 어떤 삶을 증언하게 했나요?(삼상12:3~5)
사무엘이 이스라엘에게 너희를 위하여 기도 쉬는 죄를 범하지 않겠다고 약속하면서 그들에게 무엇을 부탁했나요?(삼상12:13~14,19~20,22~24)

● 로마서 10장 바울이 이스라엘에게 가르쳐 준 참 길

유대인들은 자신들의 행위로 의에 이를 수 있다는 잘못된 믿음을 가지고 있다. 바울은 예수님이 율법의 마침이라고 선언한다(1-4절). 모세의 율법을 완성하신 예수 그리스도를 믿음으로 하나님의 의가 우리에게 주어졌다(5-9절). 그리스도를 믿는 자는 누구든지 구원을 받는다(10-13절). 하나님은 이스라엘 백성들에게 선지자도 보내시고 그리스도도 보내셨지만 그들은 신뢰하지 않았다(14-18절). 하나님은 듣지 않는 이스라엘 백성들을 대신하여 이방인들을 부르셨다(19-20절). 하나님은 듣지도 믿지도 않는 이스라엘 백성들에게 온종일 손을 내미시는 분, 즉 끝까지 신실하신 분이시다(21절).

✚ 묵상 : 바울은 이스라엘이 구원받지 못할 어떤 잘못을 행한다고 말했나요?(롬10:2~3)
바울은 이스라엘이 구원받기를 간절히 원하여 어떤 참 길을 가르쳐 주었나요?(롬10:4,8~10,13,17)

통일 주제 참길 (하나님이 자기 백성에게 가르쳐 주신 구원의 길)

연합 내용 하나님은 자신의 형상을 따라 지음을 받은 사람에게 창세로부터 지금까지 참 길을 가르쳐 주셨다. 하지만 인간은 불순종의 길을 간다. 이에 하나님은 참 길을 걸어가는 자들을 통해 교훈하시고 다시 구원하신다.

● 예레미야 49장 예레미야가 암몬 에돔 엘람에게 전한 참 길

본장은 암몬 족속을 비롯하여 에돔 족속, 그리고 앗수르에 패망했다가 다시 일어난 다메섹, 이스마엘의 후손인 게달과 하솔 및 유다의 북부 지방에 위치해 있으면서 앗수르와 결탁하여 호시탐탐 예루살렘을 침공한 엘람 등의 운명에 관한 예언이다.

✚ 묵상 : 선지자 예레미야는 어떤 나라들의 심판을 예언했나요?(렘49:2~3,8~10,20,24~27,36)
예레미야가 마지막에는 심판받을 나라들에게 어떤 희망을 예언했나요?(렘49:6,11,39)

● 시편 26-27편 다윗이 경험하고 고백한 신앙적인 참 길

26: 이 시의 주제는 하나님의 존전과 그분의 집에 거하는 것이 가장 큰 기쁨이라는 고백이다. 그런데 그 기쁨의 고백의 근원이 결백의 선언, 기도, 확신의 요소가 포함된 복합적 형식을 취한다. 구조적으로 기도와 헌신의 증거가 교대로 제시되어 영과 진리로 주를 예배하고자 하는 저자의 열정을 드러내고 있다.

27: 이 시는 비탄조의 시로 분류되기도 하나 전체적인 흐름은 하나님으로 인한 구원과 승리의 확신이 넘쳐흐르는 승리의 찬가이다. 그러나 그러한 비탄속에서도 오히려 식지 않는 신앙의 정열과 그로 인한 구원의 확신, 그리고 평생을 평탄한 길로 인도해 주시기를 간구한 본편은 구원의 확신과 인도의 호소가 다윗의 개인적인 삶의 체험에서 우러나온 신앙고백의 시로 분류된다. 하지만 이 시의 전체적인 흐름은 하나님을 그리워하는 내용이 넘친다.

✚ 묵상 : 다윗은 여호와를 의지하면서 어떤 참 길을 걸어갔나요?(시26:1,3~8,12)
다윗은 간절히 기도하며 주를 의지할 때 자신에게 어떤 은혜가 임할 것이라고 확신하며 고백했나요?(시27:5~7,9,11~13)

기 도

- 주여, 평생에 정직하게 하시고 맡은 양 떼를 향해 기도를 쉬지 않게 하옵소서.
- 주여, 그릇된 지식을 따르지 말게 하시고 자기 의를 세우지 않게 하옵소서.
- 주여, 어떤 상황 속에서도 여호와를 의지하며 참 길을 걸어가게 하옵소서.

8월 21 August 주권

삼상13 / 롬11 / 렘50 / 시28-29

● 사무엘상 13장 사무엘에게 주어진 제사 집례의 주권

암몬과의 전투에서 자신감을 회복한 이스라엘은 가시 같은 존재인 블레셋을 선제 공격하나 오히려 블레셋 대군의 위협에 직면한다. 다급해진 사울은 하나님께 범죄하여 더 큰 위기에 빠진다. 마음이 교만으로 흐르는 것은 파멸을 자초한다. 하나님은 그를 의지하는 사람들을 절대로 버리지 아니하시고 항상 은혜로 보살피신다. 이것은 하나님의 변함이 없는 성품이다. 사울이 하나님의 은혜로 왕이 되는 놀라운 특권을 가졌으나 벌써부터 하나님의 사자의 말을 거역하고 하나님의 뜻을 받아들이지 아니한다.

✚ 묵상 : 사울은 블레셋과 전쟁하기 전에 사무엘이 해야 할 어떤 일을 대신했나요?(삼상13:8~13)
블레셋과 전쟁을 해야 할 이스라엘은 당시 무엇과 무엇이 없었나요?(삼상13:19~22)

● 로마서 11장 여호와 하나님께 있는 영혼구원의 주권

이스라엘은 예수 그리스도를 통한 십자가 복음을 거부했다. 그렇다고 하나님이 이스라엘을 버리셨는가? 그렇지 않다(1절). 불신이 극에 달한 엘리야 시대에도 우상에게 절하지 않은 7천명이 있었다. 율법의 행위로 구원을 얻으려 했던 이스라엘은 그 행위로 구원을 얻지 못했고, 오직 택하심을 따라 구원이 주어졌다(7절). 8절을 잘못 읽으면 하나님이 어떤 대상에 대해서는 의도적으로 구원에 이르지 못하게 하시는 것으로 오해할 수 있다. 하나님의 부르심에 대한 인간의 반응은 그 부르심에 응하든지, 아니면 거부하고 더 완악한 마음을 갖든지 둘 중 하나다. 8절은 하나님의 부르심을 거부하는 자들에 대하여 그들의 고집스러움을 보신 하나님이 그들을 그대로 내어버려 두신 결과라고 보시면 된다. "하나님께서 그들을 부끄러운 욕심에 내버려 두셨으니"(롬1:26)
하나님의 경륜은 놀랍다. 유대인의 넘어짐(복음거부)을 통해 이방인 선교의 문을 여셨다(25절). "깊도다 하나님의 지혜와 지식의 풍성함이여"(33절)

✚ 묵상 : 바울은 로마인에게 누구의 구원이 확실하다고 거듭 강조했나요?(롬11:1,5,11)
바울은 선민 이스라엘과 로마 이방인을 무엇에 비유하여 설명했나요?(롬11:17,23~24)

통일 주제 주권 (主權, 하나님이 통치하시는 절대적인 권세)

연합 내용 창조주 하나님은 만물을 주관하시는 주권을 갖고 계신다. 그 주권으로 만물과 인생을 구원하시며 심판하신다. 그 주권은 선지자들과 제자들에게 일시적으로 주어졌으며 예수 그리스도에게 영원히 이양되었다.

예레미야 50장 교만한 바벨론을 심판하시는 주권

바벨론은 하나님께서 유다 백성을 책망하시기 위해 쓰신 심판의 도구였다. 하지만 바벨론이 하나님의 거룩한 뜻을 받드는 일에 힘을 쏟기보다 사욕을 채우는데 열심을 내었고, 강력한 힘으로 인해 심히 교만해져서 하나님의 심판을 피할 수 없게 되었다. 그런데 놀랍게도 바벨론의 심판은 곧 이스라엘의 회복을 뜻하는 것이었다. 예레미야는 흩어졌다가 돌아오는 양 떼의 비유를 통해 이스라엘의 회복을, 도수장으로 끌려가는 황소 비유를 통해 바벨론의 멸망을 선포하고 있다.

✚ 묵상 : 바벨론이 북방 세력으로 인하여 함락될 때 이스라엘 자손에게는 어떤 역사가 일어날까요?(렘50:3~5,9~10,18~20,41)
선지자 예레미야는 바벨론의 멸망 원인을 무엇이라고 말했나요?(렘50:14,29,31~32)

시편 28-29편 의인과 악인을 보시고 다스리시는 주권

28: 다윗은 '무덤으로 내려가는 자'와 같다고 느낄 정도로 깊은 절망 가운데 있다. 그는 지성소를 향해 손을 들고 부르짖으며 기도한다. 하나님의 부정하는 악인과 하나님을 인정하는 자신을 구별해 달라고 호소한다. 우리가 기도하는 것 자체가 하나님을 인정하는 것이다. 다윗은 하나님이 그의 힘이요 방패가 되심을 수없이 경험했다. 그래서 그는 기도응답에 대해 확신하며, 하나님의 백성들을 위한 간구로 그의 기도의 영역을 넓혀 나간다.

29: 천상의 세계(하늘의 영적 존재들)든 지상의 세계든 모든 만물들은 여호와께 영광을 돌려야 한다. 하나님께 마땅히 드려져야 할 영광(1, 2절), 자연현상 가운데 나타나는 하나님의 영광(3~9절), 자기 백성을 구원하시는 왕(10, 11절)에 대한 내용이다.

✚ 묵상 : 다윗은 악인의 특징을 어떻게 정의했니요?(시28:3~5)
다윗은 영광의 하나님 여호와의 소리를 어떻게 고백했나요?(시29:3~9)

기 도

- 주여, 급해도 선을 넘지 않게 하시고 주어진 일에 최선을 다하게 하옵소서.
- 주여, 가족과 친척, 이웃과 민족이 반드시 구원받을 것을 확신하게 하옵소서.
- 주여, 멸망의 원인이 되는 교만과 자랑을 버리게 하시고 주만 보게 하옵소서.

8월 22 August 합력

삼상14 / 롬12 / 렘51 / 시30

● 사무엘상 14장 전쟁에 나갈 때 사울과 무기를 든 자가 합력

궁지에 몰린 이스라엘의 믹마스 전투에서 극적 승리를 거두는데 그 이면에는 하나님의 능력을 믿는 요나단의 목숨을 건 헌신이 있었다. 이런 요나단의 자기희생적 믿음 때문에 이스라엘은 믹마스 전투에서 크게 이길 수 있었던 것이다. 아버지 사울의 불신앙이 나라를 위기로 몰아넣었다면 아들의 헌신적 믿음이 나라를 위기에서 건져내었다.

✚ 묵상 : 사울의 아들 요나단과 무기를 든 자는 어떤 용맹함을 보였나요?(삼상14:6~7,12~14)
사울의 저주 맹세 내용을 몰랐던 요나단이 맹세 내용을 어김으로 죽게 되었을 때 누가 그를 살렸나요?(삼상14:24,27,37~39,41~45)

● 로마서 12장 한 몸을 이룬 각 지체가 다른 기능으로 합력

그리스도 안에서 새로운 존재가 된 우리들은 타락한 세상의 가치관을 따르지 말고 우리 몸을 거룩한 산 제물로 드려야 한다(1-2절). 또한 공동체 안에서 하나가 되어야 하며 하나님이 주신 은사를 가지고 주의 몸 된 교회를 건강하게 세워 나가야 한다(3-8절). 거짓 없는 사랑으로 선을 추구하고 형제를 사랑하며, 주를 섬기고, 기도하며, 성도를 대접하는 일에 더욱 부지런해야 한다(9-13절). 자신을 박해하는 자를 축복하는 것은 그리스도인의 사랑실천의 한 방안이다(14, 17, 19-21절). 성도들과 함께 울고 웃으며, 자신을 낮추고, 배우는 자세로 대하며, 화목을 추구하는 것 역시 그리스도인의 새로운 삶의 방식이다(15-16, 18절).

✚ 묵상 : 바울은 로마에 있는 그리스도인들에게 어떤 영적인 권면을 했나요?(롬12:1~2)
바울은 기능을 가진 각 지체가 어떤 생활을 해야 한다고 말했나요?(롬12:4~18,20)

통일 주제 합력 (合力, 흩어진 힘을 한 곳으로 모음)

연합 내용 세상은 공중권세 잡은 자에 의해 유혹과 죄가 넘쳐난다. 그러므로 하나님은 믿는 자가 먼저 하나님 자신과 합력하고 더 나아가 성도 상호 간에 합력하여 승리하길 간절히 소망하신다.

● 예레미야 51장 멸망예언에 대해 예레미야와 스라야가 합력

당시 바벨론이 멸망한다는 것은 상상할 수도 없는 일이었다. 그러나 예레미야는 바벨론 멸망과 이스라엘의 회복을 선포한다. 특히 교만한 바벨론이 궁극적으로 멸망하리라는 마지막 예언과 동시에 바벨론 멸망 예언을 기록한 책을 유브라데 강물에 빠뜨리는 상징적 행동을 통해 그 멸망이 돌이킬 수 없는 사실임을 깨우치신다.

✚ 묵상 : 여호와 하나님은 어떤 나라를 통해 바벨론을 멸하신다고 하셨나요?(렘51:11,28)
예레미야는 바벨론이 확실히 멸망할 것을 기록한 후 누구에게 가서 읽으라고 했으며 또 읽은 후에는 어떻게 처리하라고 했나요?(렘51:59~64)

● 시편 30편 어떤 상황 속에서도 여호와가 다윗에게 합력

이 시는 다윗이 노년에 이르러 자신의 삶을 회고하면서 평생 동안 지켜주신 하나님의 은혜를 감사하는 찬송 시이다. 그래서 이 시에는 감사와 기쁨이 넘치는 내용이 나온다. "내가 주를 높일 것은"(1절), 이것은 이 시 전체의 열쇠로 볼 수가 있다. 이 시는 다윗이 성전 낙성식에서 불렀던 내용이다. 하나님의 구원은 적절하게 높이는 것으로 표현된다.

특히 성전 낙성가는 역사적 배경을 가진다. 즉 아직 성전이 없던 시대의 인물이었던 다윗은 이 시를 개인적 차원에서 썼지만 훗날 BC 165년경 안티오쿠스 에피피네스에 의하면 성전이 짓밟혔던 것을 복구한 후 전 민족적 차원에서의 감사 찬양의 이유가 이 시와 잘 부합되었기 때문에 그때부터 이를 특별히 성전 봉헌 노래로 부르기 시작했다.

✚ 묵상 : 다윗은 자신이 힘든 상황에 처해 있을 때 주님이 어떻게 하셨다고 했나요?(시30:1~3)
다윗은 하나님이 함께 합력하여 주지 않으시면 어떻게 된다고 말했나요?(시30:7,9~10)

기 도

- 주여, 어려운 상황이 됐을 때 담대히 나가 문제를 해결하는 자가 되게 하옵소서.
- 주여, 마음을 새롭게 하여 주의 기뻐하시고 온전하신 뜻을 분별하게 하옵소서.
- 주여, 합력의 하나님을 늘 찬송하며 거룩하심을 기억하고 감사하게 하옵소서.

8월 23 August 행함

삼상15 / 롬13 / 렘52 / 시31

● 사무엘상 15장 사울이 주의 명령을 그릇 행함으로 버림받음

블레셋을 격퇴시킨 사울은 아말렉과의 전투에 돌입한다. 하지만 순종과 헌신의 시험적 성격을 띤 이 전쟁에서조차 사울은 하나님의 명령에 불복함으로 하나님께 버림을 받게 되리라는 경고를 받는다. 말씀에 따르지 아니하는 시기도 있다. 그러나 그것은 지식의 부족, 즉 하나님의 말씀과 양심을 범하는 것이다. 우리가 하나님의 뜻을 거역하고, 우리 자신의 뜻으로 하나님을 섬긴다고 할 때에 우리는 '제단 위에 돼지고기'를 바치는 꼴이 되고 만다. 여호와는 그의 제단에 불을 붙이신다. 그래서 그 제단 위의 제물은 정하여야 한다.

그리고 그와 같은 것은 회개할 여유를 주는 하나님의 놀라운 은혜의 기회이기도 하였다. 사울은 하나님에게 그 자신이 충실하다는 것을 보여줄 또 다른 기회를 가졌다. 하나님은 우리로 하여금 언제나 자신의 은혜를 베풀 기회를 마련하신다.

✚ 묵상 : 하나님께서 사무엘을 통해 사울에게 말씀하신 명령은 무엇이었나요?(삼상15:2~3)
하나님께서 사울을 왕으로 세운 것을 후회하신 이유는 무엇이었나요?(삼상15:11~12,15,18~19)

● 로마서 13장 구원의 때에 그리스도인이 단정히 행함

세속 통치자들이 비록 하나님의 존재를 인정하지 않는다 해도 그리스도인들은 그들의 권세와 역할을 인정하고 따라야 하는 것이 원칙이다(1-5절). 참고로 "위에 있는 권세들에게 복종하라"는 구절은 왕권신수설을 주장하는 통치자들의 왕권강화를 위한 근거로 활용되기도 했는데 바르게 활용되려면 먼저 자신의 통치가 하나님의 정의에 부합하는지를 점검해야 한다. 우리는 기본적으로 정부의 정책에 따르되 하나님의 뜻과 거리가 먼 정책이 있다면 정당한 절차나 선거를 통해 바꾸어 나가야 한다. 그러므로 그리스도인은 세금이나 각종 조세들을 정당하게 납부함으로 세상의 질서를 지켜 나가는 일에 본을 보여야 한다(6-7절). 사랑은 율법의 완성이기에 모든 일을 사랑으로 행해야 하며(8-10절) 마지막 때가 가까이 왔으므로 어둠의 일을 버리고 세상의 빛이 되는 삶을 살아야 한다(11-14절).

✚ 묵상 : 위에 있는 권세들에게 복종해야 하는 이유는 무엇일까요?(롬13:1~2)
구원의 때가 가까워졌을 때 해야 할 행동은 무엇일까요?(롬13:12~14)

통일 주제 행함 (行함, 믿음과 말씀과 정의와 진실은 행할 때 온전해 짐)

연합 내용 창조주이신 하나님의 명령과 계명은 절대적이다. 그리스도인은 고난과 어려움 속에서도 마땅히 하나님의 명령과 계명을 행해야 한다. 그 때 비로소 열매을 맺고 하나님은 영광을 받으신다.

● 예레미야 52장 시드기야가 여호와 보시기에 악을 행함

지금까지 선포된 예언의 역사적 성취를 보여준다. 곧 예루살렘 성이 함락될 당시의 비극적인 상황, 바벨론 군대에 의해 예루살렘 성전이 파괴되는 장면, 성전의 거룩한 성물의 파괴와 탈취, 최후까지 항거하다가 살해된 자들과 포로로 잡혀간 자들의 숫자, 그리고 여호야긴 왕의 석방 등 예레미야를 비롯한 여러 선지자들이 누차 선포되고 경고해온 여러 예언이 마침내 성취되었음을 보여준다.

특히 이 장은 열왕기하 24장 18-25절과 내용상 거의 비슷하며, 예루살렘 함락 내용을 서술한 역사적 부록이다(39장처럼). 그 문맥에 맞춰 유다 마지막 왕과 그 죄악을 서술하는 것으로 시작한다(주전 597-586년). 이 장의 목적은 예루살렘과 유다에 대해 예레미야의 예언이 얼마나 정확한지 알려주는데 있다.

✚ 묵상 : 하나님께서 예루살렘과 유다에게 진노하신 이유는 무엇일까요?(렘52:2~3)
여호와 보시기에 악을 행한 시드기야 왕의 마지막은 어떠했나요?(렘52:10~11)

● 시편 31편 다윗이 어려운 때에도 기도와 찬송을 행함

찬란한 빛이 비취고 어두운 그림자는 사라진다. 그러나 복된 삶이 그물, 곧 "허탄한 거짓"(6절)에 의해서 고난을 받으면서 그 중에서 지속할 수도 있다. 이것은 신자들이 거룩한 뜻을 간직하고 있으면서도 세상의 죄인들 중에서 살아가는 것과 같다. 이와 같은 상황에서 우리는 구원하시는 하나님의 은혜를 체험할 수가 있다.

✚ 묵상 : 다윗이 고난 중에서도 기뻐하며 즐거워할 수 있었던 이유는 무엇일까요?(시31:7~8)
다윗은 성도들에게 어떻게 행할 것을 요구하고 있나요?(시31:23~24)

기 도

- 주여, 하나님께서 주신 명령과 계명을 즐거이 지켜 행하게 하옵소서.
- 주여, 육신의 정욕보다 사랑을 행하며 사는 하루하루가 되게 하옵소서.
- 주여, 어떠한 상황 속에서든지 감사로 기도와 찬송을 드리게 하옵소서.

8월 24 August 중심

삼상16 / 롬14 / 애1 / 시32

● 사무엘상 16장 기름부음을 받는 다윗의 중심

사울이 하나님의 마음에 맞지 않았다면 하나님의 마음에 드는 자는 누구인가? 사무엘은 하나님의 지시대로 이새 집안의 다윗을 찾아가 그에게 기름을 부어 왕으로 세운다. 한편 다윗은 악신에게 고통 받는 사울을 찾아가 수금으로 위로를 하는 장면이 나온다.

하나님의 말씀을 떠남으로써 되어진 사울의 철저한 버림과 실패는 예수 그리스도의 모든 종들에게 큰 경종이 된다. 이것은 우리가 우리의 주님의 말씀을 준행하지 아니할 때에, 이와 같은 실패를 당한다는 것을 보여준다.

✚ 묵상 : 중심을 보시는 하나님은 사무엘로 하여금 누구에게 기름을 붓게 하셨나요?(삼상16:7,11~13)
다윗은 악령으로 번뇌하는 사울을 무엇으로 상쾌하도록 낫게 했나요?(삼상16:13,15,23)

● 로마서 14장 성령 안에 있는 믿는 자의 중심

종교나 관습은 음식문제에 지대한 영향을 끼친다. 교회 공동체의 연합에도 음식은 상당한 영향을 미쳤다. 바울은 믿음이 약한 자를 무시하지 말고 강한 자를 비판하지 말라고 권면한다(1-6절). 형제를 위해 그리스도께서 대신 죽으셨다는 사실을 기억하면 서로의 다름을 인정하고 공동체를 함께 지켜나갈 수 있다(7-12절). 바울은 본질이 아닌 부수적인 음식문제로 형제를 실족시킨다면 이는 사랑으로 행한 것이 아님을 강조한다(13-18절). 교회는 부수적인 문제에 매이지 말고 성령 안에서 의와 평강과 희락을 누려야 한다. 우리는 공동체의 화평과 덕을 세우는 일에 힘써야 한다(19-23절).

✚ 묵상 : 바울은 그리스도인이 절대 하지 말아야 할 일은 무엇이라고 했나요?(롬14:1,3,10,13)
바울은 하나님의 나라는 성령 안에서 어떤 일과 열매가 있다고 했나요?(롬14:17~19)

통일 주제 중심 (中心, 외모와 반대되는 말로 진실한 마음)

연합 내용 하나님은 사람의 겉과 속을 창조해 주셨다. 하나님은 외모의 성결도 보시지만 특히 내면의 중심을 보신다. 그러므로 인간은 하나님의 은혜 안에서 자신이 죄악에 물들지 않도록 끊임없이 관리해야 한다.

● 예레미야애가 1장 울며 회개하는 예레미야의 중심

이 책을 구성하고 있는 다섯 편의 애가는 한편으로는 하나님의 신실함과 다른 한편으로는 백성들의 죄와 비탄을 나타내고 있다.

시인은 바벨론 왕 느부갓네살의 침공으로 마침내 예루살렘이 파괴된 사건을 직접 목격하고 그 기막힌 슬픔을 노래한다. 특히 시인은 예루살렘의 패망이 그들을 사랑하는 하나님의 은혜로운 징계에서 비롯된 것임을 깨닫고, 하나님을 향하여 구원을 호소하고 있다.

✚ 묵상 : 예레미야는 예루살렘의 멸망의 원인과 그 결과를 어떻게 말했나요?(애1:5,8,10,14~15)
눈물의 선지자 예레미야는 왜 예루살렘의 멸망의 원인을 최종적으로는 자신의 죄악으로 돌렸을까요?(애1:18~20)

● 시편 32편 주께 나아가는 경건한 자의 중심

본편에서는 사람은 누구나 죄인일 수밖에 없으므로 우리는 하나님으로부터 용서를 받아야만 참 인생을 살 수 있음과 아울러 자신의 체험을 토대로 그 용서받은 자의 행복을 진술함으로써 후학들도 오직 주와 함께하며 행복을 누릴 것을 권고하고 있다. 본 시는 7개의 참회의 시 중의 하나이다. 잘 알려진 이 시는 사도행전 9장의 의미에 비추어서 연구해야 할 것이다. 그리고 한 심령이 슬픔의 과정에서 구원의 기쁨을 겪고 난 과정을 설명한다.

✚ 묵상 : 자신의 허물을 자복한 다윗은 어떤 자가 복이 있다고 했나요?(시32:1~2,5)
다윗은 여호와께 나아가는 것을 무엇 같이 하지 말고 어떤 마음으로 하라고 권면했나요?(시32:9~11)

기 도

- 주여, 중심을 인정받아 하나님의 영에 충만한 자가 되게 하옵소서.
- 주여, 하나님의 나라를 지향하는 자로서 비판을 멀리하고 평강을 좇게 하옵소서.
- 주여, 예레미야와 다윗처럼 문제 앞에서 자신의 죄를 먼저 회개하게 하옵소서.

8월 25 August 나라

삼상17 / 롬15 / 애2 / 시33

● 사무엘상 17장 만군의 여호와가 세우시는 이스라엘 나라

하나님의 영이 떠난 사울은 국가적으로도 위기를 맞는다. 잠잠하던 블레셋이 거인 골리앗을 앞세우고 전쟁을 일으켰던 것이다. 풍전등화와 같은 국가적 위기를 구할 수 있는 사람은 아무도 없을 때 다윗은 만군의 여호와의 이름으로 골리앗을 물리치고 하나님의 이름을 드높인다.

다윗은 베들레헴의 상류지역에서 그의 아버지의 양을 치는 목자에 불과하였으나 이 믿음의 칼을 사용하게 되었다. 하나님에 의하여 공개적으로 승리를 얻게 되는 사람들은 인생의 하류층에서 귀히 되고 사울의 숨은 나라에서 이기는 사람이다. 골리앗은 이 세상의 신의 적절한 상징이다. 그는 겁 없이 하나님의 백성을 모독 하였다. 이스라엘의 원수를 이기는 자는 하나님의 선택을 받은 자가 되어야 한다.

✚ 묵상 : 소년 다윗은 전쟁터에서 어떤 말을 듣고 골리앗 앞으로 나갔나요?(삼상17:20,23,36)
다윗이 골리앗을 물리칠 수 있었던 두 가지의 힘은 무엇일까요?(삼상17:45,47~49)

● 로마서 15장 열방을 구원하여 세우시는 하나님의 나라

"그리스도께서 우리를 받아 하나님께 영광을 돌리심과 같이 너희도 서로 받으라"(7절) 바울은 유대 그리스도인과 이방 그리스도인이 서로 용납하고 받아들이기를 원했다. 바울은 이방인을 위한 예수님의 일꾼이 되었지만(16절), 한편으론 예루살렘에 가고자 했다(25절). 동족이 구원 받을 수만 있다면 자신의 이름이 생명책에서 지워지더라도 바랐던 사람이 바로 바울이다. 아브라함도 "천하 만민이 그를 통해 복을 받게 된다"(창12:3)는 약속의 말씀을 받았다. 강한 자와 연약한 자, 유대인과 이방인은 그리스도의 공동체안에서 하나가 될 수 있다. 그러기 위해서는 자기부인과 포기의 본을 보이신 예수님의 길을 따라가야 한다.

✚ 묵상 : 바울은 믿음이 강한 자가 무엇에 힘써야 한다고 말했나요?(롬15:1~2,5~7,14)
바울은 서바나로 가기 전에 어떤 아름다운 일을 대행했나요?(롬15:23~27)

통일 주제 **나라 (국민이 주권을 가지고 거주하는 일정한 영토나 그것들의 총체)**

연합 내용 하나님은 사람에게 생육하고 번성하여 땅에 충만하라고 축복하셨다. 그 후 이 땅에는 많은 민족과 나라가 세워졌다. 나라의 흥망성쇠는 주의 주권에 달려있다. 이 민족이 주의 주권을 인정하는 복된 나라가 되길 소망한다.

● 예레미야애가 2장 선택되었으나 하나님의 진노를 받은 나라

본장에서는 바벨론 군대의 잔학무도한 침탈 장면이 소개된다. 시인은 성전 파괴와 공적인 예배를 중지시키는 아픔을 감수하면서까지 예루살렘을 심판하신 하나님의 거룩한 섭리를 소개하면서 수치와 처참한 현실을 맞이하게 된 예루살렘을 위시한 온 유다 백성을 향하여 회개할 것을 호소하고 있다.

✚ 묵상 : 선지자 예레미야는 유다를 향한 예언사역의 결말이 결국 멸망으로 끝났을 때 어떤 모습을 보였나요?(애2:1~4,10~11,13,22)
예레미야는 유다가 무엇만을 듣고 보다가 망하게 되었다고 했나요?(애2:14)

● 시편 33편 여호와를 자기 하나님으로 삼는 복있는 나라

본 시는 지은이가 밝혀져 있지 않다. 따라서 그 저작 연대와 동기가 불확실하다. 대략 기원전 701년경 앗수르 왕 산헤립의 침략이 하나님의 기적적 개입으로 해결된 것을 찬양한 시가 아닌가 하고 추측해 보기도 하나 시 본문 자체에 별다른 언급이 없기 때문에 단정 지을 수 없다.

한편 하나님의 백성이 '여호와를 즐거워할' 이유는 여러 가지가 있다. 우리의 불신과 의심을 버리고 그와 같이 여호와를 찬양하는 일에 동참하게 된 것도 기쁜 일이다. 신자들의 기쁨의 근원은 세상에 있는 것도 아니고 그들 자신 안에 있는 것도 아니며 오직 여호와 안에 있다. 이들은 여호와께 '새 노래로'(3절) 부른다. 이것은 이들이 이제 새 피조물이 되었기 때문이다.

✚ 묵상 : 다윗은 어떤 나라가 복되고 견고히 설 것이라고 했나요?(시33:5,8~12)
다윗은 인생의 구원이 무엇에 달려 있지 않고 오직 여호와를 경외함에 있다고 했나요?(시33:13~20)

기 도

- 주여, 주와 성도를 향한 의협심과 재능을 개발한 은사로 세상을 이기게 하옵소서.
- 주여, 마게도냐와 아가야인이 예루살렘 성도를 도운 것처럼 서로 돕게 하옵소서.
- 주여, 거짓 경고와 미혹에 빠지지 않는 공의롭고 견고한 나라가 되게 하옵소서.

8월 26 August

합당

삼상18 / 롬16 / 애3 / 시34

● 사무엘상 18장 사울이 다윗을 군대의 장으로 세운 것이 합당

골리앗을 물리친 다윗은 백성들로부터 존경을 받고 요나단은 다윗과 우정을 약속한다. 반면 사울은 다윗을 견제하며 사위 자리를 내세워 전쟁터로 내몬다. 그러나 사울의 음모는 무력하게 되고 다윗은 오히려 부마 자리에 오르게 된다.

한편 다윗에 대한 요나단의 사랑은 성령에 의해서 우리들의 마음에 비춰고 드러난 하나님의 사랑의 순수한 반영이다. 그리고 그것은 놀랍고 기이하다.

✚ 묵상 : 다윗을 생명같이 사랑한 사람은 누구일까요?(삼상18:1,3~4)
사울에게 평생 대적이 된 다윗은 어떤 두 가지의 힘으로 승리했나요?(삼상18:5,12,14~15,28~30)

● 로마서 16장 충성한 자들을 문안받도록 추천하는 것이 합당

2천년 전 여성은 철저히 남성에게 종속된 위치에 있었다. 그러나 바울의 동역자들이 등장하는 16장을 보면 여성들이 남성에게 종속된 위치에 있는 것이 아니라 중요한 위치를 차지하고 있다. 그녀들은 바울을 돕는 존경스러운 일꾼들이며, 교회공동체의 소중한 사람들이다. 뵈뵈, 브리스가, 마리아, 유니아 등이 중요하게 언급된다. 교회는 놀라운 공동체다. 성별에 따라 차별하지 않았던 그리스도의 공동체는 모든 차이(민족, 성별, 나이, 사회적 위치)를 극복하며 동역함으로서, 복음이 세상을 어떻게 변혁시키는지 스스로를 증명해 냈다. 십자가 복음은 모든 차이와 차별을 극복할 수 있는 능력입니다. 그리스도 안에서 하나 되지 못할 이유는 없다.

✚ 묵상 : 바울이 로마에 있는 그리스도인들에게 우선적으로 추천한 사람들은 누구일까요?(롬16:1~7)
바울이 로마에 있는 그리스도인들에게 마지막으로 권면한 말씀은 무엇일까요?(롬16:17~19)

통일 주제 합당 (合當, 꼭 알맞아 타당함)

연합 내용 하나님은 세상을 조화롭고 질서있게 창조하셨다. 그러므로 인간은 세상을 살아갈 때 합당한 일을 해야 한다. 사람을 세우는 일, 남을 추천하는 일, 절망 때 주님께 다가가 경외하는 일은 가장 합당한 일이다.

● 예레미야애가 3장 절망 때 인자하신 주께 소망을 두는 것이 합당

시인은 하나님의 진노로 인해 파괴되어버린 예루살렘을 바라보면서 한편으로는 비탄에 젖었으나 또 한편으로는 소망을 갖게 된 사실을 소개한다. 본장에서는 하나님의 심판을 받아 슬픈 현실을 맞이하게 된 유다 백성의 참상, 하나님의 자비와 은총을 토대로 절망적인 현실에도 구원을 소망하게 된 시인의 빛나는 신앙, 절망을 소망으로 바꾸기 위한 전제 조건으로서 회개를 요청하는 시인의 애타는 심정 등이 소개되고 있다.

✚ 묵상 : 예레미야는 나라의 멸망으로 인한 자신의 처지를 어떻게 울부짖었나요?(애3:1~3,8~9,12~14)
절망적인 상황 속에 있는 예레미야는 무엇을 소망으로 삼았나요?(애3:21~26,31~33,55~59)

● 시편 34편 여호와를 경외하는 자가 복을 받는 것이 합당

본서의 찬양과 감사들은 대개의 경우 개인적인 감사와 찬양만으로 끝나지 않고 꼭 일반 성도 대중을 향한 간증, 권면, 교훈을 부가하고 있는 것이 특징이다. 이 시는 표제어가 보여주듯이 다윗이 심지어 미치광이 노릇까지 하면서, 사울과 이방 원수들의 눈을 피해 생명을 부지하다가 마침내 풀려 나와 그 기쁨을 노래한 감사의 시이다. 그러나 이 시는 그러한 환경에서 흔히 있는 우울한 내용이 아니고, 그의 구원에 대하여 하나님께 감사하는 놀라운 내용이 들어 있다. 이 단어들은 기쁨의 황홀삼 속에서 한 심령의 상태를 잘 드러낸다. 특히 이 시는 히브리어의 알파벳순으로 시작되었다는 특징이 있다.

✚ 묵상 : 다윗은 여호와를 경외하는 자에게 어떤 은혜가 있다고 고백했나요?(시34:4,6~11,17)
다윗은 장수하며 복 받기를 원하는 자에게 무엇을 하라고 권면했나요?(시34:12~15)

기 도

- 주여, 문제 속에 있을 때 하나님의 능력과 자신의 노력으로 승리하게 하옵소서.
- 주여, 평생 그리스도를 위해 살므로 믿는 자에게 추천받는 자가 되게 하옵소서.
- 주여, 오직 여호와를 경외함으로 기도의 응답과 복과 장수를 누리게 하옵소서.

8월 27 August 영향

삼상19 / 고전1 / 애4 / 시35

사무엘상 19장 다윗이 사울과 백성에게 끼친 영향

블레셋 사람의 손에 다윗을 죽이려던 두 차례 계획이 실패하자 사울은 이제 공공연하게 다윗을 살해하려고 한다. 이 음모를 알아챈 요나단은 다윗에게 정보를 제공하고 다윗의 아내 미갈의 기지로 왕궁 탈출에 성공하여 사무엘이 있는 라마 나욧으로 도주한다. 한편 이곳까지 추격해온 사울은 성령의 강권적 역사로 다윗 체포에 실패하고 발길을 돌리게 된다.

일련의 사건을 통해 다윗에 대한 요나단의 우정은 전이나 지금이나 변함이 없다. 다윗이 죽지 않고 살아 있으면 요나단이 왕위에 오른다는 것은 어려운 일이었다. 이것을 잘 아는 사울은 그의 왕조를 지키기 위하여 인기가 있었던 다윗을 죽이려고 하였다. 그러나 진실한 우정은 왕의 자리보다 더 강하였다.

✚ 묵상 : 사울이 다윗을 죽이려고 할 때 구해 준 두 사람은 누구일까요?(삼상19:1~2,4~6,11~14)
사울이 자신의 대적 다윗을 죽이려고 했던 두 가지 원인은 무엇일까요?(삼상19:8~9,17)

고린도전서 1장 십자가의 도가 영혼에게 끼친 영향

상업이 발달한 타락한 항구도시 고린도에 그리스도인의 공동체가 세워졌다(1-3절). 어느 곳이든 주님의 교회가 필요합니다. 이 공동체는 하나님을 아는 지식과 은사가 충만했고 주의 재림을 사모했다(4-9절). 그러나 분쟁이 있었다(10절). 바울은 특정 인물을 좇아 분파를 형성하지 말고 오직 예수 그리스도의 십자가만 바라보라고 권한다(11-17절). 세상에는 구원의 지혜가 없으며 십자가만이 하나님의 지혜요, 구원의 능력이 되기 때문이다(18-25절). 세상의 부와 명예와 지혜가 결코 우리를 하나님 앞에 세울 수 없다(26-29절). 약하고 미련한 자를 부르셔서 구원하시는 하나님의 은혜만을 자랑할 뿐이다(30-31절).

✚ 묵상 : 바울이 볼 때 고린도교회의 좋은 점과 나쁜 점은 무엇이었나요?(고전1:5~7,11~13)
바울은 십자가의 도가 모든 사람들에게 무엇이 된다고 했나요?(고전1:18,21,23~24,30)

통일 주제 영향 (影響, 어떤 사람이나 사물의 효과나 작용이 다른 것에 미치는 일)

연합 내용 사람은 다른 사람이나 환경을 통해 영향을 받기도 하고 주기도 한다. 특히 사람이 보여 준 행동들 즉 사역, 십자가, 찬송, 기도 그리고 범죄가 여러 가지 환경과 더불어 모든 영역에 많은 영향을 끼친다.

● 예레미야애가 4장 예루살렘의 죄악이 삶에 끼친 영향

본장에서 시인은 예루살렘 전역에 펼쳐진 기근으로 인한 참상을 구체적으로 소개하고 그러한 참상의 책임자라 할 수 있는 종교 지도자들을 책망한다. 그리고 시인은 애굽이 유다의 구원자가 될 수 없음을 밝히고, 환난 가운데서도 긍휼을 잊지 않으시는 하나님께서 은혜를 베풀어주심으로써 유다가 맞이하게 될 궁극적인 승리를 확인시켜 주고 있다.

✚ 묵상 : 선지자 예레미야는 예루살렘의 멸망 이후 모습이 어떠할 것이라고 말했나요?(애4:1~2,4~5,7~8,10)
예레미야는 예루살렘의 멸망의 원인을 다시 어떻게 정리했나요?(애4:6,13,17)

● 시편 35편 기도와 찬송이 다윗에게 끼친 영향

극한의 위기에 놓인 다윗은 자기의 원수와 싸워달라고 하나님께 호소한다(1-3절). 그런데 대적을 심판하여 주시길 간구하던 다윗은 갑자기 구원의 하나님을 찬양한다(4-10절). 기도하는 가운데 확신이 찾아오고 찬양도 회복된다. 대적들의 비방과 모함에 대해 억울함을 호소하던 다윗은 이번에도 감사 찬송을 드린다(11-18절). 이는 하나님의 구원에 대한 확신의 표현이다. 그는 거짓 모략으로 공격하는 자들에 대한 하나님의 공의의 심판을 요청한다(19-27절). 아직 상황이 바뀐 것은 없지만 찬양을 결단하며 시를 마무리한다(28절).

✚ 묵상 : 다윗은 여호와 하나님을 어떤 분으로 묘사하고 있나요?(시35:1~3)
다윗은 인간관계 속에서 가장 힘들었던 것이 무엇이라고 고백하고 있나요?(시35:11~16,19~21,26)

기 도

- 주여, 억울한 일로 위험 가운데 있을 때 신뢰하고 돕는 자가 있게 하옵소서.
- 주여, 교회로 하여금 진리 가운데 굳게 서게 하시고 나눠지 않게 하옵소서.
- 주여, 눈을 뜨게 주사 원인을 보게 하시고 대안을 찾아 미래를 열게 하옵소서.

8월 28 August 죄인

삼상20 / 고전2 / 애5 / 시36

● 사무엘상 20장 무고한 다윗을 죽이려 한 악한 사울 죄인

살해하겠다는 뜻을 굽히지 않는 사울의 칼날을 피하기 어려워지자 다윗은 요나단에게 간절히 도움을 청하고 요나단은 자신의 우정을 확인시키며 다윗과 언약하고 위로한다. 그러나 사울의 의지가 확고해 지자 요나단은 다윗에게 도피를 종용하고 두 사람은 크게 슬퍼하며 작별을 하게 된다. 사울의 변하지 않는 의지와 요나단의 변하지 않는 우정으로 친구를 위로하는 모습이 대조를 이루고 이는 장면을 보게 된다. 이 일로 되어진 일련의 사건들은 요나단과 다윗 간의 우정이 얼마나 돈독하였는가를 알게 하여 준다.

✚ 묵상 : 다윗은 장인 사울 왕으로부터 계속되는 죽음의 두려움을 누구에게 말하고 어떤 도움을 요청했나요?(삼상20:1,3,5~6)
요나단은 아버지 사울 왕으로부터 다윗을 살리기 위하여 어떤 노력을 했나요?
(삼상20:9,12~13,19~22,28~29,32,37~38)

● 고린도전서 2장 예수를 십자가에 못 박은 무지한 죄인

바울은 사람의 지혜나 화술이 아닌 예수 그리스도의 십자가의 복음 그 자체에 집중하고 성령의 능력을 철저히 신뢰하였다(1-5절). 십자가를 통한 세상의 구원은 만세 전에 미리 정하신 하나님의 지혜로써 세상의 지혜로는 도무지 알 수 없는 감추어진 비밀이다(6-9절). 이 비밀은 오직 성령의 조명을 통해서만 알 수 있다(10-12절). 성령이 우리에게 십자가의 복음을 가르쳐 주시고 깨닫게 하신다(13절). 성령이 없는 사람은 하나님의 비밀을 알 수 없으며 세상의 헛된 것들을 분별할 수도 없다(14-15절). 성도는 그리스도의 마음, 즉 '성령'을 가진 사람이다(16절). 바울은 '마음'과 '영'을 같은 의미로 사용하고 있다.

✚ 묵상 : 바울은 고린도 사람들에게 복음을 전할 때에 오직 무엇으로만 했나요?(고전2:1~4)
반면 바울은 장성한 자에게는 오직 무엇으로 복음을 전했나요?(고전2:6~7,10,13)

통일 주제 죄인 (罪人, 하나님과 사람 앞에 악을 행하고 죄를 지은 사람)

연합 내용 사람은 아담의 불순종 이후 죄인이 되었다. 부패함과 패역함이 마음을 지배하여 대적을 만들고 의인을 죽이며 옳은 길을 버리고 악을 행하되 하나님에 대한 두려움이 없다. 의로운 주님은 반드시 심판하신다.

● 예레미야애가 5장 하나님의 말씀을 거역한 예루살렘 죄인

본장에서 시인은 하나님을 향하여 유다의 회복을 간구하는 기도를 드린다. 시인은 바벨론의 침탈로 인해 영과 육이 처참하게 된 유다 백성을 대표하여 부르짖으며, 영원한 통치자로서 절대 주권을 행사하시는 하나님, 곧 유다의 구원이요 소망이신 하나님께 구원해 주시고 회복해주실 것을 간절히 호소한다. 하나님은 자신에게 마음과 뜻을 바쳐 진실로 참회하는 자를 결단코 외면하지 않으신다.

✚ 묵상 : 선지자 예레미야가 여호와께 아뢴 회개기도의 내용은 무엇일까요?(애5:6~7,16)
선지자 예레미야가 여호와께 아뢴 구원의 기도내용은 무엇일까요?(애5:19~21)

● 시편 36편 주를 두려워하지 않고 악을 쫓는 죄인

이곳에서 저자는 악인의 뜻과 생각의 은밀한 것을 드러낸다. 이것은 악인의 특징 중의 하나이다. 하나님을 부인하는 자는 언제나 자만하고 자신만을 자랑한다. 이것은 주의 날개 아래 그늘에서 살아가는 사람들과 너무나 다르다. 하나님의 사람들은 이와 같은 차이점을 보면서 살아간다.

또한 여기서 잊지 말아야 할 것은 사랑의 하나님은 동시에 심판의 능력을 지니셨다는 사실이다. 지금 당장은 세상에서 악인들이 우쭐대나 그들은 하나님이 종말론적 심판 앞에서 끝내 영원한 수치를 경험할 것이다.

✚ 묵상 : 다윗은 악인의 특성을 무엇이라고 했나요?(시36:1~4)
여호와 하나님은 다윗처럼 주를 아는 자들에게 어떻게 행하시나요?(시36:6~10)

기 도

- 주여, 억울한 일을 당한 자의 아픔을 함께 나누는 사랑의 종이 되게 하옵소서.
- 주여, 복음을 전할 때에 세상의 지혜와 설득보다 성령을 의지하게 하옵소서.
- 주여, 영원히 주를 아는 자와 정직한 자가 되어 복락의 강물을 마시게 하옵소서.

8월 29 August 요새

삼상21-22 / 고전3 / 겔1 / 시37

● 사무엘상 21-22장 아둘람 굴이 도망하는 다윗에게 요새가 됨

21: 생명이 위급함을 감지한 다윗은 놉 땅의 제사장 아히멜렉을 찾아가 도움을 청하지만 이스라엘에서 사울의 공격을 피할 데가 없음을 알고 이스라엘의 원수나라인 블레셋을 찾는 실수를 범하고 만다. 다윗이 찾았던 놉은 '언덕'을 의미하고 사울은 그의 정권 초기에 언약궤를 그곳으로 옮겼다. 따라서 놉은 제사상들의 처소가 되었으며, 그 후 아비나답의 집에 그 언약궤가 20년 동안 있었고 제사장은 85명이나 되었다(22:18-19). 이곳에서 다윗은 여건이 어려웠을 때에 사람이 하나님 앞에서 어떤 자세를 취하는지를 보여준다.

22: 블레셋에서조차 생명의 위협을 느낀 다윗은 다시 가나안으로 돌아온다. 하지만 부모의 신변까지 위협을 받자 다윗은 부모를 혈연관계가 있는 모압으로 도피시킨다. 한편 다윗이 놉을 다녀갔다는 도엑의 밀고로 놉 땅의 제사장 집안 85명은 사울에게 무참히 학살당하고 만다.

다윗이 하나님에 대한 믿음을 상실하자마자 그는 그의 행동을 바꾸어서 "미친 사람같이 대문짝에 그적거리는" 모습을 취하였다. 우리의 신조와 우리의 신앙, 행동 사이에는 큰 차이가 있다. 믿음의 변화는 행동의 변화를 가져온다. 다윗은 아기스 왕이 두려워서 아둘람 굴로 도망을 하였다.

✚ 묵상 : 다윗은 사울을 두려워하여 어디로 도망갔으며 어떻게 행동했나요?(삼상21:10~13)
다윗이 아둘람 굴에 있을 때 그에게로 모여든 사람들은 누구일까요?(삼상22:1~2,20)

● 고린도전서 3장 교회가 그리스도인들에게 영적인 요새가 됨

고린도 교회는 특정 사역자들의 이름을 내세우며 분열하고 있었다. 바울은 사역자들의 수고를 인정하되, 결국 자라게 하시는 분은 하나님이시기에 하나님을 높여야 하며, 사역자들은 각각 하나님이 주신 사명을 감당할 뿐임을 부각시킨다(3-9절). 성도는 하나님의 성전이다. 하나님의 성령이 내주하시기 때문이다. 그러므로 성도 개인이든 교회 공동체이든 거룩하고 아름답게 유지되어야 한다. 특히 공동체로서의 교회는 그리스도 안에서 하나 됨을 지켜 나가야 한다(16,17절).

✚ 묵상 : 바울은 고린도 교인들이 쫓은 지도자들을 어떤 존재라고 설명했나요?(고전3:4~7,9)
바울은 그리스도인의 삶을 무엇에 비유하여 설명했나요?(고전3:10~16)

통일 주제 요새 (要塞, 군사적으로 중요한 곳에 건설한 방어 시설)

연합 내용 성경이 말하는 요새는 영적인 측면과 육적인 측면이 있다. 영적인 측면은 영원한 피난처이신 여호와 하나님을 의미하고 육적인 측면은 몸과 마음을 숨길 수 있는 환경이나 사람 또는 공동체를 의미한다.

● 에스겔 1장 주의 모습과 환상이 에스겔에게 영적 요새가 됨

이 매우 상징적인 예언서인 '에스겔'은 그가 바벨론의 포로로 있을 때 쓴 것이다. 에스겔서는 유다 왕국의 패망과 예루살렘 회복에 대한 소망을 중심 주제로 한 예언서이다. 그 가운데서도 본장은 에스겔 선지자가 바벨론의 그발 강가에서 하나님의 부르심을 받고 네 가지 환상을 목도한 후 하나님의 절대 주권과 영광에 대한 확신을 갖는 장면을 소개한다. 선지자의 이런 환상은 포로로 끌려온 유다 백성이나 멸망 직전의 유다 왕국에 있던 자들에게 큰 위로가 되었음에 틀림이 없다.

✚ 묵상 : 제사장 에스겔은 언제 어디서 어떤 상황에서 환상을 보았나요?(겔1:1~3)
제사장 에스겔이 본 환상의 내용은 무엇이었나요?(겔1:4~5,10~11,20~21,23~24,28)

● 시편 37편 여호와가 환난을 당한 의인에게 요새가 되심

본편은 유사 이래 계속된 이 물음에 대한 해답일 수 있다. 본시는 결국 종말적 관점에서 악인의 일시적인 번영을 보고 불평하거나 낙담하지 말고, 성도는 오히려 더욱더 최후 심판을 의식하면서 하나님을 신뢰하고 그분의 공의의 손길을 바라보아야 한다고 교훈하고 있다. 이에 요점은 악의 번영은 일시적인 것이고, 그 최후는 영원한 멸망이라는 것이다.

✚ 묵상 : 다윗이 하나님의 백성에게 하지 말라고 권면한 내용은 무엇일까요?(시37:1,7~8)
다윗이 하나님의 백성에게 하라고 권면한 내용은 무엇일까요?(시37:3~5,27,34,37)

기 도

- 주여, 환난 때에 지혜롭게 하시고 곤고한 때에 어려운 자들을 품게 하옵소서.
- 주여, 주의 일을 하는 사역자들과 함께 하나님의 성전을 잘 세우게 하옵소서.
- 주여, 하지 말 것과 할 것을 분별하여 주의 복을 누리는 자가 되게 하옵소서.

8월 30 August 침묵

삼상23 / 고전4 / 겔2 / 시38

● 사무엘상 23장 사울의 박해로 광야수풀에 숨어 침묵하는 다윗

피난생활 중에 다윗은 블레셋의 침략을 받은 그일라 주민을 구출한다. 하지만 그일라 주민의 고발로 다윗은 다시 십 황무지로 또 그곳 주민의 고발로 사울의 추격을 피해 마온 황무지로 도피한다. 다윗은 어려움 중에도 은혜를 베풀었지만 주민들은 그 은혜를 원수로 갚았다.

또한 이곳에서 세 사람의 인간성이 드러난다. 다윗의 경건성을 보게 되고 요나단의 반역 그리고 사울의 처신이 등장한다. 이들의 행적은 사람들 사이에서 어떤 자세를 가지고 살아가는가를 잘 보여준다. 요나단과 사울은 부자간이 있으나 이들의 여건은 크게 달랐다. 아버지인 사울의 뜻을 살피면서도 다윗과 우정을 유지하는 요나단의 자세는 어떤 설명이 가능할지 논란의 대상이다. 그러나 이들의 우정은 언제나 변함이 없다.

✚ 묵상 : 다윗은 매 순간마다 행동하기 전에 무엇을 했나요?(삼상23:2,4,10~12)
모든 수단을 동원하여 다윗을 쫓던 사울이 갑자기 기브아로 돌아가게 된 것은 무엇 때문일까요?(삼상23:19~20,25~28)

● 고린도전서 4장 만물의 찌꺼기같이 돼도 침묵하며 일하는 바울

모든 사역자 더 나아가 모든 그리스도인들은 그리스도의 일꾼이며 하나님의 비밀을 맡은 자로서 사람의 평가와 판단이 아닌 하나님의 심판을 두려워하며 충성해야 한다(1-4절). 또한 본을 보이고 겸손하며 특히 하나님이 주신 은사나 능력을 자기 자랑으로 삼지 말아야 한다(5-8절). 고린도교회 성도들은 자신의 지혜와 총명을 자랑했으나 바울은 복음으로 인해 받게 된 조롱과 핍박, 고난을 자랑한다(9-14절). 그는 복음으로 새 생명을 낳기 위한 모든 고난을 감내했다(15절). 바울은 복음을 위해 살아온 자신의 삶을 본받으라고 촉구한다(16-21절). 이는 자신의 추종자가 되라는 뜻이 아니라 복음을 위해 자신이 보인 겸손과 사랑, 고난과 인내의 삶을 본받으라는 의미다.

✚ 묵상 : 바울은 하나님의 비밀을 맡은 일꾼이 무엇에 집중하고 무엇을 신경 쓰지 말라고 권면했나요?(고전4:1~3,5)
바울은 고린도교회를 향해 어떤 역할을 했으며 어떤 교훈을 남겼나요?(고전4:14~16)

통일 주제 침묵 (沈默, 입을 다물고 조용히 있음)

연합 내용 어려운 일을 당할 때, 죄로 인하여 징계를 받을 때 하나님의 뜻을 생각하며 묵묵히 침묵하고 때를 기다리는 것은 귀하다. 동시에 정의로움 중에도 박해를 받을 때는 침묵하면서도 기도하고 일해야 한다.

에스겔 2장 패역한 백성에게 침묵을 깨고 말씀을 전하는 종

2장은 에스겔이 소명을 받는 내용이다. 완악한 이스라엘 백성들은 에스겔의 선포를 듣지 않을 것입니다. 그러나 그들이 듣든지 안 듣든지 상관없이 말씀을 전하라고 명령하신다(1-5절). 에스겔은 가시와 찔레와 함께 있게 될 것이다(6-7절). 거절과 아픔 그리고 고통을 당하게 될 것을 의미합니다. 예수님이 십자가의 길을 갈 때 사람들의 반응이 그러했다. 하나님은 에스겔이 선포할 말씀을 먹이신다(8-10절). 그가 삼킨 말씀은 심판(=애가, 애곡, 재앙)에 관한 것이다.

✚ 묵상 : 하나님은 에스겔에게 이스라엘 자손에 대해서 무엇이라고 말씀하셨나요?(겔2:3~5)
하나님은 패역한 이스라엘에게 전할 무엇을 에스겔에게 주셨나요?(겔2:4,8~10)

시편 38편 여호와의 노하심 앞에서 침묵하고 기도하는 다윗

본편은 시편의 유명한 7대 회개 시 중의 하나이다(6, 32, 38, 51, 102, 130, 143편). 이 시는 회개에 대한 직접적 진술보다는 자신이 현재 당하는 격심한 고통이 자신의 죄 때문임을 인정하면서 형벌을 주신분이 하나님이시니 면죄해 주실 분도 하나님인 줄 깨달아 하나님께 징벌의 중지와 구원함으로써 회개를 간접적으로 토로하고 있다.

이 시편은 이 점에서 이전의 시와 대조된다. 다윗이 이스라엘의 왕뿐 아니라 이스라엘의 시인이었다는 것을 이해하지 못하면 이 시의 이해가 힘들다. 이 시는 자신이 빠진 웅덩이에서 구출을 받은 자의 회고적인 성격을 띤다. 이 점에서 이 시는 과거에 대한 쓴 회고에 해당된다.

✚ 묵상 : 침묵할 수밖에 없는 다윗은 오직 여호와 하나님께 무엇을 드렸나요?(시38:1,21~22)
다윗은 여호와 하나님의 노하심과 징계가운데서 어떻게 되었나요?(시38:3~8,11~14)

기 도

- 주여, 매 순간마다 무엇을 하든지 기도하여 주의 뜻을 묻고 행동하게 하옵소서.
- 주여, 복음을 맡은 그리스도의 일꾼으로서 오직 충성하게 하옵소서.
- 주여, 하나님의 징계와 원수의 압제중에 있을 때 기도로 승리하게 하옵소서.

8월 31 August 재판

삼상24 / 고전5 / 겔3 / 시39

● 사무엘상 24장 하나님께서 다윗과 사울의 시비를 재판하심

집요하게 다윗을 추격하던 사울은 다윗이 숨은 엔게디 동굴에서 잠을 청한다. 하지만 원수 갚을 절호의 기회가 왔음에도 불구하고 다윗은 사울을 내버려두고 가만히 동굴에서 나온다. 다윗은 모든 원수 갚는 일을 하나님께 맡겼다. 그리고 24장의 내용은 끝까지 요나단과의 언약을 지키고 하나님의 기름부음을 받은 사울에 대한 다윗의 자세를 보여주고 있다.

✚ 묵상 : 다윗이 사울의 겉옷 자락을 베고 마음이 찔렸던 이유는 무엇일까요?(삼상24:5~6)
사울이 다윗에게 여호와의 이름으로 맹세를 부탁한 것은 무엇일까요?(삼상24:20~22)

● 고린도전서 5장 하나님이 성도들의 음행과 교만을 재판하심

고린도 교회의 심각한 문제 중 하나는 음행(=성적 타락)의 문제였다(1절). 어떤 성도가 계모 혹은 아버지의 첩인 여인과 음행관계에 있던 것으로 보인다. 문제는 이러한 음행에 대해 교회가 묵인하고 있는 것이다(2-5절). 이것은 교회의 거룩함을 훼손하는 것이다. 바울은 단호하게 교회 공동체에서 제하라고 말한다(=사탄에게 내어 줌, 곧 출교). 바울은 교회 안에서 벌어진 근친상간의 문제를 개인의 문제가 아닌 교회의 문제로 접근하였다. 죄의 영향이 미치지 않도록 적은 누룩(=작은 죄)이라도 용인하지 말아야 하는데 그들은 안일하게 생각했다(6-8절). 그리스도인은 거룩함을 견지하면서 동시에 세상 사람들과의 관계 속에서 살아가는 존재다(9-13절). 거룩함을 잃으면 저들을 구원으로 인도할 수 없다.

✚ 묵상 : 바울이 소식을 듣는 것만으로 고린도 교회의 성도들을 판단할 수 있었던 이유는 무엇 때문일까요?(고전5:3)
바울이 사귀지도 말고 함께 먹지도 말라고 한 것은 어떤 사람들일까요?(고전5:11)

기 도

- 주여, 성령의 충만함을 힘입어 스스로를 판단하여 깨끗하고 겸손하게 하옵소서.
- 주여, 꿀 같이 단 주의 말씀을 매일 먹으며 의인의 삶을 살게 하옵소서.
- 주여, 나그네로 살아가는 중에 주님을 늘 붙잡고 기도로 승리하며 살게 하옵소서.

통일 주제 재판 (裁判, 옳고 그름을 가리어 판단함)

연합 내용 창조주 하나님은 공의로우시며 정의로우시다. 그러므로 피조물인 사람은 하나님의 재판에 전적으로 따라야 한다. 혹 사람이 재판을 하더라도 그 기준은 오직 하나님의 법과 말씀과 성령의 감동에 의해야 한다.

● 에스겔 3장 파수꾼 에스겔이 선민의 행위를 재판하여 권고함

에스겔은 하나님이 주신 말씀을 먹게 된다(두루마리 환상, 1-3절). 예언자의 사명은 하나님이 맡겨 주신 말씀을 전하는 것이다. 그런데 이스라엘 백성들은 완고하여 에스겔이 선포할 하나님의 말씀을 듣지 않을 것이다(4-11절). 하나님은 완고한 이스라엘 백성보다 예언자를 더 강하게 하셔서 그들이 듣든지 안 듣든지 담대하게 전하게 하실 것이다. 에스겔이 여호와의 영광을 체험하고 여호와의 권능에 붙잡히는 것이 바로 그를 강하게 하시는 하나님의 역사이다(12-15절). 에스겔은 멸망으로 달려가는 이스라엘 백성을 깨울 파수꾼으로 부름 받았다(16-17절). 파수꾼은 악인을 회개시키고 의인이 죄에 빠지지 않도록 전해야 한다(18-21절). 말씀을 듣지 못함으로 인해 회개하지 못했거나 죄에 빠지게 되었다면 파수꾼의 책임이라고 말씀하신다. 에스겔에게 주의 권능과 영의 다시 임하였는데 일정 기간 그는 말을 못 하는 상태가 된다(22-27절). 이는 이스라엘이 패역했기 때문이다. 예언자는 하나님이 허락하시는 때에 하나님이 맡기신 말씀을 전해야 한다.

✚ 묵상 : 에스겔이 먹은 두루마리는 무엇이며 무엇과 같다고 말했나요?(겔3:2~3)
하나님께서는 에스겔을 이스라엘 족속의 무엇으로 세우셨나요?(겔3:17)

● 시편 39편 여호와가 다윗과 악인을 재판하여 벌하심

다윗이 인생을 마무리할 시점에 자신의 지나온 삶을 돌아보며 쓴 참회시이자 탄식시이다. 다윗은 입술로 범죄 하지 않기 위해 원수 앞에서 침묵을 지켰지만 마음의 고통은 더 심해졌다(1-2절). 격앙된 상태가 되어 인생의 남은 날이 언제인지 하나님께 묻는다(3-4절). 그는 인생의 연약함을 깨닫는다(5-6절). 그렇지만 인생무상으로 빠지지 않고 자신의 모든 소망을 하나님께 두기로 결단한다(7-13절). 하나님께 소망을 두기로 결단했을 때, 죄의 문제가 보이기 시작한다(죄에서 건지시며, 주께서 죄악을 책망하사, 주는 나를 용서하사). 주께 소망을 둔 자가 죄에서 건져달라고 기도할 수 있다.

✚ 묵상 : 다윗이 자신의 종말과 연한이 언제인지 알고 싶었던 이유는 무엇일까요?(시39:4)
다윗은 자신을 무엇이라고 여기며 어떤 기도를 드렸나요?(시39:12)

9월 01 September

총명

삼상25 / 고전6 / 겔4 / 시40-41

● 사무엘상 25장 닥쳐 온 위기를 극복하는 아비가일의 총명함

마지막 사사요 최초의 선지자인 사무엘이 죽자 이스라엘 백성은 더욱 공황에 빠지게 된다. 한편 25장은 이 와중에 패역한 인물의 대명사 나발과 슬기로운 그의 아내 아비가일 사이에서 다윗이 겪었던 이야기를 소개한다.

다윗은 여호와의 기름부음을 받은 자로, 그리스도와 사람들에게 대한 그리스도의 주장을 상징하고, 나발은 교만과 어리석음에서 이 세상에서 그리스도를 배척한 사람들의 상징이며, 아비가일은 우리의 본성의 깊고 오묘한 본능에 순종하고 그 양심의 소리를 믿는 사람들의 상징이다.

✚ 묵상 : 마온에 살고 있던 부자 나발의 아내의 이름은 무엇이며 어떠하다고 표현되어 있나요?(삼상25:2~3)
아비가일에게서 엿볼 수 있는 총명은 어떤 것이 있나요?(삼상25:18~19,23~31,36~37,42)

● 고린도전서 6장 교회 문제를 판단하여 해결하는 성도의 총명함

교회관련 소송이 많아지는 오늘날, 우리는 바울을 통해 주시는 하나님의 말씀에 주목해야 한다. 바울은 교회 내의 분쟁을 세상 법정에 호소하는 것에 대해 책망한다(1-2절). 교회 내의 분쟁은 1차적으로 교회가 판단하고 해결해야 한다. '최후의 심판' 관점에서 보면 성도가 세상을 심판할 위치에 설 것이기에 세상 법정에 교회 문제를 의뢰하는 것은 지혜롭지 못한 것이다(3-4절). 형제가 형제를 세상 법정에 세우는 것은 피차 상처로 남게 되며(5-7절). 예수 그리스도와 성령의 역사로 죄사함과 의롭다 하심을 받은 자가 형제를 법정에 고발하는 것은 하나님 나라 백성으로서 올바른 행동이 아니다(8-11절). 음행의 문제가 다시 등장하는데 그리스도 안에서 자유함을 얻었다 해서 몸을 함부로 해서는 안 된다(12-14절). 그리스도와 연합한 사람은 창녀와 연합할 수 없다(15-17절). 성도의 몸은 하나님의 성전이기 때문이다(18-20절).

✚ 묵상 : 바울은 교회에서 벌어진 어떤 일 때문에 고린도 성도를 책망하고 있나요?(고전6:1~8)
바울은 왜 성도의 몸으로 하나님께 영광을 돌려야 한다고 했나요?(고전6:11,18~20)

기 도

- 주여, 갑자기 닥쳐온 위기에도 당황하지 않고 하나님의 총명을 구하여 승리하게 하옵소서.
- 주여, 형제자매를 돌아보며 도울 수 있게 하시고 나의 손해를 아쉬워하지 않게 하옵소서.
- 주여, 나의 연약함과 곤고함을 여호와께 맡기고 기쁨의 찬송을 드리게 하옵소서.

통일 주제 총명 (聰明, 매우 영리하고 기억력과 판단력이 좋으며 재주가 있음)

연합 내용 하나님은 지혜와 총명의 원천이시다. 그러므로 총명함은 하나님과 함께할 때 얻을 수 있다. 따라서 사람이 삶 속에서 위기나 문제가 생겼을 때 하나님의 지혜와 총명을 구함으로써 능히 해결할 수 있다.

● 에스겔 4장 말씀대로 준비하며 순종하는 에스겔의 총명함

하나님께서 임박한 운명에 대한 일련의 의미 있는 행위를 통해 백성들에게 경고하도록 에스겔에게 명한 놀랄만한 상징들은 많은 사람들이 그것을 이해하는 데 약간의 어려움을 준다. 지금까지 하나님으로부터 선지자로 소명을 받고 말씀 선포를 위해 준비한 에스겔은 이제 본격적으로 하나님의 말씀을 선포한다. 4장부터 24장까지는 유다 백성의 회개를 촉구하는 메시지가 선포된다. 특히 본장에서는 예루살렘이 대적에게 포위되고 큰 기근으로 고통당하게 되라는 예언이다.

✚ 묵상 : 에스겔이 담당해야 했던 이스라엘 족속과 유다 족속의 죄악은 각각 몇 일 이었나요?(겔4:5~6)
여호와 하나님께서 에스겔에게 어떤 불을 피워 떡을 구우라고 하셨나요?(겔4:12,15)

● 시편 40-41편 곤고함과 원수를 주께 맡기는 의인의 총명함

40: 이 시편의 1-10절은 '하나님의 한없는 긍휼'을, 11-18절은 '하나님의 도움'을 원하는 시로 구성되어있다. 여기서 우리는 본서에 등장하는 숱한 다윗의 비탄 시들이 당면한 고통을 호소하는 것으로 그치지 않고, 하나님의 구원을 미리 내다보는 확신과 찬양을 동반하고 있듯이 이 찬양시도 한 번의 구원에만 감격, 감사하는 데 그치지 않고 앞으로의 구원을 미리 호소하고 있음에 유의해야 한다.

41: 이 시는 시편 1권(1-41편)을 마무리 짓는 시로서 병상에서 드리는 다윗의 기도 시이다. 이 시는 그 성격에서 압살롬의 반역의 때 이전, 때로는 그 후의 작품으로 보기도 한다. 이것은 이 시의 내용이 그만큼 다양한 의미를 제공하기 때문이다. 이 시편은 어려운 여건을 체험하고 이어서 그것으로부터 하나님의 은혜를 알고 나서 쓴 것이다. 따라서 애절하고 그러면서도 진실한 내용들이 이곳에서 나온다.

✚ 묵상 : 다윗은 자신이 무엇 행하기를 즐거워한다고 고백하였나요?(시40:8)
다윗이 원수와 미워하는 자들 앞에서 하나님을 의지할 수 있었던 이유는 무엇일까요?
(시41:1,3,4,10,11~12)

9월 02 September 도리

삼상26 / 고전7 / 겔8 / 시42-43

● 사무엘상 26장 기름부음 받은 자를 해하지 않는 도리

사울은 마음의 변화가 심하여서 그의 행동을 예측할 수 없었다. 다윗은 또 다시 십 사람의 밀고로 사울의 추격을 받게 되고 또 한 번 사울을 죽일 기회를 얻게 된다. 그러나 다윗은 하나님의 기름 부은 사울의 목숨을 또 살려준다. 이렇게 세상에는 기회 있을 때마다 선행하며 은혜를 베푸는 사람이 있는가 하면, 틈만 나면 이를 범죄의 기회로 악용하는 사람도 있음을 보여준다.

하지만 25절에 "반드시 승리를 얻으리라." 사울은 미래에 다윗이 이스라엘의 왕으로서 큰 성공을 거두게 되리라는 것을 개달았다(참고 24:20).

✚ 묵상 : 사울은 다윗을 찾아 죽이기 위해 몇 명을 데리고 어디로 갔나요?(삼상26:1~3)
다윗은 아비새와 함께 사울 진영에 가서 사울을 해할 기회를 얻었음에도 그를 죽이지 않은 이유는 무엇이며 대신 무엇을 가지고 돌아 왔나요?(삼상26:7~9,11~12,23)

● 고린도전서 7장 결혼한 부부가 마땅히 해야 할 도리

남편과 아내는 서로에 대한 의무를 다해야 한다(3절). 본문의 내용이 결혼하는 것이 정욕으로 인해 어쩔 수 없이 하게 되는 것처럼 비치기도 한다. 바울이 독신을 권하는 이유는 주께서 머지 않아 재림하실 것이라고 생각해서다. 주께서 곧 오시니 주를 위해, 복음전파를 위해 더욱 충성을 다하기를 권면한 것이다. 그럼에도 독신을 일반화하지 않았다. 가족 구원을 위한 거룩한 삶도 당부한다(10-14절). 독신이 은사(gift)라면, 결혼도 은사(gift)다.

✚ 묵상 : 바울은 고린도교회에게 결혼에 대하여 어떻게 가르치고 있나요?(고전7:2,9,28,38)
바울은 고린도교회에게 결혼한 자의 한계가 무엇이며 따라서 어떻게 사는 것이 좋다고 했나요?
(고전7:7~8,26,40)

통일 주제 도리 (道理, 사람이 마땅히 행하여야 할 바른 길)

연합 내용 사람은 사회 안에서 도리를 다하여야 한다. 성도가 되면 그 도리의 범위는 넓어진다. 하나님께 받은 사명에 따라 그의 뜻 안에서 더 깊고 높고 넓은 도리를 지킴으로 구원과 심판의 역사를 완성해 가야 한다.

● 에스겔 5장 제사장 에스겔이 선지자로서 할 도리

에스겔 선지자는 계속해서 기이한 상징적 행동으로 하나님의 말씀을 선포한다. 즉 선지자는 본 장에서 머리와 수염을 남김없이 깎고 불에 태움으로써 예루살렘의 철저한 멸망을 경고하고 유다 백성들이 멸망할 수밖에 없는 이유와 죄악상을 고발한다.

✚ 묵상 : 하나님은 에스겔에게 어떤 상징적 행동을 하게 함으로 예루살렘에 대한 심판의 내용을 알려 주셨나요?(겔5:1~3)
예루살렘은 하나님 앞에 어떤 죄를 저질렀으며 그로 인하여 어떤 심판을 받았나요?(겔5:5~7,9~10~12,16~17)

● 시편 42-43편 낙심할 상황 속에서도 성도가 할 도리

42: 시인은 눈물이 그의 음식이 될 정도로 깊은 고난 가운데 있으며 시냇물을 찾는 사슴처럼 하나님을 갈망하고 있다(1-4절). 그를 힘들게 하는 것은 육신의 고난과 함께 '너의 하나님은 어디 있느냐'는 원수의 조롱이다. 원수의 비방과 압제 속에서 시인은 자신을 잊은 것 같은 하나님 앞에 '어찌하여 나를 잊으셨는지'를 물으며 탄식한다(6-10절). 그러나 시인의 탄식은 낙망하지 말고 하나님께 소망을 두며 그의 나타남을 기다리라는 자기 영혼을 향한 명령으로 끝난다(5,11절).

43: 시인은 공의로운 재판관이신 하나님께 자신을 건져 달라고 호소한다(1-2절). 거룩한 성전으로 돌아가 하나님께 기쁨의 예배를 드리게 해 달라고 간구한다(3-4절). 그는 고통스러운 현실에서 시선을 옮겨 하나님을 바라볼 것을 스스로 다짐한다(5절).

✚ 묵상 : 고라 자손은 어떤 갈급함과 갈망을 가지고 있었나요?(시42:1~2,5,11)
시편기자는 하나님께 어떤 갈급한 내용의 기도를 드렸나요?(시43:1,3,5)

기 도

- 주여, 생활 중 유익한 상황이 벌어져도 하나님의 주권을 넘지 않게 하옵소서.
- 주여, 결혼 후 가정을 이루고 살아갈 때 늘 부부의 도리를 다하게 하옵소서.
- 주여, 형통할 때나 어려울 때 변함없이 하나님을 갈망하는 자 되게 하옵소서.

9월 03 September 은혜

삼상27 / 고전8 / 겔6 / 시44

● 사무엘상 27장 아기스가 다윗에게 거할 성읍을 제공한 은혜

다윗이 승리를 거두게 되리라는 사울의 말(26:25)과 같이 사울의 뉘우침이 있었지만 정반대의 행동을 하는 사울을 피해 다윗은 또 다시 사울을 믿을 수가 없어 다시 원수인 블레셋으로 피신하기로 결정한다. 하지만 다윗은 오히려 동족 이스라엘과 전투를 치려야 하는 등 많은 갈등과 위기에 직면한다. 피난생활에 지친 다윗이 현실에 안주하기 위해 내린 결정이 결과적으로 그에게 더 큰 불안정을 가져다주었다.

그래서 사울의 핍박을 피하여 다윗은 블레셋 사람의 손에서 망명할 곳을 찾으려고 아기스에게 갔고, 그곳에서 '시글락'을 얻어 거주하게 되었다. 가장 어려운 때에도 여호와의 구원을 의지하면서 살아온 다윗이었다. 그러나 계속된 도피생활과 그로 인한 피로와 더 나아가서 끈질긴 사울의 추적은 다윗으로 하여금 낙심하게 만들었다.

✚ 묵상 : 다윗은 사울을 피하여 어디로 갔으며 그 곳에서 얼마 동안 지냈나요?(삼상27:1~2,6~7)
다윗은 시글락에 살면서 어디를 침노했고 아기스에게는 어떻게 말했나요?(삼상27:8~11)

● 고린도전서 8장 오직 한 분이신 참 하나님의 절대적인 은혜

신앙 공동체 안에서 하나님의 뜻을 결정할 때 중요한 원칙이 있다(1-3절). "지식은 교만하게 하며 사랑은 덕을 세우나니". 바른 지식도 중요하지만 사랑은 더 중요하다(4-13절). 이를 우상의 제물을 먹는 문제에 적용해 보면 우상은 아무것도 아니며 세상의 많은 신은 다 헛된 것이니 어디에 쓰였든지 간에 음식은 음식일 뿐 먹어도 상관없다(=바른 지식). 그러나 이방신전에 쓰였던 음식을 먹는 것에 대해 양심에 거리낌이 있는 형제가 있다면 그 형제를 실족시키지 않는 것이 더 중요하기 때문에 먹지 않는 것이 더 유익하다(=사랑). 타인의 자유를 위해 내 자유를 제한할 수 있는 사람이 참 신앙인이다. 이 원칙을 제사음식, 술 문제 등에 적용할 수 있다. 특정 음식을 먹는 것이 믿음이 연약한 형제에게 상처가 된다면 먹지 않는 것이 형제를 사랑하는 것이다. 사랑은 덕을 세운다.

✚ 묵상 : 바울은 고린도교회에게 우상 제물에 대하여 어떤 교훈을 주었나요?(고전8:4~8)
바울은 믿음이 강한 자가 우상 제물을 먹음으로 믿음이 약한 자에게 어떤 결과가 미치지 않도록 그 자유를 조심하라고 말했나요?(고전8:8~13)

통일 주제 은혜 (恩惠, 수고한 것이 없어도 사랑으로 베풀어 주는 신세나 혜택)

연합 내용 하나님은 은혜로우신 분이시다. 그 분 안에는 절대적이며 무궁한 은혜가 넘쳐난다. 그 은혜는 예수 그리스도를 통해 열려졌고 사람과 환경을 통해 다양한 방법과 내용으로 믿는 자에게 주어진다.

● 에스겔 6장 재앙이 끝난 후에 남은 자에게 베푸시는 은혜

예루살렘의 함락을 선포한 5장에 이어 에스겔 선지자는 본장에서도 계속해서 예루살렘이 멸망할 수밖에 없는 이유를 설명한다. 예루살렘이 멸망하는 가장 중요한 원인은 무엇보다 우상 숭배이다. 그렇기 때문에 에스겔 선지자는 우상 숭배의 전원지인 신당과 더불어 우상 숭배자들이 철저하게 멸망하게 될 것을 선포하는 한편, 끝까지 신앙을 지키는 소수의 백성들에게 임할 안전을 약속한다.

✚ 묵상 : 여호와 하나님이 에스겔을 통해 이스라엘 산과 족속에게 예언하신 내용은 무엇이었나요?(겔6:2~6,11~12)
여호와 하나님은 이스라엘 족속에게 칼과 기근과 전염병으로 재앙을 내리신 후에도 어떤 은혜를 베푸실 약속을 하셨나요?(겔6:8~10)

● 시편 44편 이스라엘 민족을 새 땅에 정착케 하신 은혜

이스라엘이 대적들에게서 큰 고초와 유린을 당한 이후, 하나님의 도우심을 구하며 부르짖는 기도다. 여호사밧이나 히스기야 때에 유다왕국이 큰 침략을 당했던 상황과 유사한 것으로 보인다. 과거의 승리로 인한 찬양(1-8절), 현재의 패배와 패배로 인한 결과(9-16절), 무죄함의 호소(17-22절), 기도와 간구(23-26절)의 내용으로 구성되어 있다.

✚ 묵상 : 고라 자손은 여호와가 선민에게 옛적부터 하신 일이 무엇이라고 했나요?(시44:1~3)
그러나 그 후 고라 자손은 선민이 어떤 처지에 놓였다고 말했나요?(시44:9~14,19,22)

기 도

- 주여, 다윗처럼 위험할 때나 미약할 때 최선을 다하는 삶을 살게 하옵소서.
- 주여, 믿음을 강하게 하시고 그 믿음으로 약한 자를 무시하지 않게 하옵소서.
- 주여, 옛적부터 베풀어 주신 은혜를 알고 고난 중에도 신앙을 지키게 하옵소서.

9월 04 September 신념

삼상28 / 고전9 / 겔7 / 시45-46

● 사무엘상 28장 사울의 우상타파에 대한 일시적인 신념

다윗을 신임하는 블레셋 왕 아기스는 이스라엘과의 전투에 다윗의 참전을 종용한다. 한편 블레셋에게 침공을 당한 사울은 다급해진 나머지 엔돌의 신접한 여인을 찾으나 국가와 가문의 몰락을 고지 받고 충격에 빠진다. 하나님께 버림 받고 우상 숭배에까지 빠지는 사울의 모습에서 하나님을 떠난 자의 비참한 종말을 엿볼 수 있다.

여호와를 떠난 것은 그 자신의 신중한 선택에서 되어졌다. 빛이 되신 그에게서 떠나는 것은 어둠 속으로 다시 가겠다는 뜻이다. 범죄자의 길은 힘들기만 하다. 길갈에서 성급한 범죄 행위로 인한 실패와 길보아 산에서 그의 비극적 종말 사이의 36년은, 그 과정이 슬프고 지극히 비극적이어서 크게 교훈을 갖게 한다. 거룩하시고 은혜로운 여호와와 화목하지 아니한 결과의 놀라운 비극을 보게 된다.

✚ 묵상 : 사울은 블레셋 사람들의 군대가 싸우러 온 것을 보고 어떤 행동을 했나요?(삼상28:3~11)
땅에서 올라온 사무엘의 영은 질문하는 사울에게 어떤 내용을 전했나요?(삼상28:13~19)

● 고린도전서 9장 바울의 복음전파에 대한 헌신적인 신념

바울은 우상제단에 바쳤던 고기에 대해 본인이 자유로울지라도 믿음이 약한 형제들을 위해 자유를 포기할 수 있어야 한다고 가르쳤다(8장). 그 내용을 자신의 사례를 가지고 설명한다(1-7절). 바울이 자유와 권리를 포기할 수 있는 또 다른 이유는 조금이라도 복음에 방해가 되지 않도록 하기 위함이다(8-15절). 바울은 복음전파 사역을 자기 자랑으로 삼지 않았으며 마땅히 해야 할 일로 여겼다(16-18절). 그는 사도의 권리를 다 쓰지 않은 것(=자비량 선교)을 자신이 받은 상으로 여긴다. 즉 대가 없이 복음을 전하기 위해 수고한 모든 시간을 하나님이 그에게 주시는 상으로 여긴 것이다. 그는 그리스도 안에서 참 자유인이다. 그러나 복음을 위해서 기꺼이 모든 사람의 종이 되었다(19-23절). 더 많은 사람을 구원하기 위함이다. 우리는 상을 받도록 복음을 위해 달음질하는 인생을 살아야 한다(24-27절).

✚ 묵상 : 바울은 고린도교회에게 자기에게는 어떤 권리가 있다고 말했나요?(고전9:2,5~8,11~12)
바울은 복음을 전하기 위해 어떤 철학과 자세를 가지고 있다고 했나요?(고전9:16~23)

통일 주제 신념 (信念, 어떤 사상이나 생각을 굳게 믿고 그것을 실현하려는 의지)

연합 내용 사람은 누구나 신념대로 행동한다. 그 신념이 주의 말씀 안에서 세워진 것이라면 하나님의 도우심으로 성취될 것이다. 하지만 즉흥적이고 일시적인 충동에 의한 신념이라면 그 결과는 자신에게 유익이 없다.

● 에스겔 7장 에스겔의 유다 재앙에 대한 종말적 신념

본장은 이 임박한 심판이 머지않은 장래에 곧 성취될 것임을 경고한다. 아울러 심판의 정황을 상세하게 묘사함으로써 심판이 얼마나 처참하게 진행될지를 경고하고, 그 결과 가나안은 한동안 이방인들에게 뛰어나거나 유리하게 될 것을 예언한다.

에스겔이 말했듯이 궁극적인 목적이나 만족은 이 세상에서 결코 얻어질 수 없다. 그런 것들은 하나님의 통한과 진노의 날에 영혼을 구해줄 수 없다.

✚ 묵상 : 여호와 하나님은 에스겔을 통해 이스라엘 땅을 향하여 무엇을 예언하셨나요?(겔7:2~3,5~7,9,12)
여호와 하나님이 이스라엘에게 행하시는 심판적 벌의 특징은 무엇일까요?
(겔7:14,17,19~20,22,25~26)

● 시편 45-46편 고라 자손의 하나님의 대한 왕적인 신념

45: 왕을 칭송하는 노래인데 결혼식에서 사용한 것으로 보인다(표제어, 1,17절). 왕의 아름다움은 외모에 기인한 것이 아니라 은혜를 머금은 입술로 인한 것이다(2절). 왕의 선한 말은 곧 백성에게 축복이 된다. 왕의 통치는 영화롭다. 그는 탁월한 전사이며 의로운 통치자다(3-7절). 후반부는 왕의 결혼식의 아름다움과 영화를 찬양하는 내용인데 왕의 신부에게 주는 권면의 내용과 왕과 신부에게 주는 축복의 선언이다(10-17절).

46: 이 시는 성전예배 때 불렀을 것으로 보인다. 하나님은 환난 중에 만날 피난처, 힘, 큰 도움이시다(1-3절). 시온에 거하시는 하나님은 대적들을 물리치고 당신의 백성들을 지키시며 모든 열방 중에서 높임을 받으실 것이다(4-11절).

✚ 묵상 : 고라 자손은 어떤 왕에 대하여 찬가를 불렀나요?(시45:2,4~7)
고라 자손은 여호와 하나님이 자신들의 무엇이 되신다고 했나요?(시46:1,5,7,10)

기 도

- 주여, 불안한 미래를 알기 위해 우상숭배나 미신적 일을 행치 말게 하옵소서.
- 주여, 복음 전파의 사명을 깨닫고 눈높이에 맞춰 최선을 다해 전하게 하옵소서.
- 주여, 하나님의 뜻을 범해 벌을 받지 말고 그를 의지하여 도움을 받게 하옵소서.

9월 05 September 동참

삼상29-30 / 고전10 / 겔8 / 시47

● 사무엘상 29-30장 아말렉 추격에 동참하는 다윗과 백성들

29: 다윗이 생애에서 만난 여러 명의 이방인 왕 중에서 아기스는 잊을 수 없는 인물이다. 그는 다윗이 위기에 처했을 때에 도와주었고 다윗과 가까운 인간관계를 유지하였다. 이곳에서는 다윗이 당한 어려운 인간관계, 그러한 관계에서 보여준 다윗과 아기스 간의 인간상이 잘 나타난다.

30: 다윗은 시글락으로 회군하나 뜻밖에 시글락은 이미 아말렉에게 약탈당했고, 많은 사람들이 포로로 끌려간 뒤였다. 그러나 다윗은 하나님의 뜻을 묻는 가운데 다시 힘을 얻고 아말렉과 전투를 벌여 포로를 구출하고 전리품을 획득한다.

블레셋 사람과 다윗과의 동맹은 다윗으로 하여금 고민을 갖게 만들었고, 따라서 이와 같이 성결하지 못한 관계는 슬픔과 고통을 가져다주었다.

✚ 묵상 : 블레셋 방백들이 아기스에게 다윗을 돌려보내라고 말한 이유는 무엇일까요?(삼상29:3~5)
다윗이 전리품을 동일하게 분배하기로 한 이유는 무엇일까요?(삼상30:21~25)

● 고린도전서 10장 주의 식탁에 동참하는 바울과 성도들

이스라엘의 실패는 오늘날에도 반복될 수 있다. 성도는 우상숭배자가 되지 말아야 한다(14절). 먹고 마시며 뛰노는 무절제와 쾌락을 주의해야 하고(7절), 음행 역시 성도를 유혹한다(8절). 하나님의 신실하심을 신뢰하며, 시험하거나 원망하지 말아야 한다(9-10절). 13절의 시험은 1차적으로 성도가 우상숭배를 피함으로서 다가오는 고난과 핍박을 의미한다.

성찬은 성도들의 연합이라는 의미가 있다(17절). 성도는 그리스도와 연합함은 물론, 다른 지체들과도 연합된 존재다. 그러므로 지체의 유익을 구하고 덕을 세우는 것이 마땅하다. "먹든지 마시든지 무엇을 하든지 다 하나님의 영광을 위하여 하라 자신의 유익을 구하지 아니하고 많은 사람의 유익을 구하여 그들로 구원을 받게 하라"(31,33절).

✚ 묵상 : 바울이 이스라엘 조상들의 광야생활을 본보기 삼아 스스로를 깨우치자고 말한 사건들은 무엇일까요?(고전10:6~10)
바울은 고린도교회 성도들에게 무엇과 무엇을 겸하지 말라고 말했나요?(고전10:20~21)

통일 주제 동참 (同參, 어떤 일이나 모임 등에 함께 참여함)

연합 내용 창조주 하나님은 역사를 주관하시는 분이시다. 사람은 하나님이 부르실 때 순종함으로 하나님의 일하심에 동참해야 한다. 오직 겸손과 성실과 진실과 충성으로 동참할 때 축복의 상급이 주어진다.

● 에스겔 8장 하나님의 환상에 동참하는 선지자 에스겔

본장에서 에스겔 선지자는 장로들을 비롯한 유다 백성들의 지도자들이 하나같이 낯설고 기이한 우상들을 숭배하는 무서운 범죄 행위에 대한 하나님의 극에 달한 진노를 상징적 언어들로 묘사한다. 이런 하나님의 심판 의지는 11장에 이르기까지 계속해서 언급되고 있다.

✚ 묵상 : 하나님께서 에스겔을 환상 중에 어디로 이끌어 가셨나요?(겔8:3)
하나님께서 에스겔에게 보이신 이스라엘 백성들의 우상숭배는 무엇이었나요?(겔8:10,14,16~17)

● 시편 47편 즐거운 소리와 찬송에 동참하는 만민들

회중들은 이 시를 통해 예배 가운데 하나님의 우주적인 통치를 선포한다. 온 땅의 주권자이신 하나님은 이스라엘 앞에 주변 민족을 복종케 하시고 약속의 땅을 주셨다(1-4절). 제사장이 법궤를 메고 성전으로 들어갈 때 회중은 승리하시고 왕위에 오르시는 하나님을 연상하며 찬송한다(5~6절). 법궤 위에 좌정하셔서 뭇 백성을 다스리시는 하나님의 통치를 찬송한다(7-9절). 열방의 통치자들이 하나님을 높이게 될 날이 올 것을 확신한다.

✚ 묵상 : 만민들이 하나님을 찬송해야 하는 이유는 무엇일까요?(시47:2,6~7)
고라 자손의 인도자는 만민들에게 하나님을 어떻게 찬송하라고 했나요?(시47:1,5)

기 도

- 주여, 하나님의 일에 마땅히 참여할 수 있는 용기와 넉넉한 믿음을 주옵소서.
- 주여, 하나님의 영에 붙들리어 한눈팔지 않고 주님만 예배하며 살게 하옵소서.
- 주여, 하나님의 왕 되심을 인정하는 나라와 찬송하는 백성이 되게 하옵소서.

9월 06 September 사망

삼상31 / 고전11 / 겔9 / 시48

● 사무엘상 31장 사울 왕과 요나단이 예언대로 전장에서 사망

마침내 블레셋과의 대혈전이 벌어진다. 이 전투에서 이스라엘은 참패를 당하고 사울의 세 아들은 전사하며 사울은 자결한다. 한편 사울의 시신이 블레셋 사람에게 모욕당할 것을 염려한 길르앗 야베스 사람들은 사울의 시신을 수습하여 화장하며 애도한다.

길보아 산에서 사울의 죽음은 많은 것을 시사해 준다. 하나님에 의해서 이스라엘의 첫 왕으로 선택되었고 백성들의 열렬한 환영으로 왕이 되었으나, 그 직분을 제대로 수행하지 못했을 때에 그 자신은 물론이고 그의 가족과 이스라엘에 비극을 가져다주었다.

✚ 묵상 : 사울 왕과 그의 세 아들은 어떻게 죽었나요?(삼상31:2~4,8)
사울 왕의 시체를 끝까지 챙겨 온전한 장례를 치러 준 자는 누구일까요?(삼상31:9~13)

● 고린도전서 11장 성만찬의 근거가 되는 예수 그리스도의 사망

고린도교회에서 여자가 예배 때 머리를 가려야 하는가의 문제가 대두되었다. 이 내용은 오늘날의 관점으로 보아서는 안되는 부분이다. 이것은 복음의 본질적인 문제는 아니었으나, 교회의 하나됨과 건강한 성장과 관련된 이슈였다. 바울은 창조질서의 측면, 남녀의 상호 존중과 평등, 본성과 관례 등 다양한 측면을 고려해 당시의 상황에서는 너울을 쓰는 것이 합당하다고 결론을 내린다. 자신의 입장에서 불편한 어느 한쪽 측면만 지속적으로 이야기하며, 교회 공동체를 혼란에 빠지게 하는 모습을 우리는 지양해야 한다. 바울처럼 다양한 측면을 고려하여 지혜롭게, 교회에 덕이 되게 결론을 내리는 성숙함이 필요하다. 바울은 여자가 기도하고 예언하는 것을 금하지 않았습니다. 다만 다른 사람을 부끄럽지 않게, 덕을 세우는 방식을 따라서 행하도록 가르친다. 예수님의 고난과 죽으심을 기념하는 주의 만찬으로 인해 교회가 더욱 연합해야 하나, 오히려 분쟁과 부끄러움에 빠졌다(17-26절). 빈궁한 자를 부끄럽게 하거나 약한 자들이 소외된다면, 주의 만찬을 잘못 행하는 것이다. 교회에서 약한 자들은 사랑과 격려를 받아야 한다.

✚ 묵상 : 바울이 고린도교회에게 교훈한 남자와 여자의 모습은 어떤 것이었나요?(고전11:13~15)
바울이 고린도교회에게 칭찬하지 않고 꾸중한 내용은 무엇일까요?(고전11:17,20~27)

통일 주제 사망 (死亡, 사람의 목숨이 끊어짐)

연합 내용 죄로 인해 세상에 사망이 들어왔다. 결국 죄의 삯은 사망이다. 사람이 한번 죽는 것은 정한 이치가 되었다. 믿는 자는 육의 죽음인 첫째 사망은 당할지라도 영원한 불못에 들어가는 둘째 사망은 피해야 한다.

● 에스겔 9장 이마에 표 있는 자를 제외한 모든 자들의 사망

본장에서 우상 숭배가 자행되던 예루살렘에서부터 하나님의 무서운 심판이 시작될 것을 경고한다. 그로 인해 하나님의 영광이 성전 안에서 떠났음을 나타내 준다. 심판의 칼은 먼저 죄지은 장로들에게 가해진다. 그리고 성전에서부터 시작된다. 그곳이 비록 성전이라고 해도 범죄의 처소에서 하나님의 심판이 시작되는 자명한 일이다.

✚ 묵상 : 하나님은 가는 베 옷을 입고 허리에 서기관의 먹 그릇을 찬 사람에게 어떤 명령을 내리셨나요? (겔9:2~6)
하나님께서 이스라엘의 남은 자인 예루살렘 백성들까지 모두 멸하시는 이유는 무엇일까요? (겔9:8~10)

● 시편 48편 하나님의 성을 찬송치 않는 자의 심판적 사망

위대한 왕이신 하나님이 통치하시는 시온의 아름다움, 견고함을 노래하는 시다. 온 세계가 위대하신 하나님이 다스리시는 시온을 즐거워하는 가운데 하나님은 당신 자신을 요새로 선언하신다(1-3절). 시온을 치러 왕들이 모였으나 다시스의 배를 깨뜨리시는 하나님의 역사에 그들은 두려워 떨며 도망가게 된다(4-7절). 하나님은 시온을 견고케 하신다(8절). 하나님이 시온을 견고케 하신 역사로 인해 이스라엘 백성들은 기뻐한다(9-11절). 시온을 지키신 하나님을 후대에 널리 전해야 한다(12-14절).

✚ 묵상 : 고라 자손은 하나님과 이스라엘 백성 앞에서 어떤 노래를 불렀나요?(시48:1~2,8,14)
고라 자손은 여호와의 성에 거하지 못하는 누구의 심판을 노래했나요?(시48:4~7,11)

기 도

- 주여, 악을 행하여 부끄러운 죽음을 맞이하지 않게 하옵소서.
- 주여, 교회의 모든 모임이 그릇된 신앙생활로 인하여 나뉘지 않게 하옵소서.
- 주여, 천국에 소망을 두고 구원을 노래하는 그리스도인이 되게 하옵소서.

9월 07 September 위로

삼하1 / 고전12 / 겔10 / 시49

● 사무엘하 1장 다윗이 노래로 사울과 요나단의 죽음을 위로함

1장은 길보아 전투에서 사울과 요나단이 전사했다는 소식을 접한 다윗의 애끓는 심정이 묘사되어 있다. 사울의 죽음은 다윗에게는 피곤한 도피생활을 종결짓는 기쁜 소식이 아닐 수 없었다. 하지만 오히려 사울의 죽음을 슬퍼한다.

그러나 이곳의 내용에서 사울의 죽음은 문제를 갖게 한다. 9절에서는 "내 목숨이 아직 내게 완전히 있으므로"라고 하였고, 사무엘상 31장 4절에서는 "사울이 자기 칼을 뽑아서 그 위에 엎드러지매"라고 하였다. 이 두 사건의 조화를 위한 여러 가지 시도가 있었으나 지금까지 만족할 만한 것은 없다. 이 사건이 주는 교훈은 사울의 종말과 그를 대하는 다윗의 인격에서 보게 된다.

✚ 묵상 : 다윗은 사울의 죽음에 대해 거짓말을 한 아말렉 사람을 어떻게 처리하였나요?(삼하1:4~10,13~16)
다윗은 사울과 그의 아들 요나단을 위해 어떤 슬픈 조가를 불렀나요?(삼하1:19~26)

● 고린도전서 12장 성령이 은사를 통해 몸된 모든 지체를 위로함

다양한 은사가 충만한 고린도 교회는 무분별한 은사 사용으로 많은 문제가 발생했다. 바울은 먼저 은사를 주신 분이 삼위일체 하나님이심을 강조한다(1-6절). 은사는 철저히 교회 공동체의 유익을 위해 쓰여져야 한다(7절). 은사 간에는 우열이 없으며 같은 성령에 의해 다양한 은사가 나타난다(8-11절). 교회 공동체는 그리스도를 머리로 하는 한 몸 공동체이기에 다양한 은사가 연합하여 한 몸을 이루어야 한다(12-30절). 모든 지체가 소중하듯이 모든 은사가 소중하다. 은사를 받은 자는 은사로 지체를 섬겨야 한다. 특별히 은사를 가진 성도에게 가장 필요하며 가장 사모해야 할 은사 중의 은사는 사랑이다(31절).

✚ 묵상 : 성령은 그리스도의 몸된 교회의 각 지체에게 무엇을 은사로 주시나요?(고전12:4~12)
또 성령은 그리스도의 몸된 교회를 세우기 위해 어떤 은사도 주시나요?(고전12:27~31)

통일 주제 위로 (慰勞, 남의 괴로움이나 슬픔을 달래 주려고 따뜻한 말이나 행동 또는 은혜를 베풂)

연합 내용 유한하고 부족한 인간은 자주 어려움 속에 처한다. 또한 가치 있는 일을 위해 노력하지만 한계에 부딪친다. 그때마다 자비로우신 하나님과 사랑이 넘치는 사람들은 어려움 당한 자에게 다가와 위로를 베푼다.

● 에스겔 10장 천사가 그룹과 바퀴를 통해 에스겔을 위로함

이 극적인 장에서 에스겔은 하나님의 영광이 성전을 떠나는 무시무시한 순간을 생생하게 묘사하고 있다. 하나님의 심판이 예루살렘 성전에서부터 시작되는 9장 사건에 이어 본장에서는 하나님의 천사가 숯불을 예루살렘 성전 위에 부어 성전을 불바다로 만드는 모습과 하나님의 영광이 성전을 떠나는 참으로 두려운 장면이 묘사된다. 비록 하나님의 성전일지라도 범죄의 처소로 전락한다면 그곳은 이미 하나님과 거룩한 교제가 이루어지는 예배 처소가 될 수 없는 것이다.

✚ 묵상 : 에스겔은 그룹들 곁에 있는 무엇을 보았으며 어떤 모양이었나요?(겔10:9~10,12~14)
에스겔이 본 그룹들과 바퀴들은 서로 어떻게 행동하였나요?(겔10:16~17,19~22)

● 시편 49편 하나님이 영접을 통해 유한한 사람을 위로함

이 시는 고라 자손이 쓴 것으로, 그 저작 연대와 그 장소들을 알 수가 없다. 이 시는 그 성격에서 교훈적이다. 이 시의 성격은 시편 37편과 73편을 연상하게 한다. 의인과 악인이 대조된 것으로서, 그 속에서 하나님이 주시는 놀라운 교훈이 등장한다.

이 시편의 저자는 처음부터 예리한 영적 안목을 가지고 악인의 최종적인 멸망을 선포하면서 물질적인 풍요로움 때문에 하나님을 의지하지 않는 영적 무지를 날카롭게 질타하고 있다. 순간적이고 일시적인 것에 지나지 않는 지상에서의 부귀를 위해 영원한 하나님의 말씀에 대한 사랑과 순종을 망각하고 산다는 것은 진리를 거부한다는 것이다.

✚ 묵상 : 고라 자손은 지혜, 명철, 비유를 통해 어떤 오묘한 말을 했나요?(시49:6~11,13,17~19)
고라 자손은 깨닫지 못하는 사람에 대해 무엇과 같다고 비유했나요?(시49:12,20)

기 도

- 주여, 타인의 죽음을 평가하지 말고 위로하는 선한 마음을 주옵소서.
- 주여, 그리스도의 몸된 교회의 지체로서 신령한 은사를 사용하게 하옵소서.
- 주여, 세상의 것으로 자신의 유한함을 벗으려는 우매함을 버리게 하옵소서.

9월 08 September 유익

삼하2 / 고전13 / 겔11 / 시50

● 사무엘하 2장 휴전은 싸우는 모두를 유익하게 하는 것

다윗이 유다 족속의 지지로 헤브론에서 왕위에 오르고 사울의 아들 이스보셋도 마하나임에서 유다 지파를 제외한 열한 지파의 왕으로 옹립된다. 이로써 이스라엘 내에 내전이 벌어지게 되었으나 다윗의 우세로 휴전 상태에 들어가게 된다.

2장에서 다윗의 놀라운 성품을 보게 된다. 그러나 그와 같은 다윗의 성품 중에서 우리들의 관심을 끄는 것은 그의 경건성이다. 그는 사울 같은 사람을 대할 때에 끝까지 "여호와의 기름부음 받은 자"로 대하였다. 이곳의 사건은 사울이 죽은 후에 다윗이 왕이 되고 이제 하나님의 섭리대로 이스라엘을 다스리기 시작하는 내용이다.

✚ 묵상 : 다윗은 하나님이 말씀하시기 전에도 먼저 기도를 통해 자신의 무엇을 여쭤 보았나요?(삼하2:1)
사울의 군사령관 넬의 아들 아브넬과 다윗의 신복 요압 간의 싸움은 어떻게 끝났나요?
(삼하2:12~17,24~29,32)

● 고린도전서 13장 사랑은 나보다 상대를 유익하게 하는 것

우리는 한 성령으로 세례를 받아 한 몸이 되었다(12:13). 성령님은 한 몸 공동체인 교회를 이루기 위해 다양한 은사를 주신다. 은사는 철저히 교회에 덕이 되어야 합니다. 모든 은사 중 가장 큰 은사가 있다(12:31). 이 은사로 말미암아 교회공동체가 더욱 견고하게 세워져 갑니다. 바로 사랑이다. 모든 좋은 은사들은 결국 사랑을 위한 은사여야 하고, 교회에서의 모든 봉사와 교육은 사랑과 연결되어야 한다. 사랑이 없으면 아무 것도 아니요, 아무 유익이 없다(2,3절). 사랑없이 행하는 모든 것들은 허탄한 자랑이 될 뿐이다. 제일은 사랑이다(13절).

✚ 묵상 : 바울은 고린도교회에게 사랑의 중요성과 필요성을 어떻게 설명했나요?(고전13:1~3)
바울은 고린도교회에게 사랑의 성격과 특성을 어떻게 설명했나요?(고전13:4~7)

통일 주제 유익 (有益, 이롭거나 도움이 됨)

연합 내용 세상에는 유익한 일과 무익한 일이 있다. 유익한 일이라 해도 자신에게만 국한되고 타인에게는 피해가 되는 일도 있다. 그러므로 영적이든 육적이든 타인에게 유익이 되는 일을 하는 선한 자가 되어야 한다.

● 에스겔 11장 예언은 사로잡힌 자를 유익하게 하는 것

본장은 하나님의 심판에 대한 예시와 이를 무시하는 자들에 대한 에스겔의 경고를 담고 있다. 하나님의 영이 성전을 떠나는 참담한 장면을 묘사한 에스겔 선지자는 이제 예루살렘 위에 임할 본격적인 심판에 앞서 유다 지도자들의 죄악을 지적한다. 그러나 이런 심판 선언의 와중에도 선지자는 포로민의 귀환과 유다 백성의 회복에 대한 소망의 메시지를 잊지 않는다.

✚ 묵상 : 하나님은 에스겔을 통해 백성의 고관들에게 어떤 예언을 하셨나요?(겔11:1~4,7~12)
하나님은 에스겔을 통해 사로잡힌 자에게 어떤 약속을 주셨나요?(겔11:15~20)

● 시편 50편 제물은 제사하는 자를 유익하게 하는 것

본편은 표제에 나타난 대로 '아삽의 시'이고, 그 작성 연대 등은 알 수가 없다. 이 시는 그 성격에서 힘이 있고 우아하며 놀라운 영력을 보여준다. 아삽은 다윗이 법궤 앞에서 하나님께 찬양을 돌리도록 지명한 레위 찬양대의 대장이었다(대상 16:15). 이 시는 기도나 찬미의 시가 아니라 교훈의 시로서 하나님에 대한 사랑과 순종이 동반되지 않은 율법주의적인 신앙의 폐단을 강력하게 경고하고 있다. 재물을 바칠 때 예물 속에 담겨야 할 자신의 마음을 드리지 않는 이스라엘 백성들에게 하나님은 형식적인 예배 행위를 책망하시면서 온전한 마음으로 예배할 것을 명령하신다.

✚ 묵상 : 아삽은 여호와 하나님이 누구를 위해 주신다고 했나요?(시50:4~8,14~15,23)
아삽은 여호와 하나님이 누구를 책망하며 심판하신다고 했나요?(시50:16~22)

기 도

- 주여, 범사에 기도를 통해 자신의 길을 여쭤보는 경건한 자가 되게 하옵소서.
- 주여, 사랑의 중요성을 깨닫고 사랑의 특성을 실천하는 자가 되게 하옵소서.
- 주여, 타인에게 헛된 말이나 거짓을 말하지 않는 진실한 자가 되게 하옵소서.

9월 09 September

대의

삼하3 / 고전14 / 겔12 / 시51

● 사무엘하 3장 민족 화합을 이루려는 다윗의 수용적인 대의

극명히 대비되는 사울 집안과 다윗 집안의 성쇠에 관한 내용이다. 사람이나 국가의 흥망성쇠는 하나님께 달려 있다. 하나님을 무시한 개인이나 하나님 없는 나라는 잠시 번성하는 것 같으나 결국 패망한다는 것을 알 수 있다(사 1:28).

그러므로 한 왕조가 무너지고 다른 왕조가 들어설 때에 여러 가지 어려운 일이 있게 된다. 더구나 이와 같은 왕조의 변화가 전쟁을 통하여 이루어질 때에 쌍방에서 흘린 피는 너무나 값진 것들이었다. 이곳에서 사울과 다윗 가족간의 왕권 쟁탈 싸움은 이스라엘의 역사 속에서 비극 중의 한 장면으로 남아 있다.

✚ 묵상 : 다윗은 점점 강해질 때에 사울 집의 아브넬의 어떤 제안을 수용했나요?(삼하3:1,6,12~13)
다윗은 요압에 의해 죽은 아브넬을 진실하게 장사 지내줌으로 어떤 결과를 얻게 되었나요?
(삼하3:26~27,31~37)

● 고린도전서 14장 교회의 덕을 세우려는 지체의 양보적인 대의

은사는 교회에 유익을 주고, 덕을 세우기 위해 필요하다. 우리는 신령한 은사를 사모해야 합니다. 은사를 꼭 신비한 어떤 능력으로 생각할 필요는 없다. 은사는 다양하며, 성령님은 교회의 유익을 위해 다양한 은사를 주신다. 예언도 방언도 철저히 교회공동체의 유익이라는 목적에 부합하게 사용되어져야 한다. 간혹 성령님이 주신 은사를 과시용으로 쓰는 사람들이 있다. 마치 자신이 신령한 것처럼 보이기 위함이다. 은사를 뜻하는 영어 단어가 gift다. '은사'라는 단어 자체가 하나님이 주신 선물이라는 뜻임을 기억하시오. 예언하는 자도 교회의 유익을 위해 자신을 통제할 수 있어야 한다. 하나님은 질서의 하나님이시며, 화평의 하나님이시다(33절).

✚ 묵상 : 바울은 고린도교회에게 어떤 은사로 교회에 덕을 세우라고 했나요?(고전14:1,3~5,19)
바울은 고린도교회에게 하나님은 어떤 분이라고 강조했나요?(고전14:33,40)

통일 주제 대의 (大義/大意, 하나님과 사람이 행하거나 지켜야 할 큰 도리와 큰 뜻)

연합 내용 죄악된 세상은 온전히 공평하지 못하다. 대개 한쪽으로 기울게 마련이다. 그 때 하나님과 참 그리스도인은 큰 뜻과 마음을 가지고 수용하고 양보하며 때로는 공의와 긍휼로 세상을 화평하게 세워가야 한다.

● 에스겔 12장 반역한 족속을 벌하시는 주의 공의적인 대의

이제 에스겔 선지자는 바벨론에 포로로 끌려간 유다 백성들을 향하여 예루살렘 함락과 유다 왕이 포로가 될 것을 두 가지 비유로 예언하면서 예루살렘에 닥칠 무서운 환난과 기근으로 인한 처절한 고통을 선포한다.

✚ 묵상 : 여호와 하나님은 반역하는 족속에게 앞일을 보이시려고 에스겔로 하여금 어떤 행장을 하게 하셨나요?(겔12:3~6,9~12)
하나님은 "날이 더디고 모든 묵시가 사라지리라"는 반역하는 족속들의 속담을 어떻게 응하시겠다고 말씀하셨나요?(겔12:22~25,27~28)

● 시편 51편 죄를 용서해 주시는 하나님의 긍휼적인 대의

이처럼 애절하고 가슴 아픈 참회의 시는 아마 없을 것이다. 본편은 표제어의 설명대로 다윗이 밧세바와 동침한 후 선지자 나단의 지적을 받고 회개하며, 죄사함을 간구하는 내용의 시이다. 이 시는 제2권에 수록된 다윗이 쓴 18편의 시 중에서 첫 번째의 것이다. 다윗은 이전에 심각하게 범죄하였고, 하나님의 지시에 따라서 선지자 나단은 성령이 우리에게 하신대로 다윗에게 나아가 그를 책망하였다. 그래서 다윗으로 하여금 죄를 고백하게 한다.

✚ 묵상 : 다윗은 자신의 죄를 회개할 때에 하나님의 어떤 성품을 의지했나요?(시51:1~3,14)
다윗은 회개한 후에 하나님 안에서 어떤 심령이 되길 소망했나요?(시51:7,10~12)

기 도

- 주여, 점점 힘이 생기고 강해질 때 너그러운 마음을 갖고 대하게 하옵소서.
- 주여, 성령의 은사를 받아 질서있게 바로 사용함으로 덕을 세우게 하옵소서.
- 주여, 하나님의 예언을 경히 여기지 말고 늘 종말론적 자세로 듣게 하옵소서.

9월 10 September 살림

삼하4-5 / 고전15 / 겔13 / 시52-54

● 사무엘하 4-5장 흩어진 지파를 다윗을 중심으로 다시 살리심

4: 사울의 아들 이스보셋이 신하에게 피살되는 비극을 소개한다. 하나님은 당신을 무시한 정권을 무너뜨리는 일에 다윗의 손을 빌리지 않으시고 도리어 스스로의 분란과 반역으로 자멸하게 하셨음을 볼 수 있다.

5: 다윗 왕권에 대항했던 이스보셋 정권은 내부 분열과 반역으로 종말을 고했다. 그 결과 분열되었던 이스라엘은 하나의 왕국으로 통일되었고 다윗은 바로 그 통일 왕국의 왕위에 오르게 되었다. 다윗의 번영과 성공 뒤에는 그를 후원하시는 하나님이 계신다는 사실이다.

✚ 묵상 : 다윗은 사울의 아들 이스보셋을 배반하고 죽인 두 군지휘관 바아나와 레갑을 어떻게 처리했나요?(삼하4:2,5~12)
다윗이 하나님께 받은 큰 은혜 세 가지는 무엇일까요?(삼하5:1~3,10~12,19,23~24)

● 고린도전서 15장 그리스도가 죽게된 모든 영혼을 다시 살리심

부활은 교회의 핵심메시지다. 가룟 유다를 대신할 제자를 뽑은 이유를 봐도 그렇다. "우리와 더불어 예수께서 부활하심을 증언할 사람이 되게 하여야 하리라"(행1:22) 부활의 증인을 선출한 것이다. 그리스도의 죽으심과 부활은 (구약)성경대로 이루어진 역사적 사실이다. 바울은 예수님의 부활에 대하여 "성경대로 그리스도께서 우리 죄를 위하여 죽으시고 장사 지낸 바 되셨다가 성경대로 사흘 만에 다시 살아나사"(3,4절)라고 선포한다. 그리스도의 죽으심과 부활하심은 성경에 이미 기록된 대로 그대로 되어진 것일 뿐이라는 것이다. 그리스도의 부활은 곧 나의 부활이다. 그러므로 우리는 힘있게 선포할 수 있다. "사망아 너의 승리가 어디 있느냐 사망아 너의 쏘는 것이 어디 있느냐 ... 우리에게 승리를 주시는 하나님께 감사하노니"(55-57절) 죽음에서의 승리가 참된 승리다.

✚ 묵상 : 바울은 예수 그리스도가 다시 사신 후 누구에게 나타나셨다고 했나요?(고전15:3~8)
바울은 죽은 자의 부활이 어떻게 가능하다고 설명했나요?(고전15:22,29~32,35~36,39~44)

통일 주제 살림 (復活, 쇠퇴한 것이 다시 성하게 일어나고 죽은 것이 다시 살아남)

연합 내용 하나님은 창조주이시며 구원자이시다. 개인적으로는 죄로 인하여 죽은 자를 믿음 안에서 살리시며 국가적으로는 민족을 섭리 안에서 회복시키신다. 오직 하나님과 예수 그리스도만이 다시 살리실 수 있다.

● 에스겔 13장 거짓 예언에 죽은 백성의 영혼을 다시 살리심

본장에서 백성들을 호도하는 거짓 선지자들의 악행을 지적하면서 이들의 비참한 멸망을 선포한다. 특히 온갖 요사스러운 의식으로 백성을 미혹한 거짓 여선지자들의 잘못된 종교 의식을 통해 타락한 종교의 단면을 엿볼 수 있다.

✚ 묵상 : 여호와는 에스겔에게 누구를 향하여 경고하라고 말씀하셨나요?(겔13:2~6,15~17)
여호와는 거짓 예언을 하는 선지자와 여자로부터 백성을 어떻게 하시겠다고 약속하셨나요?(겔13:20~23)

● 시편 52-54편 고난과 역경 속에 처한 다윗을 다시 살리심

52: 놉의 제사장들이 사울에게 쫓기는 다윗에게 도움을 주었다가 도엑의 고발로 사울에 의해 모조리 학살당한 적이 있다(삼상 22장). 다윗은 포악한 자(=도엑)를 하나님께 고발한다(1-4절). 재물을 의지하는 자는 하나님이 철저히 심판하시지만 하나님의 인자를 의지하는 의인은 견고하게 설 것이며 영원히 감사할 것이다(5-9절).

53: 고의로 하나님을 부정하는 어리석은 자들은 부패하여 선을 행할 능력이 없다(1-4절). 그들은 심판을 받을 것이나 하나님의 백성은 포로에서 회복되고 구원받을 것이다(5-6절).

54: 사울에 의해 생명의 위협을 받고있는 다윗이 구원과 원수의 멸망을 위해 간절히 부르짖는다(1-5절). 그는 자신의 기도가 응답될 것을 확신하며 낙헌제(=감사의 마음으로 자원하여 드리는 제사)를 서원한다(6-7절).

✚ 묵상 : 다윗은 에돔사람 도엑을 어떤 사람이라고 말했나요?(시52:1~3,5,7, 삼상22:18~19)
다윗은 하나님이 하늘에서 굽어 살피사 어떤 자를 찾으신다고 했나요?(시53:2~3)

기 도

- 주여, 만군의 하나님 여호와가 함께하심으로 점점 강성해지게 하옵소서.
- 주여, 부활을 의심하지 말고 믿음으로 삶의 모든 영역을 회복하게 하옵소서.
- 주여, 거짓된 말과 행동으로 영혼을 병들게 하는 자가 되지 않게 하옵소서.

9월 11 September 경건

삼하6 / 고전16 / 겔14 / 시55

사무엘하 6장 정성껏 제사하며 여호와의 궤를 옮기는 경건

다윗은 멸실 공히 하나님이 통치하는 왕정 국가로 발돋움하고자 했다. 그 일환으로 하나님의 임재와 통치를 나타내는 법궤를 수도 예루살렘으로 옮겼다. 법궤는 이스라엘 백성 중에서 보이지 아니하는 하나님의 임재하심의 상징이었다. 하나님이 육신으로 나타나셨으나 이스라엘이 그것을 상실하였다(삼상 3:21). 죄와 불법은 언제나 하나님과 우리 사이를 갈라놓는다.

여호와의 백성의 위로와 용기가 되는 하나님의 임재하심은 경건하지 아니한 다른 사람에게는 공포가 된다(삼상 5:8). 우리가 하나님에게서 떠날 때에 "영광이 이스라엘에서 났다 하고 이름을 이가봇"(삼상 4:21)이라고 하였다. 하나님을 떠나는 것은 파멸과 죽음을 의미한다. 이것은 다른 말로 할 때에 하나님과 함께하는 것은 번영과 성공이 있다는 것을 보여준다.

✚ 묵상 : 다윗은 여호와의 궤를 성으로 옮겨오기 위해 어떤 준비를 했나요?(삼하6:1~2,5,12~15)
여호와의 궤와 관련하여 화를 입은 자와 복을 받은 자는 누구일까요?(삼하6:6~8,11)

고린도전서 16장 예루살렘교회를 위해 은혜롭게 헌금하는 경건

고린도교회는 예루살렘 교회를 돕기 위한 연보(=선교헌금)를 계획 중인데 이는 이방 교회가 복음을 전해준 교회에 보답한다는 의미와 함께 유대교회와 이방 교회의 하나 됨을 보여주는 것이다(1-4절). 자발적인 동참을 호소하는 바울은 에베소 사역의 현황을 전하며 차후 선교의 계획도 밝힌다(5-9절). 자신보다 먼저 고린도에 도착해 사역하게 될 디모데에 대한 교회의 적극적인 협력을 요청하면서 아볼로에 관한 소식도 전한다(10-12절). 고린도 교회가 내부적인 여러 문제를 가지고 있지만 깨어 믿음을 지킬 것을 권하며 여러 동역자들의 안부를 전한다(13-20절). 그리스도께 우리를 위해 그 자신을 내어 주셨으니 우리는 마땅히 주님을 사랑하게 된다(21-24절).

✚ 묵상 : 바울은 고린도교회에게 연보에 대하여 어떻게 가르쳤나요?(고전16:1~3)
바울이 고린도교회에게 권면한 서너 가지 내용은 무엇일까요?(고전16:13~19)

통일 주제 경건 (敬虔, 공경하는 마음으로 삼가고 조심하며 대상을 받들어 올림)

연합 내용 경외와 경건은 인간이 창조된 때로부터 하나님 앞에 서는 최선의 방법이다. 바울이 말하기를 경건은 범사에 유익하니 금생과 내생에 약속이 있다고 했다. 그러므로 어떤 상황 속에서든 경건의 삶을 살아야 한다.

● 에스겔 14장 마음에서 우상과 가증한 것을 제하는 경건

본장에서는 예루살렘의 죄가 너무나 가증스럽기 때문에 하나님께서는 즉시 4 가지 심판을 그들 위에 내리신다. 선지자는 예루살렘의 장래 운명을 알아보기 위해 자신을 찾은 유다 포로민들의 대표들을 향해 그들의 우상 숭배와 죄악들을 지적하면서 예루살렘의 필연적 멸망과 남은 자들의 구원을 선포한다.

✚ 묵상 : 여호와는 에스겔을 통하여 우상을 마음에 품고 하나님 앞에 나와 주의 뜻을 묻는 장로들에게 어떤 말씀을 하셨나요?(겔14:1~8)
여호와 하나님이 에스겔에게 심판의 엄중함을 설명하시기 위해 "가령"으로 시작하신 네 가지의 비유 내용은 무엇일까요?(겔14:13~20)

● 시편 55편 사망의 위험에서 하나님께 부르짖는 경건

원수의 압제로 인해 생명을 위협을 받고있는 다윗이 그의 피난처가 되시는 하나님께서 간절히 부르짖고 있다(1-8절). 현재 그의 고통은 사망의 위험이라는 표현에 잘 드러나 있다. 시인은 하나님이 악인의 음모를 좌절시키고 그들을 멸하여 주시길 기도한다(9-11절). 친구의 배신으로 고통스러워하는 다윗은 악인에게 사망의 심판을 내려주시길 기도한다(12-15절). 다윗은 하나님이 자신의 탄식과 부르짖음을 들으셔서 구원하여 주실 것을 확신한다(16-23절). 우리는 의인의 요동함을 허락하지 않으시는 하나님께 모든 짐을 맡겨야 한다.

✚ 묵상 : 다윗은 자기를 사망의 위험에 이르게 한 자들이 누구라고 했나요?(시55:3~5,10~14)
다윗은 이 사망의 위험에서 빠져나올 수 있는 힘은 오직 무엇이라고 고백하고 있나요?(시55:1,16,22)

기 도

- 주여, 하나님의 말씀과 주의 성전을 대할 때 늘 마음을 다하게 하옵소서.
- 주여, 두 마음을 품고 하나님 앞에 나아오는 일이 없게 하옵소서.
- 주여, 가까운 사람으로부터 큰 실망을 느낄 때 더 주님을 의지하게 하옵소서.

9월 12 September 심정

삼하7 / 고후1 / 겔15 / 시56-57

● 사무엘하 7장 다윗의 중심을 보시고 감동하신 주님의 심정

다윗은 예루살렘으로 옮긴 법궤를 안치할 성전 건축을 소망하지만 하나님께서 아직 때가 아님을 계시하신다. 그래서 다윗은 선지자 나단을 불러서 하나님의 성전을 건축하는 문제를 의논하였다. 시온 산에 세운 궁전은 완성되었으나 다윗의 마음에는 여호와의 성전에 대한 생각으로 가득 차 있었다. 다윗은 자신의 궁전과 비교하여 여호와의 성전이 초라한 것을 부당하게 여겼고, 그래서 여호와의 이름을 위하여 성전을 건축할 계획을 하였다.

하나님께서는 다만 다윗의 이 같은 아름다운 마음을 기뻐하시고 다윗과 언약을 맺으시고 복과 은혜를 약속하신다. 하나님은 뜨거운 사랑과 경건한 열정을 가진 자들에게 차고 넘치는 사랑과 은혜를 채워주신다.

✚ 묵상 : 다윗이 하나님의 은혜를 회고하고 성전 건축을 생각할 때에 여호와께서 나단을 통해 다윗에게 보이신 계시의 내용은 무엇이었나요?(삼하7:1~16)
나단을 통해 주의 계시를 들은 다윗은 어떤 깊은 기도를 드렸나요?(삼하7:18~24,27~29)

● 고린도후서 1장 성도를 거룩과 진실함으로 대한 바울의 심정

바울은 복음을 전하면서 많은 고난을 겪었다. 그러나 그는 그 과정에서 하나님의 위로를 경험했으며, 특별히 고난에 대해 하나님께 감사하고 있다. 감사의 내용은 '고난을 당함으로 자신과 같은 처지에 있는 자들을 이해하고 위로할 수 있었다'는 것이다. "하나님께 받은 위로로써 모든 환난 중에 있는 자들을 능히 위로하게 하시는 이시로다"(4절) 그는 복음전파를 위해 당한 고난을 '그리스도의 고난'이라고 표현한다(5절). 고난을 통해 하나님께 더 가까이 나아가며, 고난 가운데 있는 지체들을 위로할 수 있다. 바울의 고린도교회 방문이 계획대로 진행되지 못하여 일부 사람들은 바울의 진실성에 의구심을 가졌지만, 바울은 자신이 임의로 변경한 것이 아니며(12절), 그가 전한 복음은 진실한 것임을 피력한다(18절). 성경의 수많은 약속은 예수 그리스도안에서 성취되었다(20절). 예수 그리스도를 통한 하나님의 뜻과 말씀에 대하여 우리는 언제나 '아멘'으로 화답해야 한다(20절).

✚ 묵상 : 바울은 거듭 고린도교회에게 참 하나님을 어떻게 소개하고 있나요?(고후1:3~6,10)
바울은 고린도교회를 어떤 마음과 태도로 대했다고 했나요?(고후1:12,16~18,23~24)

통일 주제 심정 (心情, 마음에 품은 생각과 감정)

연합 내용 인간은 온전할 수 없다. 하지만 주를 믿고 새 피조물인 하나님의 사람은 중심을 바로 잡고 변화된 삶을 시작할 수 있다. 그 후 진실하고 헌신된 심정으로 주어진 모든 일을 최선을 다해 성취해 가는 것이다.

● 에스겔 15장 범법한 예루살렘을 대적하시는 주님의 심정

선지자는 예루살렘의 유다 백성들을 야산에 버려져 마구 자란 쓸모없는 포도나무에 비유한다. 그리고 이런 포도나무는 잘려져 불에 태워지듯이 선민으로서의 자격을 상실한 유다 백성들은 멸망을 피할 수 없다는 사실을 경고한다.

✚ 묵상 : 여호와 하나님은 예루살렘을 무엇에 비유하셨나요?(겔15:1~6)
여호와 하나님이 예루살렘을 대적하신 이유는 무엇이셨나요?(겔15:7~8)

● 시편 56-57편 쫓길 때 주님을 절실히 의지하는 다윗의 심정

56: 이 시편은 57편과 더불어 한 쌍의 시편으로 불리기도 한다. 그것은 거의 같은 말의 시작, 비슷한 길이, 같은 주제 및 구성으로 이루어져 있기 때문이다. 표제에 있는 다윗의 믹담 시라는 것은 다윗의 작품 중에서도 가장 아름다운 것의 하나로 평가되기도 한다.

57: 본 시편은 다윗이 사울의 추적을 피하여 굴에 숨어 있었던 때에 저작되었다. 그 굴은 아둘람 굴이나 엔게디 굴일 것이다(삼상 22:1; 24:3). 이 시는 여러 면에서 바로 앞의 56편과 비슷한데 다른 점이 있다면 56편에는 결어와 추가 부분이 있으나(12-13절), 57편에는 이에 해당하는 부분이 없다는 것이다. 이 시는 구성면에서 탄원 시의 요소를 고루 갖추고 있으며, 5절과 11절에 나타나는 동일한 후렴구에 의해서 양분되기도 한다. 그러나 그보다는 1-6절의 간구와 호소 부분, 7-11절의 감사와 찬양 부분으로 나누는 것이 더 적당하다고 되어 있다. 한편 표제어에 있는 '알다스헷'은 '멸하지 말라'는 뜻으로 이 시의 성격을 잘 대변해 주고 있다.

✚ 묵상 : 다윗이 가드에서 블레셋 인에게 잡혔을 때 어떤 심정으로 하나님을 의지했나요?(시56:3~4,8~11)
다윗이 사울을 피하여 굴에 있을 때 하나님께 부르짖은 후 이어 어떤 찬송을 올렸나요?
(시57:2,5~7,9)

기 도

- 주여, 먼저 하나님을 경외할 마음을 갖게 하시고 이 맘을 실천하게 하옵소서.
- 주여, 교회 내의 모든 성도를 대할 때 거룩함과 진실함으로 행하게 하옵소서.
- 주여, 심히 감당하기 어려운 일을 당할 때 참되신 주님을 의지하게 하옵소서.

9월 13 September 향기

삼하8-9 / 고후2 / 겔16 / 시58-59

● 사무엘하 8-9장 노략물을 바치고 므비보셋을 품은 다윗의 향기

8: 다윗은 이스라엘의 국력을 크게 신장시키기 위해 이스라엘을 위협하던 대적들을 차례로 물리치고 국내적으로 행정 조직을 개편하여 나라의 안정을 더욱 공고히 하였다. 또한 8장의 내용은 다윗의 전투와 그에 관한 여러 가지의 기록들이다. 여기의 기록은 다윗이 왕이 되고 나서 행한 여러 전쟁 중의 한 사건으로서 그의 초창기 왕으로서의 활동의 한 면을 보여준다.

9: 통일된 이스라엘을 일으키는 데 혼신의 정열을 불태우던 다윗이었지만 그 가운데 요나단과의 우정어린 약속(삼상 20:15-17)을 잊지 않고 그의 혈육인 므비보셋을 찾아 돌보는 따뜻한 인간미를 보여주고 있다. 또한 9장의 내용과 로마서 9-11장의 내용을 비교할 때에 중요한 사건과 큰 은혜의 말씀을 찾아볼 수가 있다. 이와 같은 곳에서 나타난 바는 이스라엘에 대한 하나님의 은혜와 섭리, 그리고 그곳에서 누리는 많은 축복을 이곳에서 살펴본다.

✚ 묵상 : 다윗이 모든 싸움에서 이길 수 있었던 이유는 무엇이며 그 결과 다윗은 어떤 행동을 했나요?(삼하8:6,10~12,14~15)
다윗은 끝까지 누구에게 의리와 약속을 지켰나요?(삼하9:3,6~8,11,13)

● 고린도후서 2장 복음 전파자는 모든 자에게 그리스도의 향기

이전에 바울이 고린도교회를 방문했을 때, 바울을 대적하는 사람이 있어서 대다수 고린도 성도들을 근심에 빠뜨린 일이 있었다. 그 사람에게는 교회에서 적절한 권징이 있었다. 그도 또한 회개했기에 바울은 그를 사랑과 용서로 대할 것을 권면한다(5-11절). 바울은 복음전도자인 자신을 '그리스도의 향기'라고 말한다. 하나님이 우리의 향기(복음을 위한 수고)를 받으시며, 세상은 우리의 향기를 통해 하나님의 구원과 생명을 알게 된다(14-16절).

✚ 묵상 : 바울이 고린도교회 두 번째 편지를 쓴 이유는 무엇일까요?(고후2:3~4,9)
바울은 하나님 앞에서 그리스도인이 구원 받는 자들이나 망하는 자들에게 어떤 존재가 된다고 말했나요?(고후2:14~17)

통일 주제 향기 (香氣, 꽃이나 향 따위에서 나는 좋은 냄새)

연합 내용 모든 피조물은 나름의 냄새를 가지고 있다. 좋은 향이 나면 향기요 나쁜 향이 나면 냄새다. 하나님과 그 백성, 그 자녀는 가시밭의 백합화처럼 향기를 날려야 한다. 그 향기는 다양하고 풍성해야 한다.

● 에스겔 16장 심판 후에 구원을 베푸시는 하나님의 향기

본장에서는 부정한 아내 비유를 통해 이스라엘의 죄악을 지적한다. 즉 하나님은 고아 이스라엘을 양육하고 아내로 삼으며 사랑을 베풀었지만 이스라엘은 남편 되신 하나님을 저버리고 다른 남자와 간음하는 부정(우상 숭배)을 저지른 결과 아내의 영화로운 자리를 박탈하게 된다는 것이 본장의 비유의 줄거리이다.

✚ 묵상 : 예루살렘은 여호와 앞에서 어느 정도로 타락한 우상숭배자 였나요?(겔16:15~22,25~30)
여호와는 혹독한 심판 후 다시 어떻게 회복시켜 주시겠다고 약속하셨나요?(겔16:59~63)

● 시편 58-59편 요새와 피난처가 되어 주시는 전능자의 향기

58: 시인은 정의에 침묵하고 불의한 판결로 폭력을 초래하며 독사처럼 치명적인 판결을 내리는 불의한 통치자들의 행태를 고발한다(1-5절). 하나님의 공의로운 재판을 요청하는 시인은 반드시 심판이 이루어져 하나님의 공의가 인정되고 고백될 것을 확신한다(6-11절).

59: 자신을 죽이려는 원수들로 인해 위협을 받고있는 다윗이 하나님의 도우심을 간구한다(1-5절). 다윗은 악인들이 반드시 멸망할 것을 확신하면서 하나님이 원수들을 오랫동안 심판하심으로 이스라엘 백성은 물론 온 세상이 하나님의 다스리심을 알게 해 달라고 간구한다(6-13절). 다윗은 그의 기도가 응답될 것을 확신한다(14-17절).

✚ 묵상 : 다윗은 악한 통치자들을 보면서 그들은 어떠해야 한다고 외쳤나요?(시58:1~2,4~5)
다윗이 여호와께 기도하면서 고백한 말 중에 하나님에 대하여 가장 많이 사용한 표현은 무엇일까요?(시59:1,9,16~17)

기 도

- 주여, 주님이 변함없이 사랑해 주신 것처럼 우리도 의리를 지키게 하옵소서.
- 주여, 주의 은혜를 입은 자로서 모든 이에게 그리스도의 향기가 되게 하옵소서.
- 주여, 이 나라의 통치자들에게 정의와 올바르게 판결하는 정직함을 주옵소서.

9월 14 September 심령

삼하10 / 고후3 / 겔17 / 시60-61

● 사무엘하 10장 담대히 싸우는 요압과 아비새의 신앙적 심령

다윗은 주변 여러 나라를 평정함으로써 이스라엘의 국력을 신장시켰다. 이때 암몬 왕 하눈은 이스라엘을 무시하다가 다윗 군대의 일격을 받았으며 아람 사람의 도움으로 다시 도전했지만 다윗의 군대에 무참히 패하고 말았다.

한편 다윗은 이전의 신세를 고맙게 여기면서 그것을 갚으려고 한다. 다윗은 이곳에서 모든 여건을 다 갖춘 놀라운 왕의 모습으로 나온다. 그는 주변의 나라가 다시 이스라엘을 침입하지 못하게 하고 자신의 왕국을 견고히 하며 더 나아가서 자신이 어려웠을 때에 도와주었던 사람에게 그것을 갚으려고 한다. 그러나 상대방은 이것을 오해하여 오히려 다윗에게 견딜 수 없는 수모를 준다. 이러한 분위기에서 다윗은 단호한 입장을 취한다. 그가 싸우는 것은 그 자신의 싸움이거나 이스라엘의 싸움만이 아니고 하나님의 이름을 위한 싸움이다.

✚ 묵상 : 암몬 자손이 아람 사람의 손을 잡고 다윗과 싸우게 된 이유는 무엇일까요?(삼하10:1~4)
전쟁에 앞서 요압이 그의 아우 아비새에게 당부한 말은 무엇일까요?(삼하10:12)

● 고린도후서 3장 새 언약을 마음판에 새긴 성도의 만족한 심령

바울의 대적자들은 바울의 사도직을 의심했다. 그들은 바울을 향해 추천서도 없는 거짓 사도라고 비난했다. 바울은 자신이 전한 복음을 통해 예수님을 영접한 고린도교회 성도들이 바로 자신의 사도직을 증명하는 추천서라고 말한다(2절). 고린도교회 성도들은 구원의 실체가 되시는 예수님께 집중하지 못하고 여전히 율법에 매여 있는 바울의 대적자(율법주의자)들을 경계하고, 구원은 오직 새 언약(그리스도의 은혜의 복음)으로 말미암은 것임을 명심해야 한다(6절). 바울은 바로 그 복음을 전하는 사도다. 율법을 받은 모세의 얼굴에도 영광의 광채가 있었으나, 그리스도는 율법의 한계를 뛰어넘어 율법을 완성하셨다. 구원의 실체, 영광의 실체이신 그리스도가 계심으로 더 이상 율법에 집착하지 말아야 한다(7-11절). 율법의 광채는 그리스도가 오실 때까지만 유효하다(14절). 그리스도 안에 참된 자유가 있다(17절).

✚ 묵상 : 바울은 왜 고린도교회의 성도들이 자신의 편지라고 말했나요?(고후3:1~3)
바울이 말하는 새 언약은 무엇일까요?(고후3:6,12,14)

통일 주제 심령 (心靈, 성경에서 말하는 마음과 영혼)

연합 내용 하나님께서 주관하시는 역사는 곧 하나님의 마음이 투영된 것이다. 늘 관심을 가지고 하나님의 마음을 생각할 때 우리의 심령은 그 역사하심에 동참하고 그 결과와 열매를 누릴 수 있다.

● 에스겔 17장 반역한 자들을 심판하시는 하나님의 노한 심령

에스겔 선지자는 두 독수리와 백향목, 포도나무의 비유를 통해 유다 멸망의 여러 가지 징후들을 국제 정세 속에서 조명하고 있다. 그러나 본장 안에도 훗날 유다의 회복에 대한 비전이 제시되어 있어서 흑암 중 한 줄기 빛을 던져 주고 있다.

✚ 묵상 : 독수리와 포도나무는 무엇을 가리키는 것일까요?(겔17:12~15)
언약을 배반하고 하나님을 반역한 자들을 어떻게 하신다고 말씀하셨나요?(겔17:19~21)

● 시편 60-61편 회복의 응답을 구하는 다윗의 애절한 심령

60: 이 시편의 역사적 배경은 표제에 기록된 바와 같이 다윗이 에돔과의 전쟁을 수행하고 있던 때이다. 그러나 의문시 되고 있는 것은 실제로 이 전쟁에서 다윗은 엄청난 승리를 거두었으나 본서에는 참패에 대한 곤고와 탄원이 담겨져 있다. 그러기에 인생살이는 굴곡이 있다. 이것은 인생살이 그 자체가 하나의 시골길을 가는 것과 같기 때문이다. 이곳에서 절망에 처한 사람이 어떤 자세를 가지는가를 보여준다.

61: 다윗은 수시로 변해가는 불안한 자신의 상황 속에서 영속적인 위로의 샘이 하나님 안에 있다는 것을 알고 있었다. 이 시편은 가장 아름다운 시 중의 하나이다. 이 시편 2절의 "땅 끝에서부터"라는 구절에 근거하여 원수들에게 둘러싸인 포로의 노래라고 보기도 하나, 다윗이 압살롬의 반란이 진압되어 돌아오면서 지은 시로 보는 것이 보다 일반적이다. 이 시편의 구성은 간결하면서도 다윗 작품의 특징이 잘 나타나 있는데, 전반부의 진지한 기도와 후반부의 확신과 서원, 찬양으로 이루어져 있다.

✚ 묵상 : 전쟁을 이기는 다윗의 비결은 무엇이었나요?(시60:12)
응답을 구하며 기도를 부르짖는 다윗의 심령은 어떤 상태었나요?(시61:2)

기 도

- 주여, 전쟁과 같은 치열한 세상 속에서 담대하게 싸워 믿음으로 이기게 하옵소서.
- 주여, 나의 심령에 새겨주신 새 언약의 말씀을 결코 배반하지 않게 하옵소서.
- 주여, 승리가 눈앞에 있어도 겸손하게 하나님을 구하며 영광을 돌리게 하옵소서.

9월 15 September

의인

삼하11 / 고후4 / 겔18 / 시62-63

● 사무엘하 11장 편함을 버리고 책임을 다하며 충성하는 의인

다윗 왕국의 거듭된 승리로 인해 영적으로 느슨해진 다윗이 우리아의 아내 밧세바를 범하고 또 밧세바를 얻기 위해 우리아를 전사하게 하는 끔찍한 범죄를 저지르고 만다.

당시 다윗은 전쟁 중에 예루살렘에 머물러 있었다. 저녁 해질 때에 다윗은 왕궁 옥상에서 거닐다가 한 여인이 목욕하는 모습을 보았다. 그리고 그녀를 왕궁으로 불러 동침하고 그것을 은폐하기 위하여 전선에 있는 그녀의 남편 우리아를 불러온다. 다윗은 이 사실을 은폐하기 위해서 지시를 내려 그녀와 동침하게 하였으나 우리아는 이를 거절한다. 나중에 그녀가 임신한 것을 알게 되자 다윗은 우리아를 최전선에 보내어 죽게 한다. 이곳에 나온 사건은 이스라엘의 역사에서 가장 수치스럽고 다윗의 생애에서도 부끄러운 일 중의 하나가 되었다.

✚ 묵상 : 하나님의 복을 누리던 다윗이 행한 세 가지의 악한 일은 무엇일까요?(삼하11:2~4,7~17)
다윗과는 다르게 의로운 우리아가 보여준 충성된 모습은 무엇일까요?(삼하11:9~11,13)

● 고린도후서 4장 자신을 전하지 않고 예수 만 전파하는 의인

영광스런 새 언약의 일꾼인 바울은 자신을 대적하는 자들이 여전히 있지만 낙심하지 않았다(1절). 어떤 이에게는 복음이 가려져 있는데 이는 악한 영이 그 마음을 혼미하게 했기 때문이다(2-4절). 진흙같이 연약하고 보잘것없는 존재였던 바울은 다메섹 도상에서 복음의 빛을 경험한 후 예수님의 주 되심과 복음을 위해 자신이 종 되었음을 전하는 자가 되었다(5-7절). 극심한 핍박 속에서도 예수의 죽음을 짊어진 바울을 통해 예수의 생명이 나타난다(8-12절). 현재의 고난은 미래의 소망과 영원에 대한 믿음을 결코 이길 수 없다(13-18절). 특히 그리스도의 부활은 우리를 더욱 담대하게 만든다(14절).

✚ 묵상 : 오직 그리스도 예수의 주 되신 것과 또 예수를 위하여 다른 자들에게 종이 된 바울과 그리스도인은 어떤 의인된 모습을 보였나요?(고후4:2~6)
연약한 육체에 보배를 가진 바울과 그리스도인은 어떤 삶을 살았나요?(고후4:7~11)

통일 주제 의인 (義人, 여호와의 말씀에 합당하여 하나님이 의롭게 여긴 사람)

연합 내용 성경은 의인에 대해서 일반적으로 두 가지 뜻을 말한다. 구약에서는 율법(말씀)을 잘 지킨 자를 의인(義人)으로, 신약에서는 예수를 그리스도로 믿는 자를 의롭게 인정하는 의인(義認된 義人)으로 말한다.

● 에스겔 18장 율례와 규례를 지켜 진실하게 행동하는 의인

본장에서는 심판의 부당함을 항변하는 유다 백성들을 향해 심판의 필연성과 행위대로 보응 받는 심판의 개별성에 대해 지적하면서 같은 맥락에서 회개하는 자의 구원을 아울러 선포하고 회개를 촉구한다.

✚ 묵상 : 여호와 하나님 앞에서 살고 죽는 것은 각 자의 무엇 때문일까요?(겔18:9,13,18~22)
범죄한 이스라엘을 향한 하나님의 진심어린 마음은 무엇이실까요?(겔18:23,30~32)

● 시편 62-63편 고난 중에 주만 구원 소망으로 인정하는 의인

62: 압살롬의 반역(삼하 15-18장)을 배경으로 한 것인지 확실하지 않지만 누군가 반란을 일으킨 상태에서 다윗이 이 시편을 쓴 것은 분명한 사실이다. 다윗은 현재 처한 곤경을 정면으로 직시하지만(3, 4절) 여기에서 가장 중요한 관심의 대상은 하나님이시다.

63: 이 시는 다윗이 압살롬의 모반으로 인하여 유다 광야로 쫓겨나갔을 때에 하나님의 보호를 간구하면서 지은 비탄 시이다(삼하 15:16-30; 16:1- 6). 그러나 이 시의 전체적인 분위기와 내용은 하나님의 보호 및 임재의 간구와 하나님의 찬양이 아름다운 시어로 표현되어 있어 오히려 찬송시에 가깝다. 저자는 지금 그가 처해 있는 어려운 상황 속에서도 하나님께 대한 신뢰와 애정을 감미롭게 호소하고 있는데, 이것은 여태까지 그를 인도하신 하나님이 능히 그를 이 곤란에서 이끌어 내실 것으로 믿고 있었으며, 악인의 멸망과 자신의 최종적인 승리를 확신하기 때문일 것이다.

✚ 묵상 : 사람으로 인해 고난을 당한 다윗은 오직 하나님만 구원과 소망으로 고백하고 절대 어떤 일은 하지 않겠다고 결단했나요?(시62:1~3,5~8,10)
다윗이 주의 권능과 영광을 보기 위하여 어디에서 무엇을 했나요?(시63:1~8)

기 도

- 주여, 주의 복을 누리고 있을 때 다가오는 유혹을 이기는 자가 되게 하옵소서.
- 주여, 믿음으로 의인된 우리가 오직 예수 그리스도의 복음만 전하게 하옵소서.
- 주여, 어떤 상황 속에 처할지라도 결코 넘어지지 않는 우리가 되게 하옵소서.

9월 16 September 비유

삼하12 / 고후5 / 겔19 / 시64-65

● 사무엘하 12장 작은 암양 새끼를 뺏은 부자로 비유된 다윗

밧세바와의 간음뿐만 아니라 이를 숨기려고 우리아를 죽게하는 살인까지 범했던 다윗은 나단의 고발에 눈물로 참회하게 된다. 또한 다윗은 하나님이 내리신 형벌을 온전히 받아들임으로써 하나님의 회복하게 하시는 은총을 받는다.

여기서 집고 넘어가야 할 것은 넘어지는 것은 마음의 은밀한 생각에서 먼저 시작하고 그 다음에 그것이 행동으로 이루어진다는 사실이다. 우리는 하나님의 자녀로 하나님과의 관계를 유지하면서도 범죄와 잘못을 범할 수가 있다. 범죄가 하나님과의 관계를 완전히 단절하는 것은 아니다. 사탄의 농간의 그 방법이 한없이 많다.

✚ 묵상 : 하나님은 나단 선지자를 통해 범죄한 다윗을 어떻게 깨닫게 하시고 또 이끌어 가셨나요?(삼하12:1~7,10,13~14,24)
다윗은 밧세바를 통해 얻은 아이가 아팠을 때 어떻게 행동했나요?(삼하12:15하~23)

● 고린도후서 5장 새로운 피조물과 주의 사신으로 비유된 바울

이 땅에서의 삶은 땅에 있는 장막 집과 같아서 시간이 지나면 반드시 무너지게 된다(1-2절). 그러나 하늘에 있는 영원한 집이 우리를 기다리고 있습니다. 성령님이 영원한 집을 보증해 주신다(3-5절). 그러므로 우리는 이 땅에서 영원한 집을 소망하며 주를 기쁘시게 하는 삶을 살아야 한다(6-10절). 바울은 사람의 환심을 사기 위해 재능이나 언변을 자랑하지 않았으며 오직 주를 기쁘시게 하는 삶을 살아왔음을 하나님이 아신다고 말한다(11-12절). 그리스도를 만난 자는 그리스도를 위해 살아가며 그리스도의 사랑에 붙잡힌 자가 된다(13-15절). 바울도 한때는 그리스도를 배척했으나 지금은 그리스도를 위해 살아간다(16절). 그리스도께서 우리 죄를 대신하여 속죄 제물이 되심으로 우리는 하나님의 의가 되었고 새로운 피조물이 되었다(17-21절). 영원한 집을 소망하는 우리는 이 땅에서 더욱 하나님과 화목해야 한다(20절).

✚ 묵상 : 바울은 날마다 무엇을 간절히 사모하며 사역에 힘썼나요?(고후5:1~2,8~10)
미쳤어도 온전해도 그리스도의 사신으로 사는 새 피조물인 그리스도인은 하나님께 어떤 직분을 받았나요?(고후5:13,17~18,20)

통일 주제 비유 (譬喩, 어떤 사물이나 현상을 그와 비슷한 다른 것에 빗대어 표현함)

연합 내용 성경에는 많은 비유가 있다. 예수님은 진리를 깨닫게 하기 위해 사용하셨고, 또 역사서나 시편이나 잠언에서는 여러 상황과 교훈을 전하기 위해 사용하였으며, 예언과 같은 비밀을 전하는 도구로도 사용하였다.

● 에스겔 19장 젊은 사자와 포도나무로 비유된 이스라엘 고관

본장은 애가로 구성되어 있다. 노획된 들짐승처럼 포로로 끌려간 두 왕과 다윗 왕조에 대한 슬픔을 노래한 이 장은 거의 말라 시들어버려 쓸모없게 된 앙상한 포도나무를 비유로 들고 있다.

특히 본장에서는 사자 비유(1-9절)와 포도나무 비유(10-14절)를 통해 한때는 영화의 극치를 달렸던 유다 왕국과 다윗 가문이 철저하게 몰락하고 패망하는 현실을 탄식한다.

✚ 묵상 : 에스겔은 이스라엘 고관들에 대해 첫 번째로 어떤 애가를 지어 불렀나요?(겔19:1~7)
에스겔은 이스라엘 고관들에 대해 두 번째로 어떤 애가를 지어 불렀나요?(겔19:10~14)

● 시편 64-65편 칼의 혀와 화살의 말을 쓰는 자로 비유된 원수

64: 악인들의 음모로 위협을 당할 때, 하나님의 보호를 요청하는 기도시이다. 대적으로부터의 보호를 요청하는 도입기도(1-4절), 악인들의 승리 확신(5-6절), 악인의 멸망과 의인의 기쁨에 대한 시인의 확신(7-10절)으로 이루어져 있다.

65: 하나님이 베푸신 은혜, 특히 약속의 땅에서의 풍성한 수확을 주신 하나님을 찬양하는 내용이다. 시는 기도를 들으시고, 죄와 허물을 사하시는 하나님께로 나아감(1-4절), 창조와 구원의 놀라운 일을 행하신 하나님을 찬양함(5-8절), 풍성한 수확과 결실을 주신 하나님께 감사의 찬양을 드림(9-13절)으로 구성되어 있다.

✚ 묵상 : 다윗은 하나님께 자신을 해하는 원수들에 대해서 어떻게 표현했나요?(시64:1~5)
다윗은 사람과 모든 만물이 주 하나님의 은총 속에 살아가고 있음을 어떻게 표현했나요?(시65:4~5,8~13)

기 도

- 주여, 어려운 일을 간구하다가 내 뜻대로 응답이 없을 때 수용하게 하옵소서.
- 주여, 화목의 직분을 받은 새 피조물이요 그리스도의 사신답게 살게 하옵소서.
- 주여, 마음을 찌르는 칼의 혀와 꽂히는 화살의 말에 넘어지지 않게 하옵소서.

9월 17 September 역할

삼하13 / 고후6 / 겔20 / 시66-67

● 사무엘하 13장 암논에게 꾀를 알려주는 요나답의 간교한 역할

다윗의 가정을 징벌하시겠다는 하나님의 경고는 장남 암논이 이복 누이 다말을 추행하고 이를 분히 여긴 다말의 친오빠 압살롬이 암논을 살해하는 사건으로 현실화되었다.

다윗이 우리아에게 행한 죄악은 사함과 "당신이 죽지 아니하려니와"(삼하 12:13)라는 확신도 받았다. 이로써 그가 저지른 범죄는 일단락되었다. 하나님의 용서가 있었고 다윗 자신도 이 사실을 크게 후회하였다. 그러나 이 일로 인하여 되어진 그 결과는 다윗과 그의 집안을 한 평생 괴롭힌다. 이곳에서 나온 사건은 죄악의 씨가 얼마나 무섭고 그로 인하여 얼마나 비싼 대가를 지불하여야 하는가를 보여준다.

범죄 후에 사함을 받는 것도 중요하지만 그로 인하여 되어진 비싼 대가는 생각하기 마련이다. 죄악의 사함도 중요하지만 그 대가를 지불할 책임도 명심하여야 한다.

✚ 묵상 : 암논은 압살롬의 아름다운 누이 다말에게 어떤 나쁜 짓을 했나요?(삼하13:1,6~15)
압살롬은 암논에 대하여 마음에 품었던 복수를 언제 어떻게 실행했나요?(삼하13:23~29)

● 고린도후서 6장 하나님과 함께 일하는 자 바울의 희생적 역할

바울은 자신의 직분이 사람들에게 비방을 받지 않기 위해 늘 자신을 살폈다(3절). 그리스도인은 나의 말과 행동이 복음에 방해가 되지 않는지를 늘 살펴야 한다. 바울은 '하나님의 일꾼'으로서 인내했으며(4-5절) '깨끗함', '지식', '자비함'등 8가지 덕목으로 사역했다(6-7절). 그리스도인은 아무 것도 아닌 것 같으나 실제로는 모든 것을 가진 자이다(8-10절). 우리는 하나님의 언약백성으로서 구별된 삶을 살아야 한다(14-18절).

✚ 묵상 : 하나님과 함께 일하는 직분을 받은 바울은 어떤 모습으로 생활했나요?(고후6:1~10)
바울이 고린도 교인들에게 권면한 두 가지의 내용은 무엇일까요?(고후6:11,13~16)

통일 주제 역할 (役割, 일정한 자격으로 자기가 해야 할 맡은 바 직책이나 임무)

연합 내용 모든 사람은 자신의 역할을 가지고 태어난다. 특히 예수 그리스도를 믿고 교회의 지체가 된 성도들은 자신의 역할을 찾고 개발하며 감당함으로써 합당한 열매를 맺혀야 한다. 잘못된 역할은 악과 죄를 낳는다.

● 에스겔 20장 장로에게 주뜻을 전하는 에스겔의 대언적 역할

본장에서 에스겔은 과거 출애굽 시절부터 광야 생활, 가나안 정복에 이르기까지 끊임없이 베풀어주신 하나님의 사랑과 그럼에도 불구하고 틈만 나면 반역하는 이스라엘의 불순종의 역사를 상기시키면서 멸망의 필연성을 경고한다. 그러나 선지자는 불타는 삼림 비유를 통해 회복의 비전을 제시하는 것을 잊지 않는다.

✚ 묵상 : 여호와 하나님은 이스라엘 장로 여러 사람에게 묻지 말고 들으라고 하시면서 어떤 말씀을 상세히 해주셨나요?(겔20:1~3,5~8,10~13,17~18,27~28,30~31,39)
여호와 하나님은 어떤 일을 하실 때 항상 무엇을 중요시 하실까요?(겔20:9,14,22)

● 시편 66-67편 온 땅과 민족이 주를 찬양하는 경배자 역할

66: 찬송시(1-12절)와 감사시(13-20절)가 혼합되어 있다. 우리는 하나님이 행하신 놀라운 일들을 찬양해야 하며(3-7절), 우리를 보호하며 단련하시는 하나님(8-10절), 결국엔 풍부한 곳으로 이끄시는 하나님을 찬양해야 한다(11-12절). 고난을 통과한 시인은 하나님께 감사의 제사를 드립니다(13절). 하나님이 시인의 기도를 들으사 응답하셨다(13-20절).

67: 복의 근원 되시는 하나님은(1절) 열방을 다스리고 통치하시며(2-4절), 복을 주시는 분이다(5-7절).

✚ 묵상 : 시편 기자는 온 땅이 주를 경배하고 노래하며 그 앞에 제사를 드려야 할 이유가 무엇이라고 했나요?(시66:1,3~6,9~14,20)
시편 기자는 모든 나라와 민족이 하나님께 무엇을 해야 한다고 했나요?(시67:1~5)

기 도

- 주여, 정직한 사랑을 행하게 하시고 복수보다는 용서를 베풀게 하옵소서.
- 주여, 하나님과 함께 일하는 자로서 은혜를 받아 사명을 감당하게 하옵소서.
- 주여, 자신의 허물을 돌아보고 하나님께 귀를 기울이는 자가 되게 하옵소서.

9월 18 September 근심

삼하14 / 고후7 / 겔21 / 시68

● 사무엘하 14장 다윗과 압살롬이 풀지 못했던 관계 근심

스루야의 아들 요압은 다윗과 압살롬간의 보이지 아니하는 슬픈 관계를 정상화시키기 위하여 노력을 한다. 요나단의 잘못된 조언으로 집안에 불행을 자초하였다면 요압은 그 슬픈 관계를 정상화시키기 위하여 애를 쓴다. 그는 "왕의 마음이 압살롬에게로 향하는 줄 알고"(1절) 이 일을 시작하였다. 왕은 압살롬을 데려오고 싶었으나 주변의 여러 가지 여건으로 인하여 그와 같이 하지 못하였다. 사회적 관례와 정치적 관련 사건들이 그와 같은 일을 막은 것으로 보인다.

한편 형 암논을 죽이고 도피하던 압살롬이 다윗과 화해하고 예루살렘으로 돌아오는 장면이다. 그런데 다윗과 압살롬과의 화해는 정치적인 것이었을 뿐 진정한 회개와 용서가 전재되지 않았다. 다윗과 압살롬의 화해이면에는 여전히 불행의 씨앗이 싹트고 있었다.

✚ 묵상 : 요압은 다윗 왕의 마음이 압살롬에게로 향한 줄을 알고 어떤 지혜를 발휘하여 다윗의 닫힌 마음에 깨달음을 주었나요?(삼하14:1~8,13~17)
예루살렘으로 돌아와 두 해를 지낸 압살롬은 다윗 왕 앞에 나가기 위해 어떤 지혜를 발휘하였나요?(삼하14:28~33)

● 고린도후서 7장 하나님의 뜻대로 하는 근심과 세상 근심

바울은 고린도교회 성도들을 참다운 목자의 심정으로 대했다. 고린도교회 성도들과 자신은 같은 운명공동체라고 고백한다(3절). 그래서 사랑으로, 진리로 그들을 대했다. 바울의 그 마음이 잘 전달되어 고린도교회 성도들은 바울의 권면을 수용했다(8-9절). 하나님의 뜻대로 하는 근심은 회개에 이르게 하고, 구원에 이르게 한다(10절).

✚ 묵상 : 디도가 바울에게 위로로 전해준 고린도교회의 보고내용은 무엇이었나요?(고후7:6~7)
바울은 하나님의 뜻대로 하는 근심은 어떤 유익이 있다고 말했나요?(고후7:10~11)

통일 주제 근심 (해결되지 않은 일 때문에 속을 태우거나 우울해 함)

연합 내용 인간은 불확실한 시대 속에서 염려하며 산다. 염려란 속의 근심과 밖의 걱정이다. 특히 믿음이 적은 자는 속의 근심을 많이 품고 산다. 영적인 근심이나 육적인 근심도 모두 주 안에서 해결 받을 수 있다.

● 에스겔 21장 주의 칼 심판에 대한 에스겔의 탄식과 근심

에스겔은 여기서 두 개의 비유를 통해 시드기야 왕과 예루살렘, 그리고 느부갓네살의 치적에 대해 예언하고 있다.

비유 중 불타는 삼림 비유를 깨닫지 못하겠다고 핑계하는 유다 장로들을 향해 에스겔 선지자는 다시 칼의 비유를 통해 경고하고 있다. 한편 선지자는 바벨론의 칼이 유다를 향하자 민족적 자부심으로 즐거워하던 암몬을 향해 그들의 운명이 유다와 다르지 않음을 경고한다.

✚ 묵상 : 여호와는 에스겔을 통해 이스라엘에게 어떤 칼 심판을 말씀하셨나요?(겔21:2~5,14~17)
여호와는 죄악의 마지막 때에 어떤 심판이 임한다고 하셨나요?(겔21:24~27,29~32)

● 시편 68편 하나님이 해결하신 소외된 자의 삶의 근심

이 시편은 개선가요 하나님의 위대하심을 노래한 찬양 시이다. 그리고 기도, 찬양, 감사, 역사적 회고, 저주가 모두 포함되어 있다. 본편은 찬양의 노래이고 주님의 신실하심에 대한 묵상이며, 주님의 위엄에 대한 찬양의 권면을 그리고 있다. 그런데 이 시의 저작 배경에 대해서는 여러 가지 견해가 있는데 다윗이 맘몬 족속과의 전쟁에서 승리했을 때 이것을 기념하여 지었다는 견해(삼하 10-11장), 또는 다윗이 법궤를 오벧에돔의 집에서 예루살렘으로 옮겨올 때에 기쁨으로 춤을 추면서 지었다는 견해(삼하 6:2-18) 등이다.

✚ 묵상 : 다윗은 세상의 모든 근심이 어떤 사람들 때문에 생겨난다고 여겼나요?(시68:1~3,6,21)
다윗은 하나님이 어떤 자들의 삶의 근심을 완전히 해결해 주신다고 말했나요?
(시68:5~6,9~10,19~20)

기 도

- 주여, 원한을 풀지 못하는 자에게 도움을 줄 수 있는 자가 되게 하옵소서.
- 주여, 하나님의 뜻대로 하는 근심을 통해 더욱 성숙한 자가 되게 하옵소서.
- 주여, 하나님의 심판이 이르기 전에 철저한 회개로 구원을 얻게 하옵소서.

9월 19 September

참여

삼하15 / 고후8 / 겔22 / 시69

● 사무엘하 15장 다윗의 피난과 미래 재건에 참여하는 자들

암논 사건 이후에 예루살렘에 돌아온 압살롬은 "이태 만에"(삼하 14: 28) 다윗을 만났다. 압살롬은 요압의 중재로 "왕 앞에 나아가" 얼굴을 땅에 대어 절하매 왕은 "압살롬과 입을"(삼하 14:33) 맞추었다. 이것은 부자간의 관계가 원상회복되는 듯했다. 그러나 압살롬은 이때부터 반역의 음모를 꾸미기 시작했다.

아버지 다윗과 거짓으로 화해한 압살롬이 자신의 힘을 키워 반기를 들었다. 다윗은 압살롬의 반역을 피해 도망치는 가운데 누구도 원망하지 않고 하나님을 의뢰하였다. 다윗은 하나님께서 부르짖는 영혼을 외면하지 않으실 것을 확신하고 오히려 자기를 돌아보며 신앙을 점검했다.

✚ 묵상 : 압살롬은 몇 년 동안 누구와 함께 반역을 꾀하였나요?(삼하15:1,6~7,10~12,31)
다윗이 압살롬을 피해 도망할 때에 누가 함께 했으며 앞날을 위해 예루살렘 성에 남은 자들은 누구였나요?(삼하15:14~18,21,25~27,29,32~37)

● 고린도후서 8장 가난 중에도 선교와 연보에 참여하는 자들

바울은 고린도 교회 성도들에게 모범적인 한 교회를 소개한다. 마게도냐 교회는 핍박과 경제적 궁핍 가운데 있었지만 예루살렘 교회를 돕는 일에 교회의 역량을 초월하여 참여한다(1-4절). 바울은 고린도 교회도 복음으로 인한 진실한 사랑의 구제에 동참하길 촉구한다(5-9절). 많이 가진 자는 많게, 적게 가진 자는 적게 각자 자신의 수준에 따라 구제와 섬김을 행함으로써 서로의 부족함을 채워 공동체가 함께 부요함을 누리는 것이 아름답다(10-15절). 이 일을 위해 교회를 사랑하는 디도와 한명의 형제가 자원하였다(16-19절). 그들은 상당한 무게의 금화와 지폐를 모으고 보관하며 예루살렘교회까지 운반해야 했기에 모금과 관련하여 오해가 생기지 않도록 일절 깨끗함으로 일을 처리해야 한다(20-21절). 바울은 중요하고도 위험한 사역을 맡은 세 명의 형제에 대한 칭송과 함께 그들을 잘 영접해 줄 것을 교회에 당부한다(22-24절).

✚ 묵상 : 바울은 고린도교회에게 연보를 어떻게 드려야 한다고 가르쳤나요?(고후8:2~5,12~14)
바울이 고린도교회에게 자신있게 소개한 동역자는 누구이며 어떤 사역자였나요?
(고후8:16~19,22~23)

통일 주제 참여 (參與, 어떤 일이나 모임에 참가하여 관계함)

연합 내용 사람은 원하든 원치 않든 어는 곳엔가 속하고 또 참여하게 된다. 당연히 좋은 일에 참여해야 하지만 때로는 나쁜 일에 참여하여 죄를 짓고 더 깊은 수렁에 빠지게 된다. 그러므로 항상 깨어 있어야 한다.

에스겔 22장 주가 미워하는 죄에 참여하는 고관과 백성들

본장에서는 유다를 풀무 속의 금속에 비유하면서 예루살렘의 온갖 죄상을 공개하고 멸망을 선포한다. 특히 유다 백성의 범죄가 몇몇 특정 집단에 국한되지 않고 백성 존체에 광범위하게 만영해 있었다는 선지자의 고발을 통해 하나님의 백성으로 자처하는 유다가 멸망할 수밖에 없는 이유를 새삼 깨닫게 된다.

✚ 묵상 : 여호와는 이스라엘 즉 예루살렘의 어떤 죄까지 다 아신다고 에스겔을 통하여 그들에게 말씀하셨나요?(겔22:3~5,7~12)
여호와는 이스라엘을 무엇이라고 말씀하셨으며 특히 어떤 자들의 악한 행동을 지적하셨나요?(겔22:18~19,25~28)

시편 69편 수렁에서 건짐받아 경배와 복에 참여하는 다윗

고난 가운데 있는 자의 개인 탄원시이다. 그는 주를 향한 열성 때문에(7-12절) 깊은 수렁에 빠져 있다(1-4절). 시인은 하나님이 자신의 부르짖음에 응답해 주시길 간절히 기도한다(13-18절). 비방과 수치와 능욕을 당하고 있으니 원수를 갚아 주시길 기도하고 있다(19-28절). 시인은 자신의 연약함을 아뢰며, 하나님만이 유일한 소망임을 고백한다(29-32절). 마지막으로 시인은 궁핍한 자의 소리를 들으시고 멸시하지 않으시는 하나님으로 인하여 고통 중에도 노래할 수 있음을 고백한다(33-36절).

✚ 묵상 : 다윗은 깊은 수렁에 빠진 자신의 삶을 어떻게 표현했나요?(시69:2,4,8,12,14,19~20)
다윗은 여호와 하나님을 더 기쁘시게 하는 것이 무엇이라고 했나요?(시69:30~31)

기 도

- 주여, 억울한 일로 피할 수밖에 없을 때 주께 꿈과 소망을 두게 하옵소서.
- 주여, 정성어린 연보를 드리므로 나와 다른 이가 모두 안식을 얻게 하옵소서.
- 주여, 수렁에 빠졌을 때 기도하게 하시고 건짐을 받았을 때 경배하게 하옵소서.

9월 20 September

그릇

삼하16 / 고후9 / 겔23 / 시70-71

● 사무엘하 16장 시므이 저주 앞에서 개의치 않는 큰 마음 그릇

압살롬의 반란을 피해 도망하던 다윗에게 닥친 일련의 시련들은 다윗이 밧세바의 일로 행한 범죄의 결과이고 죄인을 다스리시는 하나님의 징벌이었다. 다윗은 이를 인정하고 받아들였다. 그리고 바후림에 이르렀을 때에는 이와 대조적으로 다윗은 사울 집안의 시므이로부터 비난을 받고 압살롬이 자신의 후궁과 동침하는 등 점점 더 큰 시련을 겪어야만했다. 다윗은 시므이를 죽일 수도 있었으나 "여호와께서 그에게 다윗을 저주하라."(10절)라고 말하면서 자신의 허물을 감수했다.

✚ 묵상 : 피난 가는 다윗 앞에 나타난 시바와 시므이는 어떤 행동을 했나요?(삼하16:1~8)
압살롬 앞에 있는 후새와 아히도벨의 차이점은 무엇일까요?(삼하16:15~19,21~23)

● 고린도후서 9장 연보를 즐겁게 많이 심는 자의 큰 마음 그릇

바울은 고린도 교회 성도들에게 예루살렘 교회를 돕고자 하는 마음이 있음을 보았다(1-2절). 그런데 그가 마게도냐 성도들과 함께 고린도 교회를 방문했을 때 아무것도 준비되어 있지 않다면 바울의 자랑은 빈말이 될 것이기에 3명의 사역자를 미리 보낸다(3-5절). 바울은 고린도 교회 성도들이 인색함이나 억지로가 아닌 그들이 받은 풍성한 은혜를 기억하며 자원하는 마음으로 헌금하기를 바라고 있다(6-9절). 당장 먹을 수 있는 양식이지만 먹지 않고 씨앗으로 심으면 많은 열매를 맺는다. 바울은 예루살렘 교회를 위한 헌금은 씨앗과도 같다고 말한다(10-11절). 하나님은 씨와 양식을 주신다. 그들의 헌금은 궁핍한 성도의 필요를 채워주는 것이며 하나님에 대한 넘치는 감사의 표현이다(12절). 또한 이방인들이 복음을 진실하게 잘 받아들였다는 증거이자 유대인 교회와 이방인 교회의 담을 허문 교제의 증거다(13-15절).

✚ 묵상 : 바울이 고린도교회에게 가르친 연보관은 무엇일까요?(고후9:4~8)
바울은 고린도교회에게 연보의 용도와 결과를 어떻게 설명했나요?(고후9:11~13)

통일 주제 그릇 (일을 해 나갈 만한 도량이나 능력, 마음의 크기)

연합 내용 성경은 사람을 그릇에 비유하곤 한다. 귀히 쓰임 받는 그릇은 마음이 크고 비전과 진실함과 실천력을 가짐으로 그 결과 공적을 많이 쌓는 자를 의미하곤 한다. 심적 그릇이 작아 대범치 못한 자는 늘 아쉽다.

● 에스겔 23장 주를 버리고 세상 것을 가득담은 마음 그릇

본장에서는 또 다른 비유로 되어 있다. 혼인 관계의 비유를 통해 이스라엘의 끊임없는 영적인 부정을 계속해서 폭로하고 있다. 언니 오홀라와 비유되는 북이스라엘(사마리아)과 동생 오홀라비로 비유되는 남유다(예루살렘)가 음행하는 범죄를 지적하면서 남유다 역시 이미 멸망당한 북이스라엘과 그 운명이 다르지 않는 것을 선포하고 있다.

✚ 묵상 : 여호와는 에스겔을 통해 사마리아와 예루살렘을 무엇으로 비유하셨나요?(겔23:2,4)
형 오홀라인 사마리아와 아우 오홀리바인 예루살렘은 어떤 죄를 저질렀나요?(겔23:4~8,10~13)

● 시편 70-71편 하나님을 반석과 요새로 가득채운 마음 그릇

70: 표제어에 따르면 다윗의 시로서 기념식이나 공적 제사에서 공동체가 부른 노래이다. 시인은 대적으로부터 건져 주시길 간구하는데 시인의 고통을 조롱하는 자들이 있다(1-3절). 시인은 연약한 자신을 건져 주심으로 모든 백성이 주를 기뻐하며 찬양하게 되기를 소망한다(4-5절).

71: 시인은 하나님의 보호를 기대하며 하나님께 피한다는 탄원의 기도를 드린다(1-4절). 시인은 절박한 상황에서 견고한 피난처이자 지금까지 의지해 온 하나님에 대한 찬송을 결단하며 속히 자신을 건져 주시고 대적을 심판해 주시길 간구한다(5-13절). 그는 고난 가운데서도 구원을 소망하며 주의 공의와 구원을 전할 것을 서원한다(14-18절). 자신과 이스라엘 공동체를 건지실 하나님의 성실하심을 찬양한다(19-24절).

✚ 묵상 : 다윗은 자신과 주를 찾는 모든 자들이 항상 어떤 삶이 되길 기도했나요?(시70:4)
다윗은 하나님께 자신이 어떻게 될 때에도 버리지 말아 달라고 기도했나요? (시71:9,18)

기 도

- 주여, 저주하는 자를 신경쓰지 말고 믿을 만한 친구와 삶을 나누게 하옵소서.
- 주여, 소중한 재물을 인색하지 않게 정한 대로 즐겨드리는 자세를 주옵소서.
- 주여, 형통할 때나 힘들 때 젊을 때나 늙었을 때 주의 돌보심을 입게 하옵소서.

9월 21 September 담대

삼하17 / 고후10 / 겔24 / 시72

● 사무엘하 17장 담대하게 다윗왕과 함께하고 피난을 돕는 자들

다윗은 사악한 아히도벨의 계략으로 생명의 위기를 맞았으나 하나님의 은혜로운 간섭으로 위험한 상황을 모면하였다. 이처럼 하나님을 전적으로 의뢰하는 사람도 때론 생명이 위협받는 일을 만날 수가 있다. 하지만 이 같은 어려움 속에서도 택한 자를 지켜주시는 하나님의 지극한 관심과 보호하심은 여전하시다.

하나님의 보호하심 이전에 이전의 압살롬에게는 두 사람의 모사가 있었다. 한 사람은 후새였고, 또 한 사람은 아히도벨이었다. 이들의 모략은 서로 간에 충성을 보이는 듯 적극적이었다. 그러나 이 사건에서 사람은 믿을 대상이 아니라는 것을 다시 한 번 보게 된다. 두 사람의 모략은 인간사에서 우리가 어떤 입장을 위하여 할 것인가를 보여준다.

✚ 묵상 : 다윗 왕에게 반란을 일으킨 아들 압살롬은 아히도벨과 후새의 말 중에 누구의 의견을 들었나요?(삼하17:1~5,8~13)
피난 가는 다윗과 그의 신하들에게 도움을 준 사람들은 누구일까요?(삼하17:20~21,27~29)

● 고린도후서 10장 그리스도의 복음을 담대하게 전하는 사도 바울

바울은 정통 유대교뿐 아니라 교회로부터도 비난과 공격을 받았다. 고린도 교회 안에 바울을 이중적인 사람이라고 비난하는 자가 있었다(1절). 바울은 대면해서도 담대한 태도로 대하길 원하느냐고 묻는데 그가 담대할 때는 복음의 대적자를 만날 때이다(2절). 바울이 정통 유대인이고 가말리엘의 문하생이지만 그런 조건을 자랑하지 않는 이유는 하나님의 능력은 그런 육신의 자랑에 속한 것이 아니기 때문이다(3-7절). 대적자들이 바울은 이중적이라고 비난하는 것과는 달리 바울은 말과 행동이 일치한 참 사도이며 교회를 세우려는 목적에 충실하게 사역했기에 부끄러움이 없다(8-11절). 대적자들은 자신의 학벌, 인맥, 가문 등을 자랑하는 자였으나 바울은 고린도 성도들의 믿음이 자라고 풍성해지는 것을 자랑하고자 한다(12-15절). 대적자들이 교회 내에서 자기 입지를 굳히는데 집중할 때 복음이 널리 전파되는 것에 더 집중한 바울은 스스로 칭찬하는 것은 어리석으며 주님의 칭찬만이 참된 것이라고 말한다(16-18절).

✚ 묵상 : 바울은 고린도교회를 대면할 때나 편지를 쓸 때 무엇 때문에 담대했나요?(고후10:1,14)
바울이 복음을 전할 때에 반드시 지킨 원칙은 무엇이었나요?(고후10:4,8,13,15~16)

통일 주제 담대 (膽大, 담력이 커서 배짱이 두둑하고 용감함)

연합 내용 하나님은 자신이 선택한 자에게 항상 담대하라고 말씀하신다. 상대와 환경이 만만치 않고 열세임에도 불구하고 두려워하지 말라고 하신다. 믿음의 영웅들은 항상 하나님이 함께하심으로 담대하게 행동했다.

에스겔 24장 아내를 잃고 담대하게 심판을 예언하는 에스겔

본장은 '녹슨 가마' 비유를 통해 바벨론에 의한 유다의 멸망이 목전에 이르렀음을 지적하고 그 피해의 심각성을 경고한다. 한편 후반부에서는 선지자 아내의 죽음을 통해 유다의 패망이 돌이킬 수 없는 시점에 있음을 보여준다.

✚ 묵상 : 여호와 하나님은 녹슨 가마 같은 예루살렘의 죄에 대해 어떻게 행하시겠다고 말씀하셨나요? (겔24:6,9~14)
여호와 하나님은 이스라엘 족속을 교훈하기 위해 에스겔에게 어떤 슬픈 일을 표징으로 행하셨나요?(겔24:16~19,21~23,25~27)

시편 72편 여호와의 공의로 담대하게 통치하는 솔로몬

왕을 위한 노래, 제왕시이다. 이스라엘의 왕은 진정한 왕이신 하나님의 통치를 받는 자입니다. 그러므로 왕은 공의와 정의로 다스려야 한다(1-7절). 왕의 공의로운 통치로 인해 백성들은 하나님을 경외하게 될 것이며, 의인은 더욱 흥왕하게 될 것이다(5, 7절). 또한 왕의 공의로운 통치는 이스라엘을 넘어 온 땅에 그 영향을 미치게 될 것이다(8-11절). 왕은 궁핍한 자를 구원하며(12-14절), 백성들에게 복을 끼치는 자여야 한다(15-17절). 공의로 다스리시며 궁핍한 자를 구원하고 진정한 복을 주시는 왕, 그분은 바로 예수 그리스도이시다.

✚ 묵상 : 솔로몬은 하나님이 함께 하시는 왕은 어떻게 다스린다고 고백했나요?(시72:1~2,4,7~12)
솔로몬은 의로운 왕을 세우신 하나님을 어떤 하나님으로 표현했나요?(시72:15,17~18)

기 도

- 주여, 억울한 일을 당했을 때 하나님의 도우심이 있음을 믿게 하옵소서.
- 주여, 그리스도의 복음을 전할 때 남의 수고를 가로채지 않게 하옵소서.
- 주여, 이 민족에 하나님을 두려워하고 주를 인정하는 대통령을 세워 주옵소서.

9월 22 September

대우

삼하18 / 고후11 / 겔25 / 시73

● 사무엘하 18장 함께 피난한 백성들이 다윗왕을 중하게 대우

다윗은 요새가 된 마하나임에 들어가서 또 도피를 하였다. 그리고 그는 대접전을 하기 위하여 병사들을 모집하였다. 그리고 압살롬의 군대와 대접전을 준비하였다. 이와 같은 과정은 여러 주일에 걸쳐서 진행되었을 것이다. 그리고 이 전쟁으로 인하여 다윗은 다시 한 번 놀라운 하나님의 보호하심을 보게 된다.

한편 다윗에게 반역했던 압살롬의 비극적인 죽음이 소개되고 있다. 에브라임 수풀에서 벌어진 다윗 군대와 압살롬 군대의 치열한 전투에서 압살롬은 요압에 의해 죽임을 당했다. 그리고 압살롬의 죽음으로 인해 다윗에게는 지울 수 없는 상처가 남게 되었다.

✚ 묵상 : 다윗의 군대와 압살롬의 군대가 싸울 때 다윗은 어떤 세 사람을 세웠나요?(삼하18:2,5)
다윗은 압살롬의 전사 소식을 들었을 때 어떤 행동을 했나요?(삼하18:28~33)

● 고린도후서 11장 고린도교회가 중매자 바울을 가볍게 대우

바울이 자신의 사도권을 변호하는 이유는 복음을 변호하기 위해서이다. 바울은 그리스도와 성도의 중매에 진실함과 깨끗함으로 열심을 내었는데 고린도 성도들은 도리어 영적 아버지인 바울을 버리고 미혹하는 자를 따랐다(1-6절). 그는 자신을 낮추면서 성도들을 섬겼다(7절). 이는 그의 자비량 선교 및 마게도냐 교회의 후원을 통한 사역을 말하는 것인데 고린도 교회를 사랑하는 마음으로 혹여 누가 되지 않게 하려 함이었다(8-11절). 그는 지금까지 한 대로 낮에 일하고 밤에 말씀을 가르칠 것이라고 말하면서 개인의 이익을 위해 사역하는 자에 대해 의의 일꾼으로 가장한 사탄의 일꾼이라고 말한다(12-15절). 바울의 걱정은 대적들의 비난 때문에 자신이 전한 복음까지 의심받는 상황이다. 그래서 바울은 어쩔 수 없이 자신을 소개한다(16-21절). 그는 정통 유대인이며 복음으로 인해 가장 고난을 많이 당한 사람이다(22-27절). 그러나 바울은 그러한 자랑이나 교회 안에서 권세를 부리는 것(=강함) 보다 교회를 향한 염려와 애타는 마음(=약함)을 자랑한다(28-33절). 그는 한 때 대제사장으로부터 위임을 받아 그리스도인을 잡아 죽이던 강한 자였으나 그리스도를 만난 이후 광주리를 타고 도망하는 약한 자가 되었다.

✚ 묵상 : 고린도교회는 자기들에게 복음을 전해 준 바울을 어떻게 대우하였나요?(고후11:1,4,7)
바울은 고린도교회에게 자신의 어떤 내용을 애절하게 자랑하였나요?(고후11:18,22~30)

통일 주제 대우 (待遇,사회적 관계에 따라 적절히 예우를 갖춰 남을 대함)

연합 내용 피조물은 창조주를 경배해야 하고, 백성은 왕을 존귀히 여겨야 하며, 영적 제자는 복음을 전하고 가르쳐 주신 스승을 공경해야 한다. 그러나 오히려 하나님이 죄인을 귀하게 대우하심으로 자녀를 삼으셨다.

● 에스겔 25장 암몬과 모압이 이스라엘과 유다를 멸시로 대우

본장에서는 암몬, 모압, 에돔, 블레셋을 향한 멸망이 선포되고 있다. 여기서 "주 여호와의 말씀을 들을지어다."라는 핵심적인 구절에 의해 나누어진다(3, 8, 12, 15절). 암몬 족속과 모압, 그리고 블레셋 사람들에게 심판의 말씀이 내려졌다. 본장은 히브리 선지자들의 정치적인 감각이 얼마나 예민했는가를 보여주고 있다. 그들은 동 시대의 역사 속에서 하나님의 활동을 어떻게 지켜보며 해석해야 하는가를 알았다. 하나님께서는 유대와 그 주변 열방들을 구분하셨다. 세상 사람들은 그리스도인으로 사는 것을 자신들의 세속적인 삶을 동일시할지도 모르나 그들은 우리가 살고 있는 하나님의 영적인 환경을 알 수 없다.

✚ 묵상 : 암몬은 이스라엘과 유다가 황폐하고 사로잡힐 때 어떤 반응을 보였나요?(겔25:3,6)
모압과 세일과 에돔과 블레셋이 여호와 하나님께 심판을 받게 된 이유는 무엇일까요?(겔25:8,10~16)

● 시편 73편 주가 우매무지하고 짐승 같은 아삽을 귀히 대우

본편부터 83편까지는 아삽의 시이다. 아삽은 다윗과 동시대의 인물로서 성전에서 찬송하는 악사들의 수석이었다(대상 25:1). 아삽의 시들에는 모두 하나님의 이름이 엘로힘(Elohim)으로 표기되어 있는데, 이는 세상에 대한 하나님의 주권을 나타내는 명칭으로서 아삽의 시의 내용과 잘 일치하고 있다.

이 시는 자기연민이 너무 커서 하나님에 대한 믿음을 잃어버릴 때 생기는 결과를 보여준다. 그리고 악인의 형통함으로 말미암은 혼란과 악인들의 형통함, 악인들의 자랑, 악인들의 오만함을 기록했으며, 하나님의 공의에 대한 선언을 하나님의 시각과 하나님의 심판, 하나님의 인도하심을 기록하고 있다.

✚ 묵상 : 아삽이 오만한 자와 악인의 형통함을 보고 질투한 이유는 무엇일까요?(시73:3~8,12~14)
여호와 하나님이 이들을 갑자기 전멸시키신다는 것을 깨달은 아삽은 그 후 어떤 행동을 했나요?(시73:17~23,25~26,28)

기 도

- 주여, 자녀가 함께 있을 때 더 눈물 흘리며 기도하게 하옵소서.
- 주여, 복음을 전해 주고 진리를 가르쳐 주신 스승을 귀히 대하게 하옵소서.
- 주여, 악인의 형통함을 보고 질투하지 말고 늘 정결함을 유지하게 하옵소서.

9월 23 September 기억

삼하19 / 고후12 / 겔26 / 시74

● 사무엘하 19장 다윗과의 관계를 기억하는 므비보셋과 바르실래

압살롬의 반역이 진압되고 다윗은 예루살렘에 복귀한다. 다윗이 귀환하는 가운데 그동안 자신을 괴롭혔던 자들을 용서하고 포용한다. 이러한 다윗의 처신은 자신의 사사로운 감정에 얽매이지 않고 용서와 사랑으로 하나 되는 일에 힘쓰는 통치자의 본을 보여준다.

하지만 아들이 죽은 후에 다윗의 슬픔은 변함이 없었다. 그리고 이러한 슬픔으로 인하여 그 날의 승리가 모든 백성에게는 도리어 슬픔이 되었다. 일반적으로 다윗의 슬픔을 백성들이 이해할 수가 없었다. 백성은 이 전쟁을 위하여 자신들의 생명의 위험까지 겪었다. 그리고 나서 승리를 거두었으나 왕은 기쁨하지 않고 슬퍼하는 기색을 보였다.

✚ 묵상 : 다윗이 압살롬의 죽음에 대해 심히 애도한다는 소식을 들은 요압은 백성의 사기 저하를 보고 왕에게 달려가 어떤 의견을 피력했나요?(삼하19:1~8)
돌아온 다윗 왕 앞에서 므비보셋과 바르실래는 어떤 진심을 보였나요?(삼하19:24~37)

● 고린도후서 12장 고린도의 홀대를 기억하고 두려움을 갖는 바울

복음의 변호를 위한 바울의 사도권 변호가 이어진다(1절). 대적자들은 신비한 체험을 내세워 자신들의 권위를 높이려 했습니다. 바울은 3인칭 화법으로 셋째 하늘인 낙원에 이끌려 간 경험을 말한다(2-4절). 신비로운 체험이 사도의 기준이라면 바울 역시 충분히 해당되지만 그는 이것을 내세우지 않고 자신의 약함을 자랑한다(5-6절). 그는 많은 계시가 아닌 육체의 가시(=병명을 알 수 없는 그의 지병)를 자랑한다(7-10절). 이는 자기를 높이지 않고 그리스도의 능력이 머물게 하려 함이다. 바울이 이렇게까지 자신을 변호하는 것은 거짓 사도를 분별하지 못한 고린도 성도들 때문이다.(=너희가 억지로 시킨 것, 11절) 사도로서 충분한 증거를 가지고 있는 바울은 고린도 성도들을 진심으로 사랑했으며 자비량 사역이라 해서 고린도의 사역을 부족하게 하지 않은 복음의 참된 일꾼이었다(12-15절). 사사로운 이익을 추구하지 않고 오직 교회의 덕을 세우는 것(=영적 성장)에만 집중한 바울은 고린도 교회를 재방문할 때 그의 사도권을 놓고 교회에서 또다시 분란이 일어나지 않을까 염려한다(16-21절).

✚ 묵상 : 신령한 체험을 많이 한 바울이 약한 것만을 자랑한 이유는 무엇일까요?(고후12:5~7,9)
바울이 다시 고린도교회를 방문하려고 할 때 생긴 두려움은 무엇일까요?(고후12:19~21)

통일 주제 기억 (記憶, 지난 일과 내용을 잊지 않고 보전하거나 되살려 생각해 냄)

연합 내용 생각하고 기억하는 것은 하나님과 그 형상을 따라 창조된 인간의 속성이다. 인간은 자신이 경험한 기억에 따라 언행심사가 달라지고 하나님은 우리의 일거수일투족을 감찰하시고 기억하사 행한대로 갚으신다.

● 에스겔 26장 두로의 오만함을 기억하시고 심판하시는 여호와

암몬, 모압, 에돔, 블레셋의 멸망을 선포한 에스겔 선지자는 작지만 막강한 영향력을 가진 난공불락의 해양 국가인 두로에 대한 멸망 선포가 주변 이웃 나라에 큰 충격을 가져다주기 때문으로 볼 수 있다.

그리고 1절의 "열한째 해"는 주전 586년 여호야긴이 포로로 잡혀온 지 11년째 5월 10일에 예루살렘이 함락되었다.

✚ 묵상 : 예루살렘의 황폐함을 보고 즐거워했던 두로는 어떻게 멸망할까요?(겔26:2~7,11~13)
하나님은 두로의 멸망이 이웃 나라에 어떤 영향을 준다고 말씀하셨나요?(겔26:16~17)

● 시편 74편 주를 비방하고 능욕하는 것을 기억하시는 여호와

바벨론 포로로 끌려간 아삽의 후손의 시로 보인다. 비록 우상숭배와 범죄로 성소가 파괴되고 이방인의 포로로 붙잡혀 왔지만 여전히 하나님은 유다를 사랑하시고 함께 하신다는 믿음을 엿볼 수 있다(1-3절). 시인은 유다의 대적 바벨론이 곧 주의 대적이라고 말하면서 그들이 주의 성소를 더럽혔다고 호소한다(4-8절). 이제 징벌의 시간이 어느 정도 지났으니 더 이상 관망하지 마시고 구원해 달라고 요청한다(9-11절). 시인은 하나님이 행하신 창조와 구원의 역사를 회고하면서 시인은 그들이 당하는 고난은 곧 하나님의 이름이 비방과 능욕을 당하는 것임을 기억해 주셔서 하나님이 적극적으로 역사에 개입하여 건져 주시길 간구한다(12-23절).

✚ 묵상 : 아삽은 하나님께 주의 회중을 기억하사 어떤 일을 해 달라고 했나요?(시74:3,6~11)
아삽은 하나님께 어떤 자의 무엇을 꼭 기억해 달라고 기도했나요?(시74:18,22)

기 도

- 주여, 어려운 때에 받은 은혜를 기억하고 항상 갚으며 살게 하옵소서.
- 주여, 그동안 주신 신령한 체험을 감사하고 더욱 사모하며 살게 하옵소서.
- 주여, 주를 향한 원수의 비방과 능욕을 기억하사 공평한 심판을 내리소서.

9월 24 September 대면

삼하20 / 고후13 / 겔27 / 시75-76

● 사무엘하 20장 아벨 성읍의 지혜로운 여인이 요압과 대면함

이스라엘 열한 지파의 반목이 베냐민 지파의 불량에 세바를 통해 폭발하였다. 이같이 거듭되는 반란과 피의 복수는 다윗의 범죄 후 하나님의 대언자 나단 선지자의 입술을 통해 이미 예언된 바 있다. 더욱이 이스라엘 열한 지파의 반목은 이후 왕국 분열의 원인이 되었다. 실로 다윗이 뿌린 죄악의 씨가 얼마나 비참한 열매를 맺게 되는지를 확연히 보여주고 있다. 그리고 다윗의 측근 중에서 요압만큼 충성스러운 사람도 없었다. 그는 다윗을 위하여 살았다고 하여도 과장이 아니다. 이곳에서 나은 사건은 그가 다윗을 위하여 얼마나 충성되게 일하였는가를 보여준다.

✚ 묵상 : 다윗은 불량배 세바의 반역을 어떻게 처리했나요?(삼하20:1~2,6~7,13~15)
불량배요 반역자인 세바는 누구에 의해 머리 베임을 당했나요?(삼하20:16,19,21~22)

● 고린도후서 13장 바울이 고린도교회의 죄 지은 자들과 대면함

바울은 고린도교회에 대한 3차 방문계획을 밝히면서 자신을 비난하고 개인의 이익을 추구하던 자들에 대해 교회가 정한 법으로 징계하겠다는 의지를 밝힌다(1-2절). 그리스도께서 약한 모습으로 십자가에 못 박히셨으나 하나님의 능력을 소유하신 것처럼 지금껏 바울은 약한 태도를 견지했으나 이제는 단호하게 행함으로써 교회의 거룩함을 지키려 한다(3-4절). 대적자들은 바울이 버림받은 자라서 환난을 당한다고 주장하나 바울은 예수 그리스도가 자신 안에 계신 줄 알지 못하는 자가 버림받은 자이며, 자신은 버림받은 자의 여부에 관심이 없고 오직 고린도 성도들이 선을 행하는 자 되기를 소망한다고 말한다(5-7절). 교회가 온전히 회복되길 원하는 바울이 엄하게 질책하는 이유는 그가 교회를 방문했을 때 직접 징계하는 일이 없기를 바라기 때문이다(8~13절). 바울은 교회가 진리 안에서 거룩하길 소망한다.

✚ 묵상 : 바울은 고린도교회에게 마지막 권면으로 무엇을 시험해 보라고 말했나요?(고후13:5)
초대교회 당시 바울은 모든 성도들에게 어떤 내용으로 인사를 했나요?(고후13:13)

기 도

- 주여, 악하게 반역하는 자를 간과하지 말고 세심한 주의로 처리하게 하옵소서.
- 주여, 선천적으로 받은 은혜와 후천적으로 받은 축복을 잘 관리하게 하옵소서.
- 주여, 모든 자의 재판장 되시는 하나님만을 온전히 경외하게 하옵소서.

통일 주제 대면 (對面, 얼굴을 마주보고 대함)

연합 내용 인생은 대면의 연속이다. 문제를 해결하기 위해 당사자를 대면하고 교회를 세우기 위해 문제자를 대면하며 예언을 통해 회개를 촉구하기 위해 죄인들을 대면하고 결국 모든 인생은 주 앞에 서서 그를 대면해야 한다.

● 에스겔 27장 에스겔이 범죄로 인해 벌받는 두로와 대면함

본장은 앞장에 나온 두로에 관한 예언이 계속으로 두로의 멸망을 애도하는 비조(悲調)의 노래가 흐르고 있다. 여기서 두로의 멸망을 슬퍼하는 것은 그들에 대한 우호적 연민에서 나온 것이 아니라 그들의 멸망에 대한 확실성을 강조하기 위한 또 다른 표현일 뿐이다.

✚ 묵상 : 여호와 하나님은 두로에게 어떤 지리적인 풍성한 복을 주셨나요?(겔27:3~12,25)
여호와 하나님은 에스겔을 통해 두로의 최후 심판에 대하여 어떤 애가를 지어 부르라고 하셨나요?(겔27:26~27,29~34,36)

● 시편 75-76편 아삽이 경외받으실 재판장 하나님과 대면함

75: 이 시는 의인이 주의 공의로운 심판 날을 기다리면서 노래한 감사의 시이다. 이 시는 교만한 악인과 겸손한 의인이 서로 대조되면서 하나님의 최종적인 심판이 매우 크게 부각되어 나타난다. 이 시편에서 믿음의 공동체는 물리적, 도덕적, 사회적 혼란에도 절대 우주의 통치권을 놓지 않으신다고 확신한다. 우주를 안전하게 해주시는 하나님, 세상에 대한 하나님의 공의를 기록하고 있다. 75편은 여러 면에서 특이하다. 그 중에서 이 시의 내용 중에서 상당수가 한나의(삼상 2:10) 기도와 유사하다. 이 시는 하나님이 이전과 지금 행하신 기이한 일로 시작하고 하나님을 찬양하는 것으로 끝난다.

76: 이 시의 표제인 '아삽의 시'라 함은 아삽의 후손들이 보관한 시라는 뜻이다. 이 시의 저작 시기에는 여러 견해가 있으나 이 시는 히스기야 때 주전 701년에 앗수르의 산헤립(왕하 18-19장; 사 36-37장) 군대가 하나님이 보낸 사자에 의해 전멸된 사실을 기념하여 지은 노래라고 본다. 그런데 이 시는 이스라엘의 역사적 사건을 다루면서도 하나님의 공의로운 심판에 대한 일반적인 교훈과 종말적인 심판을 말하고 있다. 또한 이 시는 자기 백성을 위해 하나님이 크신 권능을 기꺼이 사용하심을 가르친다. 그리고 자기 백성을 가까이 하시는 하나님, 자기 백성을 구원하시는 하나님, 자기 백성에게 보이시는 위엄을 기록하고 있다.

✚ 묵상 : 아삽은 하나님이 땅과 그 모든 주민에 대하여 어떤 분이시라고 했나요?(시75:2~8)
아삽은 온유한 자를 구원하시는 하나님이 무엇을 받으시기에 합당하신 분이시라고 했나요?(시76:7~9,11)

9월 25 September 저주

삼하21 / 갈1 / 겔28 / 시77

● 사무엘하 21장 사울과 그 집 때문에 주가 내리신 일시적 저주

기브온 사람에게 행한 사울의 죄악으로 인해 다윗 때에 이스라엘 전역에 3년 연속 기근을 맞아야 했던 사실과 이스라엘을 괴롭히던 블레셋과의 전투에서 많은 공헌을 했던 다윗 휘하의 용사들의 치적 등을 소개하고 있다. 또한 3년의 기근이 이스라엘의 사회에서 기근은 가끔 하나님의 징계로 생각하였다. 아모스 선지자는 "추수하기 석 달 전에 내가 너희에게 비를 멈추게"(암 4:7)라고 하여 비가 멈추게 된 것이 백성의 죄의 결과라고 하였다. 넷째 인을 뗄 때에 여러 가지 현상들이 일어나지만 그 중에서 "흉년"(계 6:8)이 나온다. 하나님은 기근을 통하여 이스라엘의 백성에 대한 자신의 기뻐하지 아니하심을 보여주셨다(왕상 17:1; 18:2).

✚ 묵상 : 여호와 하나님은 다윗의 시대에 삼년 동안 기근이 있었던 것은 어떤 원인 때문이라고 다윗에게 말씀하셨나요?(삼하21:1~6)
다윗의 추종자들은 계속 되는 전쟁으로 다윗에게 어떤 진언을 드렸나요?(삼하21:15~17)

● 갈라디아서 1장 다른 복음을 전하는 자들에게 선포한 저주

그리스도께서 우리를 위해 자신의 몸을 주셨으며 바울은 하나님의 뜻에 따라 복음을 전하도록 사도로 부름을 받았다(1-5절). 그리스도의 사역은 우리를 구원하기에 충분하다. 그런데 갈라디아 교회는 예수 그리스도를 믿는 것과 함께 모세의 율법을 지키고 할례를 받아야 된다는 거짓 교사들의 미혹에 빠졌다(6-10절). 복음은 사람에게서 난 것이 아니라 오직 그리스도의 계시로 말미암은 것이다(11-12절). 복음의 대적자였던 바울이 사도가 택정함을 입은 것은 오직 하나님의 은혜다(13-15절). 오직 은혜로 부르심은 입은 바울은 아라비아 광야에서 3년간 주님과 깊은 영적 교제의 시간을 가졌으며 그 후 베드로와 야고보만 만났다(16-20절). 많은 사도를 만나 인정 받으려는 시도를 하지 않은 것이다. 그가 15일간의 예루살렘에서의 일정 이후 14년간(2:1) 이방 땅인 수리아와 길리기아에서 사역했을 때 핍박자가 복음 전도자로 변화된 것에 대해 유대교회들은 하나님께 영광을 돌렸다(21-24절).

✚ 묵상 : 바울은 자신의 사도직에 대해 어떤 분명한 의식과 고백을 갖고 있나요?(갈1:1~4)
바울은 자신이 전하는 복음의 근거를 어디에 두고 있나요?(갈1:7~8,11~12)

통일 주제 저주 (詛呪, 몹시 악한 자에게 재앙이나 불행한 일이 일어나도록 빌음)

연합 내용 하나님은 광야생활에서 이스라엘 백성들에게 축복과 저주를 선포하셨다. 성경에 나오는 저주에는 일시적인 저주와 영원한 저주, 현재적인 저주와 예언적인 저주, 주관적인 저주와 객관적인 저주 등이 있다.

● 에스겔 28장 교만한 두로와 시돈에게 내려진 영원한 저주

본장은 두로 왕에 대한 심판과 시돈에 대한 심판의 선언이 나오고 또 이스라엘의 회복에 대한 예언이 나온다. 하나님께서는 자기 백성 이스라엘뿐 아니라 세계 열국들의 흥망성쇠를 다 섭리하신다.

✚ 묵상 : 여호와는 두로 왕에게 어떤 잘못을 지적하시고 저주를 선포하셨나요?(겔28:2~8)
여호와는 에스겔을 통해 시돈에게 어떤 심판과 저주를 예언하셨나요?(겔28:21~23)

● 시편 77편 아삽이 침묵하시는 하나님께 느낀 주관적 저주

이 시는 '아삽의 시'이다. 이 시의 표제에 나타난 여두둔이란 '악사가 지은 곡조에 의지하여'란 뜻이다(대상 16:41). 이 시의 성격은 고난에 대한 애통과 그 후의 놀라운 축복의 내용이 두드러진다는 것이다. 저자는 왜 그토록 절망하고 있는지 이유를 설명하지 않지만 아주 우울한 상태에 있다. 그래서 이 시편은 낙심의 한 가지 치유 방법을 소개하고 있다. 그는 하나님의 선하심과 과거에 보여주신 구원의 사건들을 묵상하고 되돌아본다. 그러자 그의 탄식은 찬양의 노래로 바뀌었다.

✚ 묵상 : 아삽이 환난 날에 부르짖을 때 침묵하신 하나님을 생각하면서 느낀 주관적인 저주의 내용은 무엇이었나요?(시77:1~4,7~9)
아삽은 이떤 생각을 함으로 다시 영적이고 신앙적인 회복을 했나요?(시77:11~15,20)

기 도

- 주여, 어려운 일이 있을 때 그 원인이 어디에 있는지 분별하는 지혜를 주옵소서.
- 주여, 대대로 전해 받은 예수 복음 외에 다른 복음을 따르지 않게 하옵소서.
- 주여, 주의 침묵 속에서도 주관적 곡해에 빠지거나 기도를 멈추지 않게 하옵소서.

9월 26 September

비밀

삼하22 / 갈2 / 겔29 / 시78:1-37

● 사무엘하 22장 하나님의 구원은 원수들에게 감추어진 비밀

험난한 세월을 살아왔지만 그런 가운데서도 하나님의 사랑과 후원을 지속적으로 받아온 다윗은 하나님의 모든 은총을 기억하며 감격어린 어조로 감사 찬양을 하고 있다.

해방의 노래는 사람의 입술로 부른 노래 중에서 가장 유명하고 놀라운 내용의 찬양시이다. 이 노래는 그의 마음이 하늘의 섭리에 감동을 받은 사람의 노래이다(1-7절). 위대한 하나님의 구원하심의 온전한 의미는 벙어리라도 그의 위대하심을 찬양하게 한다.

✚ 묵상 : 다윗은 여호와께서 모든 원수의 손과 사울의 손에서 자신을 구원하신 그 날에 어떤 노래의 말씀으로 하나님께 아뢰었나요?(삼하22:1~3,7,18~20,29~33,36,40,44,50)
다윗은 구원의 원인이 하나님의 은혜와 또한 자신의 어떤 삶 때문이라고 고백했나요?(삼하22:21~25)

● 갈라디아서 2장 믿음으로 의롭다함을 얻는 것은 숨겨졌던 비밀

바울은 14년간 이방인 사역을 하다가 디도를 데리고 예루살렘을 방문했다(1절). 그런데 복음과 함께 율법도 준수해야 구원받을 수 있다고 주장하는 거짓 교사들이 헬라인인 디도에게 할례를 요구하였고 바울은 이를 단호히 거절했다(2-5절). 베드로를 포함한 사도들 역시 복음 외에 다른 내용을 더해야 한다고 주장하지 않았으며 이방인의 사도인 바울이 전하는 복음을 그대로 인정했다(6-10절). 오히려 베드로가 복음의 진리에서 떠난 행동을 하게 된다(11-16절). 이방인들과 식탁 교제 중 야고보에게서 온 사람들이 나타나자 두려워 그 자리를 피해 버린 것이다. 바울은 복음이 유대인과 이방인 사이의 벽을 허물었음에도 그 벽을 다시 쌓은 베드로를 책망한다. 만약 그리스도께서 우리를 완전히 의롭게 하지 못하여 다시 율법에 구원의 기초로 두어야 한다면 우리는 율법을 지키다가 결국 죄를 짓게 될 것이다(17-21절). 율법으로 온전케 될 사람은 없다. 그리스도의 대속의 죽음 외에 다른 것을 의지하는 것은 그리스도의 죽음을 헛되게 만드는 것이다.

✚ 묵상 : 바울은 갈라디아교회에게 하나님이 사람을 어떻게 세우셨다고 말했나요?(갈2:8~9)
바울은 의롭게 되는 것이 율법의 행위로가 아니라 오직 무엇으로 말미암는다고 재차 강조했나요?(갈2:16,19~21)

통일 주제 비밀 (祕密, 그 참된 의미를 숨기고 언어나 상징으로 가르침을 전함)

연합 내용 인간은 모든 것에 대해 다 알 수는 없다. 특히 하나님이 미래에 행하실 구원과 심판에 대한 비밀은 더욱 알 수 없다. 오직 하나님이 말씀과 예언과 계시로 나타내실 때에만 깨달아 알 수 있을 뿐이다.

● 에스겔 29장 애굽이 미약한 나라가 되는 것은 예언된 비밀

에스겔 선지자는 이제 네 장에 걸쳐 이스라엘에 지대한 영향을 미쳤던 애굽의 흥망성쇠를 예언한다. 그중 본장에서는 애굽 왕 바로의 교만, 애굽이 당할 심판, 애굽의 회복 그리고 바벨론의 애굽 침공 등에 관해 기록하고 있다.

✚ 묵상 : 여호와는 에스겔을 통해 어떤 이유로 애굽을 심판하시겠다고 말씀하셨나요?(겔29:2~5)
여호와의 심판을 받은 애굽은 그 후 어떤 나라가 된다고 하셨나요?(겔29:10~15)

● 시편 78편 1-37절 율법과 말 비유로 감추어졌던 비밀을 드러냄

지혜 서사시로 출애굽 이야기를 시작으로 북이스라엘의 멸망을 내다보는 시점에 이르기까지의 역사를 되짚어 보는데 하나님이 베푸신 은혜와 이스라엘의 범죄가 대비되어 나타난다. 이스라엘 백성들은 하나님의 말씀에 귀를 기울이고 하나님이 행하신 일을 후대에 전함으로서 자손들이 하나님께 소망을 두고 계명을 지키며 살아가게 해야 할 사명이 있다(1-8절). 시인은 가장 먼저 에브라임의 죄를 언급하는데 시기적으로 북이스라엘 말기의 앗수르의 침공을 연상케 한다(9-11절). 시인은 출애굽 및 광야에서의 하나님의 신실한 역사와 이에 상반되는 이스라엘 백성들의 계속되는 불평과 불신, 탐욕으로 인한 실패를 언급한다(12-31절). 범죄로 인해 광야에서의 날은 더 길어졌으며 징계로 인해 괴로움도 잠시일 뿐 오래가지 않는다(32-37절).

✚ 묵상 : 여호와께서 자기 백성들에게 율법과 비유를 주신 이유는 무엇일까요?(시78:1~8)
아삽은 이스라엘이 어떤 범죄를 저질렀다고 지적했나요?(시78:10~11,17~20,22,30,37)

기 도

- 주여, 모든 삶 속에서 은혜를 입었을 때 찬송과 감사로 나아가게 하옵소서.
- 주여, 나에게 직분을 주심이 하나님의 판단과 주권이심을 깨닫게 하옵소서.
- 주여, 자기 백성을 위하여 주신 율법과 계명을 순종함으로 지키게 하옵소서.

9월 27 September 지도

삼하23 / 갈3 / 겔30 / 시78:38-72

● 사무엘하 23장 여호와의 영이 말씀으로 다윗을 지도하심

다윗은 인생의 황혼에 이르렀을 때에 자신의 허물과 실수에도 불구하고 하나님께서 자신과 맺으신 언약을 신실히 지켜 오신 사실을 노래하며 생명을 아끼지 않고 자신을 도운 용사들을 소개한다. 다윗은 세바의 반란을 진압한 후 평안하게 살았다. 다윗은 제단의 처소를 마련하고 성전 건물을 지을 준비를 끝냈으며, 그의 나이가 많아서 힘이 쇠하게 되었다. 그러나 그는 아도니야가 스스로 높여서 "내가 왕이 되리라."(왕상 1:5)라고 하였을 때에 서둘러서 솔로몬을 왕으로 삼고(왕상 1:13) 이스라엘의 방백들을 모아서(대상 23:1-2) 그의 아들을 돕도록 한다. 그리고 솔로몬을 후계자로 삼는 절차를 밟고 이곳에서 나온 예언적인 "마지막 말"을 선언한다. 그 내용은 여러모로 다윗의 마음을 잘 드러낼 뿐 아니라 예언적 성격도 포함되어 있다.

✚ 묵상 : 다윗은 하나님께서 자신의 집을 견고하게 하시고 구원과 모든 소원을 이루어주신 이유가 무엇이라고 고백하고 있나요?(삼하23:5)
다윗과 함께 싸운 삼십칠 명 중 세 용사의 이름은 무엇일까요?(삼하23:8~17)

● 갈라디아서 3장 바울이 오직 믿음으로 의롭게 됨을 지도함

구원과 성령의 역사는 행위나 율법이 아닌 그리스도의 복음을 믿음에서 비롯된 것이다(1-14절). 더 이상 율법에 매일 필요가 없다. "너희가 다 믿음으로 말미암아 그리스도 예수 안에서 하나님의 아들이 되었으니"(26절)

✚ 묵상 : 바울은 갈라디아 사람들이 아브라함과 함께 율법이 아닌 무엇으로 복을 받는다고 말했나요?(갈3:6~9)
바울은 우리가 믿음으로 말미암아 무엇이 되었음을 강조하고 있나요?(갈3:26~28)

통일 주제 지도 (指導, 어떤 목적이나 방향으로 남을 가르쳐 이끎)

연합 내용 올바른 길을 걷도록 지도하는 것이 스승의 도리요 그것을 따르는 것이 제자의 도리인 것처럼 하나님께서는 말씀과 긍휼로 우리를 지도하신다. 우리에게 필요한 것은 오직 믿음과 순종이다.

● 에스겔 30장 여호와께서 말씀으로 에스겔을 지도하심

전장에 이어 본장에서도 에스겔 선지자는 애굽 몰락을 경고한다. 애굽 왕 바로는 바벨론에 포위된 예루살렘을 돕기 위해 주변 동맹국과 더불어 원정을 꾀하나 실패하고 그 영향력이 현저히 감소된다. 뿐만 아니라 오히려 바벨론의 원정을 자초하게 되어 결국 애굽과 주변 동맹국들은 쇠퇴의 길을 걷게 된다.

✚ 묵상 : 에스겔이 여호와의 말씀을 전할 때 강조하는 표현은 무엇일까요?(겔30:2,6,10,13,22)
여호와 하나님은 결국 이스라엘이 무엇을 알기 원하시는 것일까요?(겔30:8,19,25~26)

● 시편 78편 38-72절 하나님께서 양 떼 같은 이스라엘을 지도하심

하나님의 긍휼은 여전히 계속되었지만 북이스라엘의 범죄 또한 계속되었다.(38-42절) 시인은 출애굽의 역사, 홍해의 기적, 시내산 언약의 체결 및 약속의 땅 입성의 과정에서 나타난 하나님의 은혜의 순간들을 열거한다.(43-55절) 그러나 북이스라엘 백성은 끝내 하나님을 버리고 우상을 숭배하여 하나님의 심판을 받았다.(56-66절) 이제 하나님의 시선은 유다와 예루살렘 성전을 향하게 되었다.(67-72절) 하나님께 선택받은 은총에 대해 유다 백성들은 바르게 응답해야 할 것이다.

✚ 묵상 : 이스라엘이 여러 번 하나님께 반항하고 하나님을 잊고 하나님의 명령을 지키지 않았지만 멸망시키지 아니하신 이유는 무엇일까요?(시78:38,52,72)
아삽은 어떤 이야기를 강조하며 자신의 교훈(마스길)을 전하고 있나요?(시78:43~52)

기 도

- 주여, 여호와의 영이 충만케 하시고 나의 입술에 말씀과 찬송이 머물게 하옵소서.
- 주여, 나를 구원하신 하나님의 사랑과 예수님의 복음을 잊지 않게 하옵소서.
- 주여, 어려움과 고통 속에서 주를 놓지 않게 하시며 주의 긍휼로 붙잡아 주옵소서.

9월 28 September 정욕

삼하24 / 갈4 / 겔31 / 시79

● 사무엘하 24장 자신의 힘과 권력을 점검하려는 다윗의 정욕

다윗의 생애에서 밧세바와의 불륜 다음으로 큰 실수라 할 수 있는 인구조사에 관한 내용이다. 다윗의 인구조사는 자신의 세력과 위세가 얼마나 큰가를 확인하는 것이었다. 이러한 다윗을 통해 조금만 환경이 좋아져도 교만해지고 범죄하기 쉬운 약한 우리의 모습을 되돌아보게 된다.

하지만 "약하고 힘없는 자의 손이 어둠 속에서 더듬거리면서도 하나님의 놀라운 손을 만질 수 있다." 이 말은 롱펠로우(Longfellow)의 말만은 아니다. 이것은 놀라운 진리를 암시하여 준다. 다윗이 백성을 계수하면서, 하나님의 심판의 손을 느꼈을 때에 인간의 힘의 나약함을 절실하게 알게 되었다.

✚ 묵상 : 다윗은 두 번의 반역을 경험한 후 어떤 일을 재촉하여 시행했나요?(삼하24:1~9)
하나님은 다윗의 행한 일을 죄로 여기시고 어떤 재앙을 내리셨나요?(삼하24:12~15)

● 갈라디아서 4장 율법으로 돌아가려는 갈라디아교회의 정욕

예수님이 오시기 전, 사람들은 율법의 지배 아래 있었으나 예수님이 우리를 율법의 저주에서 속량하셨다(1-5절). 또한 성령이 임하여 우리는 하나님을 아빠 아버지라 부르게 되었다. 그러므로 율법으로 다시 돌아가 믿음으로 받은 구원을 헛되게 해서는 안 될 것이다(8-11절). 십자가 복음은 물론 율법도 지켜야 구원받는다고 주장하는 율법주의자의 꾐에 빠져 바울조차 꺼리는 상태가 된(16절) 갈라디아교회를 위해 바울은 다시 한번 해산의 수고를 한다(19절). 율법을 따르는 육체의 증거는 구원의 조건이 될 수 없다. 그리스도 안에서 우리는 약속의 자녀들이며, 상속자이다(21-31절).

✚ 묵상 : 바울은 갈라디아교회에게 어떤 자가 하나님의 유업을 받는다고 했나요?(갈4:4~7,30)
바울이 갈리디아교회를 다시 염려하게 된 것은 무엇 때문일까요?(갈4:9~11,17,20~21)

통일 주제 정욕 (情欲, 마음속에 일어나는 여러 가지 욕구)

연합 내용 인간의 정욕은 욕심이다. 채워지지 않는 끝없는 정욕이 죄를 낳는다. 권력에 대한 정욕, 비진리로 향하는 정욕, 주어진 복 때문에 높아지려는 정욕, 거룩한 것을 더럽히고 정복하려는 정욕이 죄를 낳는 것이다.

● 에스겔 31장 크고 아름다운 복때문에 교만해진 애굽의 정욕

본장에서 바로의 운명에 관한 예언과 애가가 이 장의 분위기를 무겁게 짓누르고 있다. 선지자는 레바논의 백향목으로 비유되는 찬란한 영광을 자랑하던 앗수르의 멸망을 상기시킨다. 그러면서 애굽의 운명 역시 앗수르의 신세와 결코 다를 바 없음을 강조하고 애굽 멸망의 필연성을 다시 선포한다.

✚ 묵상 : 여호와 하나님은 애굽의 크고 아름다운 것을 무엇에 비유하셨나요?(겔31:2~9)
여호와 하나님은 결국 애굽의 어떤 마음을 보시고 심판하셨나요?(겔31:10~11,14)

● 시편 79편 주의 기업과 성전을 더럽힌 이방나라의 정욕

공동체 탄원시의 전형을 보여주고 있다. 바벨론의 느부갓네살은 예루살렘을 점령하고 성전을 파괴했다. 비록 우상숭배의 죄로 발생한 결과이지만 시인은 이방 나라가 예루살렘에 들어와 저지른 온갖 만행에 대해 탄식하며 그들의 행위를 고발한다(1-5절). 시인은 하나님의 백성을 유린하고 거처를 파괴한 원수에 대해 하나님이 진노를 쏟아 주실 것과 하나님의 부재를 조롱하는 이들을 심판하여 주시길 간구한다(6-10절). 고난 당하는 자를 기억하시고 주를 비방한 자를 심판하여 주시길 기도할 수 있는 것은 우리는 주의 백성이요 주의 기르시는 양이기 때문이다(11-13절).

✚ 묵상 : 아삽은 하나님께 이방 나라들의 어떤 죄악의 내용을 고발했나요?(시79:1~4,7)
아삽은 죄악을 행한 이방 나라들에게 어떤 벌을 내려달라고 여호와 하나님께 기도했나요?(시79:6,10,12)

기 도

- 주여, 어려웠다가 회복되었을 때 정욕에 이끌려 세상을 의지하지 않게 하옵소서.
- 주여, 믿음으로 아들의 명분을 얻었음으로 하나님의 유업을 상속받게 하옵소서.
- 주여, 주가 주신 선천적, 후천적 복으로 인하여 교만에 빠지지 않게 하옵소서.

9월 29 September

슬픔

왕상1 / 갈5 / 겔32 / 시80

● 열왕기상 1장 아도니야의 반역을 보는 늙은 다윗의 슬픔

열왕기상은 솔로몬 왕부터 아합 왕까지의 역사를 기록한다. 본서는 아도니야의 반란에 이은 솔로몬의 극적인 왕위 계승으로 대단원을 시작한다. 솔로몬은 아도니야의 악한 모의가 있었으나 하나님의 섭리로 왕이 되었다. 그런 모의가 없었다면 솔로몬의 등극도 이루어지지 않았을 것이다. 하나님께서는 악한 일까지도 사용하여 선을 이루신다.

또한 1장은 나단 , 밧세바, 사독의 도움으로 솔로몬의 즉위가 가능했던 것으로 기술하지만 그 이면에는 역사를 주관하시는 하나님의 섭리가 있었음을 보여주고 있다.

✚ 묵상 : 다윗이 나이 많아 늙었을 때 다시 누가 반역을 도모하였나요?(왕상1:1,5~10,15)
나단 선지자는 다윗과 밧세바에게 어떤 지혜를 발휘하여 아도니야의 반역을 종식시켰나요?(왕상1:11~14,23~25,28~37,43)

● 갈라디아서 5장 종의 멍에와 육체의 소욕을 보는 바울의 슬픔

그리스도께서는 우리를 율법의 멍에로부터 자유케 하셨다(1절). 율법을 통해 구원을 얻으려는 사람은 그리스도에게서 끊어질 것이다(2-4절). 구원에 있어서 할례 유무는 아무런 영향을 미치지 않다(5-6절). 율법을 통한 구원의 완성을 주장하며 갈라디아 성도들의 신앙의 경주를 방해하고 있는 율법주의자들에게는 하나님의 심판이 기다리고 있다(7-12절). 율법의 멍에로부터 자유케 된 성도들은 사랑의 종이 되어야 하며, 성령을 따라 살아가고, 육체의 일은 버리고, 성령의 열매를 맺는 삶을 살아야 한다(13-23절). 그리스도의 사람은 정욕과 탐심을 십자가에 못 박고 성령을 따라 살아간다(24-26절).

✚ 묵상 : 바울은 갈라디아교회에게 다시 무엇을 메지 말라고 권면했나요?(갈5:1~4,11~13)
바울은 갈라디아교회에게 성령의 열매를 어떻게 소개했나요?(갈5:16~18,22~23,25)

기 도

- 주여, 나이들어 힘이 없고 연약할 때 지혜롭고 경건한 자를 옆에 두게 하옵소서.
- 주여, 종의 멍에를 다시 메지 말고 성령의 열매를 맺으며 살게 하옵소서.
- 주여, 우리를 양떼 같이 인도하시는 목자이신 주님께 늘 부르짖게 하옵소서.

통일 주제 슬픔 (눈물을 흐리며 느끼는 아픈 마음과 괴롭고 답답한 감정)

연합 내용 슬픔은 아픈 감정이요 마음이다. 자식의 반역을 보며, 성도들이 잘못된 교훈과 육체의 소욕을 좇는 것을 보고, 못 나라가 멸망하는 것을 볼 때 어찌 아니 슬플까. 선민의 기도가 응답되지 않을 때는 더 슬프다.

● 에스겔 32장 애굽과 뭇 나라의 심판을 보는 에스겔의 슬픔

본장은 29장부터 언급되어온 애굽의 멸망 예언 중 마지막 부분으로서 애굽에 대한 애가이다. 본문 내용은 두 부분으로 구분된다. 첫째는 애굽 왕 바로에 대한 애가(1-16절)로서 이 부분에서 애굽 왕 바로는 그물에 걸린 악어로 비유되어 있는데 이는 그의 운명이 이미 멸망받기로 결정지어진 것을 의미한다. 둘째는 애굽 왕가의 몰락에 대한 애가(17-32절)로서 본문에서 세상 권세의 유한성(허무함)이라는 교훈을 얻을 수 있다. '젊은 사자'(2절)로 비유될 만큼 막강한 권세를 가진 애굽 왕도 결국 바벨론에 의해 멸망당할 수밖에 없었다. 이처럼 세상 모든 국가의 권력은 영원한 강자가 없고, 서로 물고 물리는 순환만을 거듭할 뿐이다. 그러나 주님의 나라는 역사의 종말에 이 땅에 돌입(突入)하여서 하속 국가의 모든 유한성을 훼파하고 영원히 설 것이다.

그리고 1절의 "열두째 해"는 주전 585년으로 주전 597년 유다가 포로로 끌려온 지 12년째 되던 해이다.

✚ 묵상 : 여호와가 큰 악어로 비유한 애굽 왕을 어떻게 심판하신다고 하셨나요?(겔32:2~4,7~12)
여호와가 말씀하신 지하에 내려가는 자는 누구일까요?(겔32:18,23~24,26,29~30,32)

● 시편 80편 하나님의 침묵에 절규하는 이스라엘의 슬픔

나라와 공동체의 위기상황에서 하나님께 탄원한다. 먼저 하나님이 목자되심을 고백한다(1절). 특별히 "우리를 돌이켜 달라"고 기도한다(3절). 회개의 기도, 회복을 위한 기도의 주권은 인간에게 있지 않았다. 하나님이 돌이킴의 은혜를 주실 때 가능한 것이다. 시인은 하나님을 양 떼를 치는 목자(1-7절)와 포도나무를 기르는 농부(8-19절)로 묘사한다. 시인은 하나님이 이스라엘의 목자로 남아 주시기를, 또한 이스라엘은 하나님이 친히 심으신 포도나무임을 잊지 말아 달라고 간구한다.

✚ 묵상 : 아삽은 만군의 하나님 여호와와 이스라엘을 무엇에 비유했나요?(시80:1,8~11,14~15)
아삽은 하나님께 이스라엘이 어떤 눈물을 많이 마셨다고 말했나요?(시80:4~6,12~13)

9월 30 September

경고

왕상2 / 갈6 / 겔33 / 시81-82

● 열왕기상 2장 솔로몬이 악한 자들에게 최후 심판을 경고함

본장은 다윗이 솔로몬에게 마지막으로 권면하고 당부한 일과 그의 죽음, 솔로몬이 아버지의 부탁대로 악한 자들을 처단한 일, 그리고 그의 왕국이 견고해진 사실대한 이야기로 전개된다. 하나님을 믿는 믿음 하나로 영웅적 삶을 살았던 다윗은 하나님의 말씀에 절대 순종하라는 신명기적 교훈을 이스라엘의 통치 원리로 삼으라고 유언한다.

한편 아도니야는 다시 정치적 야심을 드러내고, 이를 계기로 솔로몬은 하나님의 뜻을 거슬리는 대적자들을 제거하여 하나님의 공의를 이루면서 동시에 왕권의 기초를 확고히 한다.

✚ 묵상 : 다윗은 솔로몬에게 어떤 자에 대한 공의로운 통치적 유언을 했나요?(왕상2:1~9)
솔로몬 왕은 나라를 통치할 때에 어떤 일부터 정리했나요?(왕상2:23~28,34,36~38,46)

● 갈라디아서 6장 성도 관계의 무너짐과 할례의 미혹을 경고함

성령으로 사는 사람은 공동체를 세운다. 범죄한 형제를 정죄하기 보다 그의 회복을 돕고(1절), 짐을 나누어 진다(2절). 여기서 짐이란 인간의 연약함으로 인해 생기는 어려움을 뜻한다. 또한 자기 일을 살핀다(3-5절). 자기 일이란 자신의 내면을 관리하는 것을 의미한다. 성령의 사람은 복음의 일꾼을 기쁨으로 섬기고(6절), 헛된 욕망이 아닌 믿음의 선한 열매를 위해 심는다(7-10절) .복음의 진리를 수호하기 위해 무엇과도 타협하지 않으며(11-13절), 오직 십자가의 은혜만을 자랑한다(14-18절).

✚ 묵상 : 바울이 갈라디아교회에게 마지막으로 권면한 세 가지의 교훈은 무엇일까요?(갈6:1~8)
바울은 자신이 자랑할 것과 가지고 있는 것에 대해 무엇이라고 말했나요?(갈6:14,17)

기 도

- 주여, 먼저 믿은 자와 멘토의 가르침을 따라 자신의 삶을 정립하게 하옵소서.
- 주여, 오직 예수의 십자가만 자랑하고 성도의 관계를 귀히 여기게 하옵소서.
- 주여, 주 예수의 제자로서 말세에 대한 경고의 사명을 잘 감당하게 하옵소서.

통일 주제 경고 (警告, 조심하거나 삼가도록 미리 주의를 줌)

연합 내용 성경은 하나님의 심판이 있기 전에 먼저 선지자를 통해 경고의 말씀을 증거 한다. 경고를 무시한 자는 심판을 받고 경고를 듣고 회개한 자나 주의한 자는 구원을 받는다. 그러므로 경고는 곧 생명의 길을 말한다.

● 에스겔 33장 파수꾼에게 심판과 구원에 대해 경고케 하심

지금까지 유다와 이방 나라의 멸망을 선포한 선지자는 이제 33장에서부터 마지막까지 메시지의 방향을 바꾸어 이스라엘의 회복을 선포한다. 33장은 서론격으로 파수꾼으로 부름 받은 선지자의 사명을 언급한다. 에스겔은 드디어 여호와의 선지자로 등장하게 되었다. 이 장에는 믿음으로 하나님의 진리를 숙고하며 그분을 위해 참된 증거를 하려고 하는 경건한 사람들을 위한 엄숙한 진리들이 담겨있다.

✚ 묵상 : 여호와 하나님은 에스겔에게 어떤 사명을 주셨나요?(겔33:2~7,10~12)
여호와 하나님이 지적하신 이스라엘의 범죄는 무엇이었나요?(겔33:17,20,24~26,30~31)

● 시편 81-82편 율례 규례 계명을 거역함에 대하여 경고하심

81: 본편의 저자는 다윗과 동시대 인물인 아삽이다. 표제문에 있는 '깃딧'이란 '기쁜 곡조'라는 뜻으로 이 시는 장막절이나 유월절 같은 민족 대축제일에 읽혀지도록 지어진 시이다. 그런 만큼 이 시의 전반적인 흐름은 기쁨에 차 있다. 이 시에는 두 가지 특성이 그대로 드러나서 이해하기가 대단히 어렵다. 초반의 부분(1-7절)에는 기쁨의 내용이 있고, 후반부에서는 슬픔의 내용이 있다. 81편은 예배로의 부름에 이어 1인칭으로 하나님의 메시지를 전한다. 이 신탁은 이스라엘에게 하나님의 음성을 청종하도록 호소하며 그렇게 해야 하나님은 이스라엘 민족에게 언약의 축복을 물 부어주듯 부어주실 것이다.

82: 이 시의 전체에 흐르는 압도적인 사상은 공의이다. 저자는 이 공의야말로 하나님이 원하시는 바요, 이 공의가 실현되지 못한 사회는 극도로 혼란한 사회이며, 이에 대한 책임으로 공직자들이 엄벌을 받을 것이라고 노래하고 있다. 또한 진정한 의의 통치는 주님 재림 때에 이루어질 것이나 성도들은 이 땅에서 그 나라가 이루어지도록 노력해야 할 것이다(마 6:10).

✚ 묵상 : 아삽은 이스라엘에게 어떤 계명을 지키지 않음에 대해 경고했나요?(시81:3~4,8~13)
아삽은 하나님이 그의 백성들에게 어떻게 살라고 하셨음을 대언했나요?(시82:2~4)